Obsequiado a:

_____

De parte de:

_____

Sus milagros por Integrity Publishers, Inc.
Publicado por Casa Creación
Una compañía de Strang Communications
600 Rinehart Road
Lake Mary, Florida 32746
www.casacreacion.com

No se autoriza la reproducción de este libro ni de partes del mismo en forma alguna, ni tampoco que sea archivado en un sistema o transmitido de manera alguna ni por ningún medio —electrónico, mecánico, fotocopia, grabación u otro— sin permiso previo escrito de la casa editora, con excepción de lo previsto por las leyes de derechos de autor en los Estados Unidos de América.

A menos que se indique lo contrario, todos los textos bíblicos han sido tomados de la versión Reina-Valera, de la *Santa Biblia*, revisión 1960. Usado con permiso.

Algunos textos bíblicos han sido tomados de la *Santa Biblia*, *Nueva Versión Internacional* (NVI), © 1999 por la Sociedad Bíblica Internacional. Usado con permiso.

Copyright © 2006 por Integrity Publishers, Inc.
Todos los derechos reservados

Publicado originalmente en E.U.A. por Integrity Publishers, Inc. bajo el título *His Miracles*, Copyright © 2004 by Integrity Publishers, Inc. Brentwood, Tennessee. Todos los derechos reservados

Traducción y diseño interior por: Grupo Nivel Uno, Inc.
Edición por: Lisa Rivera
Imagen de portada e interior: Pixelworks Studio, Steve Gardner

Library of Congress Control Number: 2005938541

ISBN: 1-59185-840-2

Impreso en los Estados Unidos de América

06 07 08 09 10 ❖ 8 7 6 5 4 3 2 1

DEVOCIONARIO *para* CADA DÍA *del* AÑO

Sus
MILAGROS

Las PALABRAS MÁS CONMOVEDORAS QUE SE HAYAN
ESCRITO JAMÁS SOBRE *los* MILAGROS DE JESÚS

CONTENIDO

(Los milagros son cronológicos dentro de los temarios)

El milagroso nacimiento de Jesús 1

Los milagros de Jesús sobre la naturaleza 29

Convierte el agua en vino (Juan 2:1-11)
Provee una pesca milagrosa (Lucas 5:1-11)
Calma la tormenta (Mateo 8:23-27; Marcos 4:35-41; Lucas 8:22-25)
Alimenta a cinco mil personas (Mateo 14:13-21; Marcos 6:30-44; Lucas 9:10-17; Juan 6:1-15)
Camina sobre el agua (Mateo 14:22-33; Marcos 6:45-52; Juan 6:16-21)
Alimenta a 4.000 personas (Mateo 15:32-39; Marcos 8:1-10)
Es transfigurado en la montaña (Mateo 17:1-13; Marcos 9:2-13; Lucas 9:28-36)
Provee una moneda en la boca del pescado (Mateo 17:24-27)
Maldice a la higuera (Mateo 21:18-22; Marcos 11:12-14, 20-24)

Los milagros de Jesús en día sábado. 105

Sana a un hombre poseído por los demonios (Marcos 1:23-27; Lucas 4:33-36)
Sana a la suegra de Pedro y a otros (Mateo 8:14-17; Marcos 1:29-34; Lucas 4:38-41)
Sana al paralítico junto al pozo (Juan 5:1-15)
Sana la mano paralizada de un hombre (Mateo 12:9-14; Marcos 3:1-6; Lucas 6:6-11)
Sana a una mujer encorvada por un espíritu malo (Lucas 13:10-17)

Sana a un hombre ciego de nacimiento (Juan 9:1-14)
Sana a un hombre hidrópico (Lucas 14:1-6)

**Los milagros de Jesús sobre la
enfermedad. 145**
Sana al hijo de un oficial del gobierno (Juan 4:46-54)
Sana a un hombre leproso (Mateo 8:1-4;
    Marcos 1:40-45; Lucas 5:12-16)
Sana a un paralítico (Mateo 9:1-8; Marcos 2:1-12;
    Lucas 5:17-26)
Sana al sirviente de un oficial romano (Mateo 8:5-13;
    Lucas 7:1-10)
Le dice a Juan el Bautista quién es Él señalando sus milagros
    (Lucas 7:21-23)
Sana a una mujer con hemorragias (Mateo 9:19-22;
    Marcos 5:24-34; Lucas 8:43-48)
Sana a dos hombres ciegos (Mateo 9:27-31)
Sana a todos los que le tocan (Mateo 14:34-36;
    15:29-31; Marcos 6:53-56; 7:31-37)
Sana al sordo que no podía hablar (Marcos 7:31-37)
Sana a un hombre ciego (Marcos 8:22-26)
Sana a diez leprosos (Lucas 17:11-19)
Sana al mendigo ciego llamado Bartimeo
    (Mateo 20:29-34; Marcos 10:46-52; Lucas 18:35-43)
Sana la oreja del soldado (Lucas 22:49-51)

**Los milagros de Jesús sobre los espíritus
malignos. 213**
Sana a un sordomudo poseído por demonios
    (Mateo 12:22; Lucas 11:14)
Envía a los demonios a una piara de cerdos
    (Mateo 8:28-34; Marcos 5:1-20; Lucas 8:26-39)
Sana a un mudo poseído por demonios (Mateo 9:32,33)

Echa a un demonio de una niña (Mateo 15:21-28;
  Marcos 7:24-30)
Sana a un niño poseído por demonios
  (Mateo 17:14-21; Marcos 9:14-29; Lucas 9:37-43)
Había sanado a María Magdalena de siete espíritus malos
  (Marcos 16:9; Lucas 8:2)

Los milagros de Jesús sobre la muerte 249
Resucita al hijo de una viuda (Lucas 7:11-17)
Resucita a la hija de Jairo (Mateo 9:18, 23-26;
  Marcos 5:21-23, 35-43; Lucas 8:40-42, 49-56)
Resucita a Lázaro (Juan 11:1-44)
Otras resucitan en el momento de su muerte
  (Mateo 27:52)

La milagrosa resurrección de Jesús. 279

**Los milagros de Jesús después de su
  resurrección 297**
Se encuentra con algunos seguidores camino a Emaús
  (Marcos 16:12-13; Lucas 24:13-35)
Aparece ante sus seguidores detrás de puertas cerradas
  (Marcos 16:14; Lucas 24:36-43; Juan 20:19-31)
Aparece ante sus seguidores en la playa (Juan 21:1-14)
Asciende al cielo (Marcos 16:19-20; Lucas 24:44-53;
  Hechos 1:2-11)

**Los seguidores de Jesús obran milagros
  en su nombre 323**

Los milagros de Jesús en ti 351

INTRODUCCIÓN

Le damos la bienvenida a esta colección de pensamientos sobre las señales y milagros de Jesús. A lo largo de los siglos, los cristianos se han asombrado ante la falta de parafernalia en los relatos de sus milagros durante su tiempo en la tierra. Es claro que lo milagroso radica cerca del corazón del cristianismo. Los Evangelios comienzan y terminan con milagros. Casi todas las páginas contienen ejemplos del poder de Dios ejercido a través de Jesús. Sin embargo, Juan admite al final de su biografía del Señor lo siguiente: «Hizo además Jesús muchas otras señales en presencia de sus discípulos, las cuales no están escritas en este libro. Pero éstas se han escrito para que creáis que Jesús es el Cristo, el Hijo de Dios, y para que creyendo, tengáis vida en su nombre» (Juan 20:30-31).

Meditaremos en los milagros de Jesús no solamente porque nos ayudan a creer, sino porque además ilustran de manera genial la forma en que Dios se movió en su creación, y alteró vidas dondequiera que fue. Sigue siendo el Dios que obra milagros.

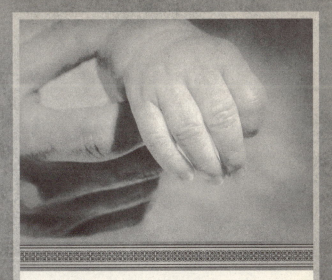

EL MILAGROSO NACIMIENTO DE JESÚS

—

*He aquí, una virgen concebirá
y dará a luz un hijo,
Y llamarás su nombre Emanuel,
que traducido es: Dios con nosotros.*
MATEO 1:23

EL MILAGROSO NACIMIENTO DE JESÚS

Sumemos una cantidad suficiente de coincidencias o casualidades y pronto sentiremos la tentación de hablar de «la incidencia o causalidad de Dios». Los milagros en torno al nacimiento de Jesús combinan la evidencia de las huellas digitales de Dios y todas las acciones inadecuadas o reacciones de asombro que los mortales llevan a cualquier situación. Los ángeles anuncian, y los humanos que cuestionan, que dudan, que se acobardan y reaccionan. Las estrellas que cruzan el firmamento, y la gente que se asombra y se pregunta. Quizá el milagro más grande sea simplemente que Dios logró tanto con participantes tan reticentes. Sin embargo, de un lugar y otro, Dios encontró a hombres y mujeres que dieron un paso adelante en la fe y descubrieron que Dios hace lo que Él promete.

La encarnación puede ser ahora cuestión de dominio y conocimiento público; sin embargo, el evento en sí mismo tenía todas las marcas de un ataque subrepticio. La creación estaba lista para la visita de Dios. Sin embargo, el modo y método de su venida tomó a todos por sorpresa. Los poderes del mal estaban listos para una batalla, sin esperar jamás que Dios se introdujera en su fortaleza en forma de un bebe. Estas meditaciones explorarán las inesperadas lecciones en torno al nacimiento de Jesús.

DÍA 1

DIOS VINO

ISAÍAS 7:14
*Por tanto, el Señor mismo os dará señal:
He aquí que la virgen concebirá, y dará a luz un hijo,
y llamará su nombre Emanuel.*

Esta es la forma en que Dios entró en la humanidad para atraer a un segundo Adán. Dios Hijo se hizo carne, habiendo sido concebido por el Espíritu Santo... el comienzo virgen, sin la intervención del ciclo reproductivo normal del hombre. Es por esto que a Jesús se le llama Hijo de Dios. No era hijo de José, ni el hijo de un soldado romano. No era hijo de ningún padre humano. Fue concebido por el Espíritu Santo. Dios produjo prácticamente una segunda creación, un segundo hombre, sin el pecado original de la línea masculina descendiente de Adán. Sin embargo, vincular a Jesús al árbol genealógico de María le hizo descendiente de David y Abraham, lo cual cumplía con las muchas promesas que Dios les había dado. Además, fue de su madre, María, que el Señor recibió su naturaleza humana. Así que Jesucristo era único, concebido por el Espíritu Santo, pero de «la casa y la familia de David» (Lucas 2: 4).

PAT ROBERTSON

DÍA 2

UNA VIDA DE MILAGROS

ISAÍAS 33:13
*Oíd, los que estáis lejos, lo que he hecho;
y vosotros los que estáis cerca, conoced mi poder.*

No se puede separar a Jesús de los milagros. Los estudiosos en el último siglo intentaron con gran esfuerzo descubrir a un Jesús despojado de milagros. Fracasaron. Cada hebra en el género de los Evangelios muestra a Jesús como alguien diferente de las demás personas en sus poderes. A través de Jesús, Dios actuó de manera imposible de entender si pensamos en Él simplemente como un buen hombre. Los milagros comenzaron con su nacimiento, sin un padre humano. Continúan en su ministerio los milagros de sanación y exorcismo, milagros en la naturaleza (como cuando alimentó a la multitud o caminó sobre el agua en una tormenta), y de manera suprema al resucitar al Lázaro, al hijo de la viuda de Naín y a la hija de Jairo. Y, por último, viene el más grande de todos los milagros... su propia resurrección de entre los muertos no sólo para entrar en un nuevo período de vida, sino en una vida de otro tipo sobre la cual la muerte no tiene poder. Ese es el único Jesús de quien hay evidencia, un ser notable que ejercía poderes nunca vistos antes... un Jesús que exhibió poderes milagrosos, no una o dos veces, sino continuamente.

Michael Green

Día 3

Humilde belleza

Isaías 7:14

Por tanto, el Señor mismo os dará señal: He aquí que la virgen concebirá, y dará a luz un hijo, y llamará su nombre Emanuel.

Observemos a primera vista su milagrosa concepción. Fue algo inaudito y que jamás volvió a repetirse: una virgen que concibe y da a luz a un hijo. La primera promesa se refería a la semilla de la mujer, no a la descendencia del hombre. Desde que una aventurada mujer abrió el camino al pecado, lo cual resultó en la pérdida del paraíso, ella y sólo ella es quien anuncia al Recuperador del Paraíso... Su madre ha sido llamada simplemente «la virgen», no princesa, ni profetisa ni mujer de influencia. Es cierto que por sus venas fluía sangre de reyes, y que su mente no era débil ni falta de conocimiento, porque sabía cantar dulcemente una canción de alabanza. Sin embargo, ¡qué humilde su posición! ¡Qué pobre el hombre con quien se había comprometido! ¡Y qué miserable alojamiento para el Rey recién nacido!

Emanuel, Dios con nosotros en nuestra naturaleza, en nuestro dolor, en nuestro trabajo diario, en nuestro castigo, en nuestra muerte, y ahora con nosotros o mejor dicho nosotros con Él, en resurrección, ascensión, triunfo y esplendor del Segundo Advenimiento.

CHARLES HADDON SPURGEON

DÍA 4

UNA VIRGEN CONCEBIRÁ

ISAÍAS 11:10
*Acontecerá en aquel tiempo que la raíz de Isaí,
la cual estará puesta por pendón a los pueblos, será buscada
por las gentes; y su habitación será gloriosa.*

Una virgen concebirá, ¡una virgen dará a luz a un Hijo!
de la raíz de Isaí, ved que nacerá una rama,
cuya flor sagrada con fragancia llena los cielos.
El etéreo espíritu se moverá sobre sus hojas,
y sobre su copa desciende la mística paloma.
¡Los cielos desde lo alto derraman néctar!,
y en suave silencio cae la amable llovizna,

al enfermo y al débil la planta sanadora auxiliará,
refugio en la tormenta, sombra para la cabeza.
Cesará todo crimen y fracasará el antiguo fraude,
regresará la justicia con su balanza en alto.
Paz sobre el mundo su rama de olivo esparcirá,
y la inocencia vestida de blanco descenderá del cielo,
vuelan los años, ¡y llega la mañana esperada!
Oh, surge a la luz, auspicioso bebé, ¡nace!

Alexander Pope

Día 5

El Nombre por sobre todo nombre

Lucas 1:31
*Y ahora, concebirás en tu vientre, y darás a luz un hijo,
y llamarás su nombre JESÚS.*

Cuando el ángel de poder entró en ese humilde hogar de Nazaret sin anunciarse y llamó a María por su nombre, la adolescente debió haber pensado que estaba frente a un fantasma. Gabriel reconoció el temor de María, y le dijo que no tuviera miedo. Luego le dijo algo que podría haberla asustado aún más. Aunque no estaba casada y todavía era sexualmente inocente, daría a luz a un bebé. Y no a cualquier bebé. Este niño «será grande, y será llamado Hijo del Altísimo» (Lucas 1:32). Este niño sería el prometido Mesías. El ángel instruyó a María para que diera a su hijo un nombre en arameo: Jesús, que como su equivalente en hebreo, Josué, significa «el Señor salva»...

Solamente el hijo de María, sin pecado, ha ofrecido prueba viviente –y también de muerte– de que el Señor nos ha salvado de nuestros pecados. Lo hizo sobre la cruz. La razón por la que hay algo en el nombre Jesús es porque hay algo único en aquel que recibió ese nombre. Es Maestro, Salvador y Rey eterno. Él es Jesús, quien nos salva del pecado.

GREG ASIMAKOUPOULOS

DÍA 6

UN MILAGRO DE DIVINO PODER

LUCAS 1:34
Entonces María dijo al ángel:
¿Cómo será esto? pues no conozco varón.

Tu vida religiosa consiste en ser cada día prueba de que Dios obra imposibles. Tu vida religiosa consiste en una serie de imposibles que se hacen realidad posible por medio del poder todopoderoso de Dios. Esto es lo que necesita el cristiano. Tiene un Dios Todopoderoso a quien adora, y debe aprender a entender que no necesita nada más que un poco del poder de Dios, sino toda la omnipotencia de Dios —digámoslo con reverencia— para seguir en la justicia y vivir como cristiano.

Todo el cristianismo es obra de la omnipotencia de Dios. Veamos el nacimiento de Cristo Jesús. Fue un milagro de divino poder, y a María se le dijo: «con Dios nada será imposible». Era la omnipotencia de Dios. Veamos la resurrección de Cristo. Se nos enseña que fue según la extrema grandeza de su poder que Dios resucitó a Cristo de entre los muertos.

ANDREW MURRAY

Día 7

Santa descendencia

Lucas 1:34-35
Entonces María dijo al ángel: ¿Cómo será esto?
pues no conozco varón. Respondiendo el ángel, le dijo:
El Espíritu Santo vendrá sobre ti, y el poder del Altísimo
te cubrirá con su sombra; por lo cual también el Santo
Ser que nacerá, será llamado Hijo de Dios.

El nacimiento virginal subyace a *todo* lo que dice la Biblia acerca de Jesús. Si desechamos el nacimiento virginal, rechazamos la deidad de Cristo, la exactitud y autoridad de las Escrituras, y una cantidad de otras doctrinas relacionadas que están en el corazón de la fe cristiana. No hay cuestión *más* importante que el nacimiento virginal para nuestro entendimiento de quién es Jesús. Si negamos que Jesús es Dios, hemos negado la esencia misma de cristianismo. Todo lo demás que la Biblia enseña sobre Cristo se apoya en la verdad que celebramos en la Navidad: que Jesús es Dios hecho carne, humano. Si la historia de su nacimiento es meramente un invento o una leyenda, entonces también lo es el resto de lo que las Escrituras nos dicen acerca de Él. El nacimiento virginal es tan crucial como la resurrección para sustanciar su deidad. No es una verdad optativa. Todo quien rechace la deidad de Cristo rechaza a Cristo absolutamente, aunque finja lo contrario.

John MacArthur

DÍA 8

ÉL ENTRA EN SU MUNDO

LUCAS 1:35

*Respondiendo el ángel, le dijo: El Espíritu Santo vendrá sobre ti,
y el poder del Altísimo te cubrirá con su sombra; por lo cual también
el Santo Ser que nacerá, será llamado Hijo de Dios.*

¿Por qué es que a tantos nos cuesta creer en este milagro? Que el Señor Dios que formó a la humanidad a partir del polvo de la tierra e insufló su aliento de vida pudiera impregnar a una de sus criaturas para formar una persona humana en la que residiera su Espíritu no me parece para nada irracional. Lo que sí sería mucho más difícil de creer sería que un nombre común, concebido y nacido en pecado como todos nosotros, pudiera ser divino en sentido alguno. El nacimiento virginal me parece la forma más apropiada y creativa para que Dios entrara en su mundo.

PAUL SMITH

DÍA 9

DIOS CON NOSOTROS

MATEO 1:23

*He aquí, una virgen concebirá y dará a luz un hijo,
Y llamarás su nombre Emanuel, que traducido es: Dios con nosotros.*

Una de las emociones que más debilitan es la soledad. Es por esto que a nuestro Salvador se le dio uno de los nombres que más consuelan: Emanuel, Dios con nosotros. A causa del Cristo que habita en nosotros los creyentes, jamás nos separamos de su permanente presencia. Estamos en Cristo, y Cristo está en nosotros. ¡Qué aliento y sustento! ¡Qué consuelo! ¡Qué seguridad! Siempre tenemos un hombro donde apoyarnos, los anchos hombros de Emanuel. Siempre tenemos a alguien que escuche nuestra pena, nuestro constante compañero y amigo, Jesús...

No permitas que el adversario y acusador te robe la paz y el gozo que vienen de sentir y disfrutar de la dulce presencia de nuestro Dios. No hay pecado, ni acción ni juicio que puedan disminuir la plena presencia y aceptación de Cristo una vez te has convertido en hijo suyo por medio de la fe.

Dios está contigo. Dios está a tu favor. Dios te ama. Permite que su presencia llene todo espacio vacío.

Charles Stanley

Día 10

En nuestros corazones

Mateo 1:23 RVA
He aquí la virgen concebirá y parirá un hijo,
Y llamarás su nombre Emanuel, que declarado, es:
Con nosotros Dios.

¡Qué adecuado es que el nombre Emanuel signifique Dios con nosotros! Jesús personificó lo que había estado en los planes de Dios desde el comienzo: estar con nosotros. Desde el principio de los tiempos, éste había sido el deseo de Dios. Génesis 3:8 nos dice que Dios caminó con Adán y Eva en el jardín del Edén. Su pecado separó a ese primer hombre y esa primera mujer de Dios...y entonces Dios envió a su Hijo, Jesús, como sacrificio supremo por el pecado: y luego envió a su Espíritu Santo, «El espíritu de verdad» para vivir con nosotros y estar en nosotros (Juan 14: 17)...

Dios quiere ser parte de nuestra vida y que le invitemos a entrar en nuestro corazón. Quiere reír con nuestras bromas y pasar tiempo en nuestro hogar. Disfruta de nuestros hijos y entiende nuestras debilidades. Cuando otros se van o nos rechazan, Él permanecerá. Cuando estamos enojados con Él, nos seguirá. Nunca estaremos solos.

Dios está con nosotros en nuestras dudas, en nuestra confusión, y aún en nuestra oscuridad. Ese fue siempre su plan. ¿Cómo respondes a este mensaje de amor?

DEBBIE CARSTEN

DÍA 11

DEL CIELO A LA TIERRA

MATEO 1:23 NVI
La virgen concebirá y dará a luz un hijo,
y lo llamarán Emanuel"
(que significa "Dios con nosotros").

Esta idea de Dios de preparar su tienda de carne y vivir entre nosotros es estupenda. Es casi inconcebible. Desafía la imaginación. Sin embargo, es precisamente lo que sucedió con la encarnación.

El milagro y la maravilla de Emanuel, Dios con nosotros, no se pueden describir. Las manos de Dios, que habían colgado en el espacio los sistemas solares, se convirtieron en las manitas regordetas de un infante. Los pies de Dios, que habían andado los planetas en llamas, se convirtieron en los piecitos de un bebé. Jesús era el corazón de Dios envuelto en carne humana. Era Dios vestido de humanidad. Era Dios caminando sobre la tierra con sandalias.

Desde ese pesebre en ese establo de la pequeña Belén, el llanto de la garganta de ese bebé rompió el silencio de los siglos. Por primera vez sobre el planeta Tierra, se oyó la voz de Dios producida por cuerdas vocales humanas. Emanuel nos habla del potente milagro y la maravilla de Dios que se convirtió en hombre y habitó entre nosotros.

Henry Gariepy

Día 12

Hecho hombre

Lucas 1:46-47

Entonces María dijo: Engrandece mi alma al Señor;
Y mi espíritu se regocija en Dios mi Salvador.

No debiera asombrarnos que Dios obrara un milagro. El milagro sería que el hombre lo hubiera obrado. En cambio, debemos regocijarnos en ese milagro de que nuestro Señor y Salvador Jesucristo se hizo hombre, regocijarnos en la obra divina de Jesús entre los hombres. Importa mucho más para nuestra salvación que Jesús fuera hecho para los hombres que lo que Él hizo entre los hombres. Importa más que sanara los males de las almas que el hecho de que sanara las debilidades de los cuerpos mortales. Pero así como el alma no conocía a quien le sanaría, y tenía ojos en la carne para ver las acciones corpóreas aunque todavía no tuviera ojos en el corazón como para reconocerlo como Dios oculto en la carne, Él obró de tal manera que el alma fuera capaz de ver, para sanar aquello que no podía ver.

San Agustín

DÍA 13

NUMERADO ENTRE LOS HOMBRES

LUCAS 2:1, 4
*Aconteció en aquellos días, que se promulgó un edicto de parte
de Augusto César, que todo el mundo fuese empadronado...
Y José subió de Galilea, de la ciudad de Nazaret, a Judea,
a la ciudad de David, que se llama Belén, por cuanto era
de la casa y familia de David.*

A Belén fueron para anotarse.
Y allí, en el antiguo libro de censos de César
se anotó su nombre entre los hijos de los hombres
como súbdito de César: «Jesús» seguido de «hijo de María,
nacido en la ciudad de David, de la familia de David»,
ese fue el registro.
En el libro de la vida del mundo, un lugar le dieron
a Jesús, nacido para salvar al mundo.
Numerado junto a los pecadores y los pobres,
aunque era el Hijo de Dios, divino y puro.

KAY MCCULLOUGH

DÍA 14

VINIERON LOS ÁNGELES

LUCAS 2:13
*Y repentinamente apareció con el ángel una multitud
de las huestes celestiales...*

¡Qué glorioso es el mundo como lo conocieron los hombres de la Biblia!

Jacob vio una escalera apoyada en el suelo, con Dios parado al final y unos ángeles que subían y bajaban. Abraham, Balaan, y Manoa, y muchos otros vieron a los ángeles de Dios...

Había ángeles presentes para anunciar el nacimiento de Jesús y celebrar ese nacimiento cuando sucedió en Belén. Hubo ángeles que consolaron a nuestro Señor cuando oró en Getsemaní. Se mencionan los ángeles en algunas de las epístolas y el libro del Apocalipsis brilla con la presencia de extrañas y hermosas criaturas que se ocupan de los asuntos de la tierra y el cielo.

Sí, el mundo verdadero es un mundo poblado. Los ojos ciegos de los cristianos modernos no pueden ver lo invisible, pero esto no es escollo en la realidad de la creación espiritual.

La falta de fe nos ha quitado el consuelo de un mundo personal. Hemos aceptado el mundo vacío y sin sentido de la ciencia como verdadero, y olvidamos que la ciencia es válida únicamente cuando trata de las cosas materiales y que no conoce nada de Dios ni del mundo espiritual.

W. TOZER

DÍA 15

HOMBRE DE MILAGROS

LUCAS 2:52
*Y Jesús crecía en sabiduría y en estatura,
y en gracia para con Dios y los hombres.*

Este hombre Jesús era mucho más ser humano de lo que yo pensaba. Supongo que en algún rincón de mi mente había guardado una impresión mezclada, de un ser de perfección sobrenatural y poderes sobrenaturales. Creía, y de hecho sigo creyendo, que Jesús era Dios y hombre al mismo tiempo. Sin embargo, llegué a la conclusión de que el Jesús de los Evangelios era en realidad un hombre, no un semidios, y por cierto no un Dios que jugaba a ser hombre, interpretando un papel de manera convincente. He escrito sobre la fuerza mental y espiritual que coexistían en Jesús junto con una extraordinaria compasión y empatía. Cuando llegué a los «milagros» de los Evangelios, no encontré en ellos nada incompatible con su carácter ni con su misión declarada. No me daban la impresión de ser ingeniosos trucos celestiales diseñados para producir fe. De hecho, los registros insisten en que Jesús no quería publicidad para sus acciones de sanación física o mental. Creo que hoy nos cuesta apreciar el poder espiritual de un hombre singularmente integrado y dedicado que pasaba muchas horas en comunión solitaria con Dios.

J. B. PHILLIPS

DÍA 16

DIOS HECHO CARNE

JUAN 1:1
*En el principio era el Verbo, y el Verbo era con Dios,
y el Verbo era Dios.*

Él [Jesús] fue mucho más allá de todo ministerio profético que encontremos en el Antiguo Testamento. Era principalmente en sus palabras que un profeta daba a conocer la verdad de Dios. Sin duda, las cualidades de devoción a Dios en los profetas brindaban la ilustración de la verdad que proclamaban, aunque no siempre puede ser este el caso. Balaam y Oseas representan aquí dos extremos. No obstante, en el caso de Jesús, los labios y la vida estaban en completa armonía a tal punto que Juan puede referirse a él como Verbo de Dios hecho carne (Juan 1:1-18). Aquí la revelación de Dios se da en el acontecimiento total de Cristo, no simplemente en sus palabras. A esto se refiere el escritor de Hebreos cuando dice que Dios ahora ha hablado en un Hijo (Hebreos 1: 1). Hebreos 1 no contiene referencia a la enseñanza dada por Jesús, sino que se concentra en su persona y sus actividades en la creación y la redención. Es en el pleno hecho de Cristo que Jesús se oye y ve.

Geoffrey W. Grogan

Día 17

Vida en Él

Juan 1:4
En él estaba la vida, y la vida era la luz de los hombres

Creo que finalmente tenemos que decir que la relevancia perdurable de Jesús se basa en su capacidad históricamente probada para hablar, sanar y dar poder a la condición humana individual. Jesús importa por lo que trajo y por lo que sigue trayendo a los seres humanos comunes que viven vidas comunes y enfrentan diariamente su entorno. Promete plenitud para sus vidas. Al compartir con nosotros nuestra debilidad, nos da fuerza y nos imparte a través de su compañía una vida que tiene la cualidad de la eternidad.

Él viene donde estamos nosotros y nos trae la vida de la cual estamos hambrientos. Un registro entre los primeros dice: «En él estaba la vida, y la vida era la luz de los hombres» (Juan 1: 4). Ser la luz de vida, y traer la vida de Dios a los hombres y mujeres donde estén y como estén, es el secreto de la relevancia perdurable de Jesús. De repente, las personas sienten que tienen los pies sobre la tierra en un mundo que cobra sentido.

Dallas Willard

DÍA 18

Luz del mundo

JUAN 1:10
En el mundo estaba, y el mundo por él fue hecho;
pero el mundo no le conoció.

Cuando Dios informa que Cristo estaba en el mundo y que el mundo ni le conoció ni le reconoció, Dios no se estaba refiriendo a las nubes, colinas, rocas y ríos creados. Se estaba refiriendo a la sociedad humana, al mundo de la humanidad, y fue este mundo organizado del hombre el que no le conoció.

Juan da testimonio de que el Verbo de Dios, su Hijo unigénito se hizo carne y habitó entre nosotros. ¿Qué estaba haciendo Él en un mundo como el nuestro, en una sociedad caída en pecado como la nuestra?

Antes de la encarnación, Él era el prevaleciente Verbo de Dios que se movía de forma creativa en su universo. Cuando Jesucristo se hizo hombre, Dios encarnado en un cuerpo humano, no dejó de ser el prevaleciente Verbo de Dios. Y aún hoy, el prevaleciente Verbo sigue llenando el universo y se mueve entre nosotros.

¡Qué pocos hombres hay que notan su presencia, que notan que lo tienen! Él sigue siendo la Luz del mundo. Es Él quien enciende a cada hombre que llega al mundo. Después de su ascensión del Monte de los Olivos, sigue siendo el Verbo prevaleciente, vigorizante, dador de vida en el universo.

W. TOZER

DÍA 19

LLENO DE GRACIA

JUAN 1:14
*Y aquel Verbo fue hecho carne, y habitó entre nosotros
(y vimos su gloria, gloria como del unigénito del Padre),
lleno de gracia y de verdad.*

A través del impactante misterio de la encarnación, este mismo Jesús está presente ante quienes tienen una crisis en la mitad de su vida, ante quienes sufren enfermedades, debilitantes o adicción, ante los que están en el oscuro bosque de la depresión, la desesperanza y el miedo sobrecogedor. Con una compasión que no conoce límites ni punto de ruptura, asombra a quienes están atrapados en el amor por el placer, el feroz orgullo o consumidos por la codicia con un relámpago de entendimiento, y revela instantáneamente que sus vidas son una imagen nublada, caótica, sin sentido, de pensamientos manchados y energía mal dirigida.

El Salvador que nos libera del miedo a Dios y el desagrado hacia nosotros mismos promueve al derrotado hacia el doloroso descubrimiento de que nuestros esfuerzos por liberarnos de las ataduras de nuestra vida son contradictorios, porque el origen de estas ataduras es nuestro imperioso ego. Resoplando, protestando, luchando por ganar puntos y batiéndonos en una lucha por intentar arreglar lo que somos, desperdiciamos energía de manera inútil. Jesús espera y luego envía a un discípulo al alma cansada para revelarle el impactante significado de la gracia.

BRENNAN MANNING

Día 20

A LO LEJOS POR EL CAMINO DE ORIENTE

MATEO 2:1-2
*Cuando Jesús nació en Belén de Judea en días del rey
Herodes, vinieron del oriente a Jerusalén unos magos, diciendo:
¿Dónde está el rey de los judíos, que ha nacido?
Porque su estrella hemos visto en el oriente,
y venimos a adorarle.*

Este es el mes, y ésta es la feliz mañana,
en que el Hijo del eterno Rey del cielo,
nacido de doncella casada y madre virgen,
trajo nuestra gran redención desde arriba.
Porque así cantaron los santos sabios,
que Él nuestro mortal pecado liberaría,
y con su Padre obraría nuestra perpetua paz...

Mira cómo a lo lejos por el camino de oriente
¡los sabios guiados por la estrella apuran su paso con dulces aromas!
Corre, avísales con tu humilde oda,
ofrécela humildemente a sus benditos pies.
Que tengas el honor de saludar primero a tu Señor.
Uniendo tu voz al coro de ángeles,
desde este secreto altar tocado por fuego sagrado.

JOHN MILTON

DÍA 21

El mediador

Juan 10:30
Yo y el Padre uno somos.

Jesucristo es la única prueba del Dios viviente. Solamente podemos conocer a Dios a través de Jesús. Sin su mediación, no hay comunicación con Dios. Es a través de Jesucristo que conocemos a Dios. Todo quien afirme conocer a Dios y probar su existencia sin Jesucristo lo hace sin efecto. Sin embargo, para probar a Cristo tenemos las profecías que son confiables y palpables pruebas y que, habiéndose cumplido y demostrado, prueban que estas verdades son ciertas. Por eso prueban la divinidad de Jesucristo. En Él y a través de Él conocemos a Dios. Aparte de Él, y sin las Escrituras, sin el pecado original, sin el necesario Mediador que fuera prometido y que vino, es imposible probar en absoluto que Dios existe o enseñar doctrina y moralidad sólida. Pero a través de y en Jesucristo, podemos probar la existencia de Dios, y enseñar tanto doctrina como moralidad. Jesucristo es entonces el verdadero Dios de los hombres.

BLAS PASCAL

DÍA 22

El mensaje de Navidad

Romanos 6:23
*Porque la paga del pecado es muerte,
mas la dádiva de Dios es vida eterna en
Cristo Jesús Señor nuestro.*

Y así la Navidad es ante todo la celebración del amor de Dios hacia el hombre. El niño en el pesebre es más que un tierno niño. Es la imagen de Dios, el *prototokos*. Tomó un cuerpo de carne humana para poder llevar sobre ese cuerpo los pecados del mundo. Hizo posible el regalo de Dios, la vida eterna (Romanos 6:23). Esa es la suma del mensaje de Navidad.

No te pierdas en el alcance de todo esto. La encarnación de Dios en Jesucristo no es nada si no es personal. Dios te ama, individualmente. Te conoce mejor de lo que te conoces a ti mismo; no obstante, te ama. Entró en este mundo con un cuerpo de carne, humano, y murió en una cruz para cargar sobre sí tu pecado, para pagar la pena de tu iniquidad, para limpiar tu culpa. Lo hizo para que puedas entrar en su presencia.

Has de responder.

John MacArthur

DÍA 23

Humano, aunque divino

Filipenses 2:7
Sino que [Dios] se despojó a sí mismo, tomando forma de siervo, hecho semejante a los hombres.

¿Por qué entonces no apareció Dios mediante otras partes más nobles de la creación, utilizando algún instrumento más noble como el sol, la luna, las estrellas, el fuego o el aire, en lugar de meramente el hombre?... el Señor no vino para hacer alarde, sino para salvar y enseñar a los que estaban sufriendo... nada en la creación de Dios se ha desviado en cuanto a su noción de Dios, con la excepción del hombre...

Con razón entonces, si era indigno de parte de la Divina Bondad pasar por alto un asunto tan importante, que mientras los hombres no eran capaces de reconocerlo como guía y orden del todo, Él se hace a sí mismo instrumento, parte del todo, el cuerpo humano, y se une con ello, para que los hombres —como no podían reconocer en Él el todo— no dejaran de conocerlo en la parte. Y como no podían mirar para ver su indivisible poder, que pudieran al menos, de lo que se parecía a ellos, razonarlo y contemplarlo.

ATANASIO

DÍA 24

TODA PLENITUD

COLOSENSES 1:19
...por cuanto agradó al Padre que en él habitase toda plenitud.

Cristo mismo es el más grande milagro de la historia. La encarnación como milagro central nos ayuda a interpretar los milagros logrados por el «Yo Soy», Jehová con nosotros...

La pregunta es ¿sigue habiendo milagros? ¡Sí! El milagro de la vida, nuestra salvación, la transformación de la personalidad, y las intervenciones específicas de sanación y bendición. Un estudio de los milagros nos lleva a la fe de que «todas las cosas son posibles» para la vida cotidiana y nuestras necesidades. Siguen obrándose sanaciones físicas, emocionales y espirituales del Gran Médico a diario, a través del Espíritu Santo.

Pensemos en las necesidades de las personas en el contexto del milagroso poder que está disponible para nosotros. Feodor Dostoievsky tenía razón: «la fe no surge de los milagros en el realista, sino que los milagros surgen de la fe». Creemos que la fe viene del Espíritu Santo que enfoca en nosotros el amor y el perdón de la cruz. Esa fe entonces se atreve a creer que como milagro de Dios podemos esperar en los milagros que Él obrará a nuestro alrededor.

LLOYD JOHN OGILVIE

DÍA 25

SORPRESAS CONSTANTES

COLOSENSES 2:9
*Porque en él habita corporalmente
toda la plenitud de la Deidad.*

El segundo gran milagro, después de Cristo, es lo que le sucede a la persona que llega a conocer a Cristo personalmente. Cuando le entregamos nuestra vida y le invitamos a vivir en nosotros, nuestros días se llenan de una constante sucesión de sorpresas. Él es Señor de toda vida, tiene poder ilimitado, y puede arreglar sucesos y circunstancias que nos bendigan. Nuestra única tarea consiste en entregarle nuestras necesidades, y luego dejar que Él se ocupe de los resultados.

Cristo no usó la palabra «milagros». Habló de las «obras de Dios». Dondequiera que iba, hacía «obras» que desafiaban tanto lo esperado como lo anticipado. La razón era que Él era el poder de Dios, «corporalmente toda la plenitud de la Deidad» (Colosenses 2: 9)...

¿Dónde necesitas un milagro? ¿Qué es lo que te parece imposible? ¡Persevera! No claudiques. A toda costa, abre tu camino hacia el Maestro. Dile cuál es tu necesidad, y luego deja que Él se ocupe. Aún más grande que el milagro que buscas será el milagro de aquello en lo que te conviertes cuando lo buscas, lo tocas y experimentas su incomparable amor.

LLOYD JOHN OGILVIE

DÍA 26

LO SABES

HEBREOS 2:17
*Por lo cual debía ser en todo semejante a sus hermanos,
para venir a ser misericordioso y fiel sumo sacerdote
en lo que a Dios se refiere, para expiar los
pecados del pueblo.*

Que nuestra oración, oh Cristo, despierte todas tus reminiscencias humanas, para que sintamos en nuestro corazón al Jesús que nos comprende.

Caminaste en este valle terrenal y no has olvidado lo que es estar cansado, lo que es sentir el dolor en los músculos, como cuando trabajabas largas horas en el banco del carpintero.

No has olvidado lo que es sentir el punzante aguijón del dolor, el hambre o la sed.

Sabes lo que es que te olviden, sentirte solo.

Recuerdas cómo se sienten las lágrimas calientes que queman tus mejillas.

Te agradecemos porque estuviste dispuesto a venir a la tierra y compartir con nosotros la debilidad de la carne, porque ahora sabemos que tú sí entiendes todo aquello que somos llamados a soportar.

Sabemos que tú, nuestro Dios, eres capaz de hacer más de lo que pedimos o esperamos. Así que bendícenos, a cada uno de nosotros, no según lo que merecemos, sino según las riquezas en gloria de Cristo Jesús nuestro Señor. Amén.

PETER MARSHALL

LOS MILAGROS DE JESÚS SOBRE LA NATURALEZA

---

*Muchos creyeron en su nombre,
viendo las señales que hacía.*
JUAN 2:23

LOS MILAGROS DE JESÚS SOBRE LA NATURALEZA

La naturaleza puede gemir y sufrir como resultado de la caída de la humanidad (Romanos 8:22), pero permanece obediente a la voz del Maestro. La creación puede mancharse de pecado, pero no es sorda a la voz del Creador. El temible poder de la naturaleza se rendía instantáneamente ante las instrucciones de Jesús. La gente tenía reacciones diferentes ante las palabras de Jesús, pero los vientos y las olas le obedecían. La gente se aferraba a los viejos odres, pero el agua de buena gana se convirtió en vino. El pescado seco y las hogazas de pan duro se multiplicaron un una pequeña cascada de alimento suficiente como para abastecer a la multitud. Los peces se abrieron camino hacia el otro lado del bote para entrar en las redes.

El poder de Jesús sobre la naturaleza tenía una disposición segura, callada. Sus acciones eran diestras. No era su orden ni su oración lo que captaba el interés de la gente, sino lo que sucedía después de que Él hablaba. Al leer estas meditaciones sobre el continuo rol de Jesús como Creador que gobierna, visualiza los efectos de su autoridad en tu vida. Escucha su voz.

DÍA 27

El rol de los milagros de Jesús

LUCAS 4:18
El Espíritu del Señor está sobre mí,
Por cuanto me ha ungido para dar buenas nuevas a los pobres;
Me ha enviado a sanar a los quebrantados de corazón;
A pregonar libertad a los cautivos,
Y vista a los ciegos;
A poner en libertad a los oprimidos…

Estos milagros confirmaban lo que Jesús había enseñado antes en la sinagoga de Nazaret, cuando afirmó cumplir la profecía de aquel que, como ungido del Señor, traería «la buena nueva a los pobres», la salvación de Dios, la respuesta al juicio que esperaba a quienes se habían rebelado contra Dios. La evidencia de esto serían los potentes milagros que vería la gente ante sus ojos. Así que los milagros no tenían solamente la intención de lograr cosas maravillosas, aunque lo hacían. Tenían también el propósito de establecer la identidad de Jesús y, en última instancia, dar credibilidad a la buena nueva que Él había venido a proclamar.

Entiende uno entonces el rol de los milagros de Jesús. Era prueba de la existencia de esta persona o fuerza más allá de la naturaleza, que podía actuar dentro de ella ¡Esas eran buenas nuevas! Lo revelaban como el poder que podía revertir las mismas fuerzas de la muerte y la destrucción que golpean a nuestro mundo ¡Por supuesto que son buenas nuevas!

PAUL SMITH

Día 28

Libertad a los cautivos

Lucas 4:18
«...a pregonar libertad a los cautivos...»

El enemigo que Jesús enfrentaba y desafiaba en su ministerio no era el opresor romano, sino el poder espiritual de las tinieblas, el dominio de Satán. «Mas si por el dedo de Dios echo yo fuera los demonios, ciertamente el reino de Dios ha llegado a vosotros» (Lucas 11:20). La proclamación del adviento del reino divino causó revuelo, especialmente una actividad hostil en el reino del mal, que se sentía amenazado. El poder superior del Reino de Dios se veía en la liberación de aquellos cuyas mentes y cuerpos estaban sujetos a la atadura espiritual. Jesús no solamente proclamaba, sino que efectivamente obraba «libertad a los cautivos, y a los presos apertura de la cárcel» (Isaías 61:1). Al hacerlo, se conocía como agente del Padre que deseaba el bienestar, y no el sufrimiento de sus hijos.

F. F. Bruce

Día 29

Ira desviada

Lucas 4:19
A predicar el año agradable del Señor.

En la sinagoga, el aire estaba caliente, húmedo. El asistente le entregó a Jesús el rollo de Isaías. Él lo desenrolló en silencio, encontró el versículo que buscaba y comenzó a hablar con una voz de autoridad poco común.

Se detuvo en medio del versículo. Así, nada más. Jesús lo dejó inconcluso y tomó asiento. Los ojos de todos estaban fijos en Él.

No es de extrañar, porque nunca habían oído leer Isaías 61 de tal manera, como si las palabras fueran propias. Finalmente, Jesús rompió el silencio: «Hoy, esta Escritura se cumple ante ustedes»...

Jesús dejó bien claro que en su agenda no estaba la ejecución de la ira de Dios, sino cargar sobre su propio cuerpo esta ira. Me rompe el corazón esta afirmación de Jesús, precioso Salvador, que no vino para traer la ira de Dios, sino para cargar sobre su cuerpo la furia de Dios. Toda la ira del Padre por mi pecado se derramó sobre la cruz. A causa de Jesús, el Padre ya no tiene ira para conmigo ni para contigo.

JONI EARECKSON TADA

DÍA 30

DEPENDENCIA TOTAL

JUAN 5:30
No puedo yo hacer nada por mí mismo; según oigo, así juzgo;
y mi juicio es justo, porque no busco mi voluntad,
sino la voluntad del que me envió, la del Padre.

¿Alguna vez ha notado lo humildes, poco presuntuosos y hasta comunes que eran los milagros de Jesús? El primero, el de convertir el agua en vino, lo vieron solamente unos pocos esclavos en las bodas de Caná. «Vayan y llenen esos cántaros con agua», les dijo. Y después: «...ahora lleven el agua al maestro de ceremonias». ¿Se lo perdió alguien? El milagro ya había sucedido.

Lo mismo podríamos decir de cuando alimentó a las cinco mil personas. No hubo gritos, nadie agitó los brazos en alto, no hubo parafernalia. Jesús simplemente oró y repartió la comida.

Había algo indescriptible en el modo en que Jesús obraba sus milagros que siempre milagrosamente desviaba la atención de sí mismo y la enfocaba en el Padre. Jesús sanaba a quien estuviera enfermo, y quienes son testigos de esta sanación inevitablemente «alaban a Dios». Jesús gana alabanza para el Padre. De hecho, Jesús no sentía vergüenza al confesar su total dependencia de Dios.

MICHAEL CARD

DÍA 31

REVELA SU GLORIA

JUAN 5:36

*Mas yo tengo mayor testimonio que el de Juan;
porque las obras que el Padre me dio para que cumpliese,
las mismas obras que yo hago, dan testimonio de mí,
que el Padre me ha enviado.*

Debemos observar, sin embargo, que sus milagros fueron, como dijo Erasmo, parábolas representadas. Jesús buscó llevar todos sus milagros al plano de lo espiritual. En este sentido, se convierten en elocuentes sermones que predican sobre la disposición de Cristo a convertirse en el remedio para toda necesidad. A diferencia de los profetas del Antiguo Testamento, los milagros de Jesús no eran una adición o agregado extraño y ocasional a su persona y vocación. Eran profundamente «naturales» en Jesús... Sus milagros eran, digamos, lo que reflejaba su ser entero. Los milagros de Jesús eran un servicio de amor y gracia; no obstante, para quien tuviera corazón para entender le eran de tal naturaleza como para ser testimonio de que era el Hijo enviado por el Padre (Juan 5:36). Los milagros de Jesús eran parte del hecho de Jesús. Demuestran la realidad de las bendiciones desde el trono de Dios sobre los hombres, y proclaman las acciones de salvación del evangelio. Forman un patrón en donde la persona de Él se autorevela. De manera muy definida, revelan su gloria (Juan 2: 11; 11: 4).

H. D. MCDONALD

Día 32

Sobre, por encima y por fuera

Marcos 3:7-8
Mas Jesús se retiró al mar con sus discípulos,
y le siguió gran multitud de Galilea.
Y de Judea, de Jerusalén, de Idumea,
del otro lado del Jordán,
y de los alrededores de Tiro y de Sidón,
oyendo cuán grandes cosas hacía,
grandes multitudes vinieron a él.

El cristiano cree en la ley natural, es decir, que las cosas se comportan casi siempre por una reacción de causa y efecto. Sin embargo, al sostener esto el cristiano no limita el derecho y poder de Dios para intervenir de la manera y en el momento que Él lo decida. Dios está sobre, por encima y por fuera de las leyes naturales, y no está atado a ellas...

Hubo muchos milagros obrados en público. Se hicieron a lo largo de un período de tiempo e implicaron gran variedad de poderes. Jesús tenía poder sobre la naturaleza como cuando convirtió el agua en vino, tenía poder sobre la enfermedad como cuando sanó a los leprosos y los ciegos, tenía poder sobre los demonios como lo demostró al echarlos, tenía poderes sobrenaturales del conocimiento como cuando supo que Natanael estaba bajo la higuera. Demostró su poder de creación cuando alimentó a las cinco mil personas con unas pocas hogazas de pan y unos peces, y demostró poder sobre la muerte misma al resucitar a Lázaro y otros.

Paul Little

Día 33

La credibilidad de los milagros

JUAN 21:24
*Este es el discípulo que da testimonio de estas cosas,
y escribió estas cosas; y sabemos que su testimonio es verdadero.*

Ha surgido un hábito imbécil en la controversia moderna en cuanto a decir que tal o cual verdad en la que se cree puede sostenerse en una época y no en otra. Se nos dice que cierto dogma era creíble en el siglo XII, pero ya no en el siglo XX. Bien podría uno decir que se puede creer a cierto filósofo los lunes y no los martes. Bien podríamos decir que una visión del cosmos es adecuada para las 3:30 de la tarde, pero no para las 4:30. Aquello en lo que alguien puede creer depende de su filosofía y no del reloj del siglo... el punto no está en si se nos dio en nuestra época, sino en si nos fue otorgado como respuesta a nuestra pregunta.

G. K. CHESTERTON

Día 34

La credibilidad de los milagros

JUAN 21:24 NVI
*Éste es el discípulo que da testimonio de estas cosas,
y las escribió. Y estamos convencidos de que su
testimonio es verídico.*

En ocasiones, la credibilidad de los milagros está en proporción inversa a la credibilidad de la religión. Por eso hay milagros (en documentos tardíos, creo) registrados en cuanto a Buda. Sin embargo, ¿qué más absurdo que el hecho de que quien viniera a enseñarnos que la naturaleza es una ilusión de la que debemos escapar, se ocupara de producir efectos a nivel natural, y que quien viene a despertarnos de una pesadilla agregara cosas a esta pesadilla? Cuánto más respetamos su enseñanza, menos podemos aceptar sus milagros. Sin embargo, en el cristianismo cuánto más entendemos cuál es el Dios que dijo estar presente y anunció el propósito para el cual apareció, tanto más creíbles se vuelven sus milagros. Es por eso que rara vez podemos encontrar que se nieguen los milagros cristianos, excepto de parte de aquellos que han abandonado parcialmente la doctrina cristiana. La mente que pide un cristianismo sin milagros es una mente que está en proceso de recaer del cristianismo a la mera «religión».

C. S. Lewis

Día 35

Verifica la verdad

Hechos 2:22

Varones israelitas, oíd estas palabras: Jesús nazareno,
varón aprobado por Dios entre vosotros con las maravillas,
prodigios y señales que Dios hizo entre vosotros por medio de él,
como vosotros mismos sabéis.

Los primeros cristianos no necesitaban probar que Jesús había obrado milagros. Simplemente apelaban al conocimiento de quienes les escuchaban. A menos de dos meses de la crucifixión de Jesús, el día de Pentecostés, Simón Pedro apela al conocimiento de los testigos hostiles porque ellos mismos están al tanto de los milagros de Jesús. Y el hecho de que a Jesús no se le acallara ni abucheara inmediatamente demuestra que sus milagros eran bien conocidos. Es importante ver que este tipo de testimonio de primera mano en cuanto a los milagros no ocurre en otras religiones ni en la mitología griega o romana.

Los milagros de Jesús tienen que ver con la realidad. No aparecen como fantasías de la imaginación. En cambio, se presentan como eventos históricos de seriedad que podríamos esperar que ocurrieran si un dios sobrenatural intentara verificar una verdad mediante la ruptura del orden natural.

JOSH MCDOWELL

DÍA 36

BAJO LA HIGUERA

JUAN 1:48

Le dijo Natanael: ¿De dónde me conoces? Respondió Jesús y le dijo: Antes que Felipe te llamara, cuando estabas debajo de la higuera, te vi.

Desde la perspectiva de Natanael, ningún hombre pensante aceptaría que Jesús era el Mesías. Así que se aproximó a Jesús, no con fe, sino con la cabeza y el corazón llenos de duda. Entonces, Jesús conmovió el mundo de Natanael. Antes de siquiera verlo delante de sí, Jesús lo sabía todo acerca de él. Sabía lo que estaba haciendo Natanael. Y cuando Natanael vio que Jesús lo sabía todo acerca de él, quedó atónito.

«¿De dónde me conoces?», preguntó...

No era tanto una pregunta, sino una declaración de asombro. Natanael instantáneamente supo que Jesús conocía todo acerca de él porque había sido testigo ocular de su vida entera.

El saber que Jesús conoce todo puede asustarnos o iluminarnos. Si nos asustamos, intentaremos escondernos de él. Pero si nos ilumina, declararemos como Natanael, «tú eres el Hijo de Dios» (v. 49), y le seguiremos por el resto de nuestros días.

STEPHEN ARTERBURN

DÍA 37

¡TÚ ERES EL HIJO DE DIOS!

JUAN 1:48-49 NVI

—¿De dónde me conoces? —le preguntó Natanael.
—Antes que Felipe te llamara, cuando aún
estabas bajo la higuera, ya te había visto.
—Rabí, ¡tú eres el Hijo de Dios!
¡Tú eres el Rey de Israel! —declaró Natanael.

Bueno, eso sí fue rápido. El escepticismo de Natanael se esfuma ante una leve demostración de lo divino. No necesitó consultarlo con la almohada. No hubo consulta con los teólogos de Jerusalén. Ni se pidió al FBI que verificara la identidad del hombre de Nazaret. No hubo discusión. La conversión instantánea del escéptico que se hizo creyente tomó diez segundos. Apenas un atisbo de milagro, y Natanael encontró razones para creer.

La fe de Natanael es lo suficientemente real para Jesús. Después de todo, fe es fe. Y aunque uno no tenga la razón más convincente para creer, igualmente puede creer, y su fe puede ser el poder del renacimiento a la vida. Jesús no cuestiona la fe de Natanael en ningún momento. Sabe que Natanael tiene una razón para creer, que todavía ha de descubrir. Ha tomado la primera razón que apareció, y esto sirve en este momento. Tiene ahora una explicación con sentido. Pero un día en realidad verá la verdadera razón.

LEWIS B. SMEDES

Día 38

La fiesta

Juan 2:1-2
Al tercer día se hicieron unas bodas en Caná de Galilea; y estaba allí la madre de Jesús. Y fueron también invitados a las bodas Jesús y sus discípulos.

¿Me permite dar una opinión que quizá le resulte extraña? ¿Puedo decirle por qué creo que fue Jesús a la boda?... Creo que Jesús fue para divertirse.

Piense en esto. Había sido una temporada difícil. Pasó cuarenta días en el desierto sin alimento ni agua; un enfrentamiento con el diablo y una semana de enfrentamiento con algunos galileos; el cambio de empleo y el abandono de su hogar. No fue fácil. Necesitaba un descanso. Buena comida, buen vino, buenos amigos... bien, suena bien. Entonces allí van.

Su propósito no era el de convertir el agua en vino. Fue un favor que hizo a sus amigos. Su propósito no era el demostrar su poder. El anfitrión de la boda ni siquiera se enteró de lo que hizo Jesús. Su propósito no era predicar. No hay registro de un sermón.

En realidad, esto nos deja con una sola razón: la diversión. Jesús fue a la boda porque le gustaba la gente, le gustaba la comida, y —¡cielos!— quizá porque quería bailar un poco con la novia. (Después de todo, Él está planeando una Gran Boda. ¿Querría practicar un poco?)

Max Lucado

Día 39

Tener fe es confiar

Juan 2:3, 5
*Y faltando el vino, la madre de Jesús le dijo:
No tienen vino... Su madre dijo a los que servían:
Haced todo lo que os dijere.*

Aún cuando María no entendía lo que iba a hacer Jesús, y aún cuando pareciera que se había negado a su pedido, María seguía creyendo en Él a tal punto que se dirigió a los sirvientes y les indicó que hicieran lo que Jesús les dijese. María tenía la fe que podía confiar aún cuando no entendiera. No sabía lo que haría Jesús, pero estaba bastante segura de que haría lo correcto. En toda vida hay temporadas de oscuridad en las que no vemos el camino. En toda vida hay cosas para las que no encontramos razón ni significado. Feliz el hombre que puede confiar aunque no pueda entender.

William Barclay

Día 40

El creador de todo

Juan 2:7
*Jesús les dijo: Llenad estas tinajas de agua.
Y las llenaron hasta arriba.*

Una increíble historia de respuesta sigue a estas historias, desde lo reverente a lo ridículo, desde lo artístico a lo filosófico. Capturando la belleza de la conversión del agua en vino, el poeta Alexander Pope dijo: «el agua consciente vio a su Maestro y se sonrojó». Esta sublime descripción podría elaborarse de nuevo para explicar cada uno de estos milagros. ¿Era diferente en algo el principio del cuerpo enfermo que sanaba ante la orden de su Creador? ¿Era tan rebuscada la cuestión de que Él, Creador del universo, que formó materia de la nada, multiplicara los panes para la multitud? ¿No estaba en el poder de aquel que llamó a existencia a las moléculas conectarlas para que pudieran llevar sus huellas? ¿Por qué es que no hacemos esa conexión?

¿No es impertinente quien toma el regalo e ignora a quien se lo dio? El naturalismo por su propósito mismo desplaza el milagro para poner en su lugar explicaciones que desafían la razón. Los que se burlan del hecho de que Jesús caminara sobre el agua, han olvidado el milagro se ha obrado por Él en la misma composición del agua.

Ravi Zacharias

Día 41

Gracia que se derrama

Juan 2:7-8

Jesús les dijo: Llenad estas tinajas de agua.
Y las llenaron hasta arriba. Entonces les dijo: Sacad ahora,
y llevadlo al maestresala. Y se lo llevaron.

Jesús no les da a los hombres solamente lo suficiente para su necesidad, sino que da cantidad como para producir deleite. Aquí convierte agua pura en una bebida más dulce, más rica, más nutritiva. Quizá poco sabemos en cuanto a lo verdaderamente bueno y sustancioso de la bebida hecha por Dios para quienes tuvieron el privilegio de beberla. Nuestro querido Maestro dará a todos los que le sigan un gozo indecible y lleno de gloria. No solamente tendrán gracia suficiente para vivir como para tener esperanza y servir, sino que beberán del «vino más refinado» y tendrán gracia para cantar, gracia para regocijarse, gracia para llenarse con seguridad, y hacer que la derramen con deleite. Nuestro Amado no solamente nos ha traído a la casa del pan, sino al banquete del vino. Tenemos el cielo aquí debajo. Jesús no mide nuestra gracia con gotero, como el químico mide la medicina. La da abundantemente, y sus tinajas se llenan hasta arriba.

CHARLES HADDON SPURGEON

DÍA 42

GUARDAR LO MEJOR PARA EL FINAL

JUAN 2:10

*Y le dijo: Todo hombre sirve primero el buen vino,
y cuando ya han bebido mucho, entonces el inferior;
mas tú has reservado el buen vino hasta ahora.*

El señor Jesús siempre está dando algo mejor. A medida el paladar se refina constantemente, recibe deleites más delicados y sabrosos. Lo que conocemos de Él es, por cierto, mejor que lo que saboreamos cuando nos sentamos por primera vez a su mesa. Y así será siempre. Los ángeles, como sirvientes suyos, tienen órdenes de traer y presentar ante los herederos de la gloria cosas que el ojo aún no ha visto, que el corazón del hombre aún no ha concebido, pero que están preparadas. Lo mejor de la tierra estará por debajo de la comida más sencilla del cielo. ¡Y que será lo mejor del cielo! Si el vino en la casa del campesino es tan bueno... ¡qué será el nuevo vino en el reino del Padre! ¡Qué cosa no podemos esperar de los viñedos de las colinas celestiales! ¡Lo que será sentarnos a la mesa del banquete de boda del Cordero, no como invitados, sino como Esposa! Oh, días de lentitud, apresúrense. ¡Sean prestos a pasar, para que podamos saborear tal dicha! Por los siglos de los siglos, a medida que nuevas revelaciones entren en nuestras almas felices, miraremos al Maestro de la fiesta y clamaremos: «has guardado lo mejor hasta ahora».

F. B. MEYER

DÍA 43

REVELAR LO DIVINO

JUAN 2:11

*Este principio de señales hizo Jesús en Caná de Galilea,
y manifestó su gloria; y sus discípulos creyeron en él.*

La vida de Jesús es un relámpago de milagros. Sus milagros son importantes no solamente a causa de los beneficios que recibía la gente, sino también a causa de lo que indican acerca de Jesús mismo.

Antes de examinar el primero de los milagros registrados de Jesús, tenemos que mirar qué papel tienen en el contexto general. Hay quienes argumentan que el propósito de los milagros es el de demostrar la existencia de Dios. Pero esto se contradice con el papel que los milagros tienen en la Biblia. Antes de que un milagro sea percibido como milagro, hay que establecer la existencia de Dios. Es la existencia de Dios la que hace posibles los milagros...

Creer en los milagros es creer en lo que significan los milagros. Es abrazar y aceptar lo que las señales ponen de manifiesto. Juan declara que la señal de Caná manifestó la gloria de Cristo. Fue esta importancia la que vieron los discípulos y luego creyeron en Él. La señal reveló la gloria y la manifestación de la gloria de Cristo provocó la fe en los discípulos. Los discípulos oyeron el testimonio no verbal de las obras de Jesús y depositaron su confianza en Él.

R. C. SPROUL

DÍA 44

ARQUITECTO DE SÍ MISMO

JUAN 2:11 NVI

*Ésta, la primera de sus señales, la hizo Jesús en Caná de Galilea.
Así reveló su gloria, y sus discípulos creyeron en él.*

Los milagros de Cristo son lecciones prácticas. Son imágenes vivas. Nos hablan. Tienen manos de donde podemos aferrarnos. Estos milagros nos enseñan muchas lecciones valiosas. En su diversidad, nos refrescan. Nos muestran el incomparable poder de Jesucristo y al mismo tiempo descubren ante nosotros su maravillosa compasión por la humanidad sufriente. Estos milagros nos revelan su capacidad de interminablemente diversificar sus obras. El método de Dios al obrar con el hombre no es el mismo en todos los casos. Dios no administra su gracia con rígida rutina. Hay una infinita variedad en sus movimientos. Hay una diversidad maravillosa en su manera de obrar. No da forma a sus creaciones con un mismo molde. Nuestro Señor no se circunscribe en su obra ni lo limitan los modelos. Trabaja de manera independiente. Es arquitecto de sí mismo. Se provee a sí mismo de patrones que tienen variedad ilimitada.

E. M. BOUNDS

DÍA 45

PRUEBAS DE NUESTRA FE

JUAN 2:23
*Estando en Jerusalén en la fiesta de la pascua,
muchos creyeron en su nombre, viendo las señales que hacía.*

Las profecías de las Escrituras, y hasta los milagros y pruebas de nuestra fe, no son el tipo de evidencia lo absolutamente convincente. Al mismo tiempo, no es irracional creer en ellos. Hay así evidencia y oscuridad para iluminar a algunos y confundir a otros. Pero la evidencia es tal como para exceder o al menos equilibrar la evidencia contraria, de modo que no es la razón la que decide en contra de que sigamos la fe. Por eso, las únicas cosas que nos impiden aceptar la evidencia tienen que ser la lujuria y la maldad del corazón. Hay entonces evidencia suficiente para condenar y, sin embargo, no bastante como para convencer, para que sea obvio que quienes le siguen están motivados por la gracia y no por la razón. Quienes evaden su mensaje son inducidos a hacerlo por la lujuria y no por la razón.

BLAS PASCAL

DÍA 46

LA VERDAD MISMA

JUAN 4:48
*Entonces Jesús le dijo: Si no viereis señales
y prodigios, no creeréis.*

Las mentes de los hombres en los días de nuestro Señor presentaban un síntoma de condición enfermiza: pedían milagros. Se negaban al alimento sólido y anhelaban meros milagros. El evangelio que tanto necesitaban no lo tendrían, los milagros que operaba Jesús no siempre daban lo que exigían con ansias. Y aún hoy hay muchos que quieren ver señales y milagros porque, de lo contrario, no creerán...

¿Cree usted que Dios se someterá a esto? Mi Maestro tiene un espíritu generoso, pero también un corazón de Rey. Rechaza toda orden y mantiene su soberanía para la acción. Querido lector, ¿por qué, si es éste el caso, pide usted señales y milagros? ¿No es el evangelio una señal y milagro en sí mismo? ¿No es un milagro de milagros el hecho de que «tanto amó Dios al mundo que entregó a su único Hijo para que quien crea en él tenga vida eterna»? Por cierto, esa preciosa palabra dice que «quienes deseen tomen del agua de vida, sin costo alguno», y esa solemne promesa de «quien venga a mí jamás le echaré fuera», son mejores que las señales y los milagros. A un verdadero Salvador hay que creerle. Es la verdad en sí misma. ¿Por qué le pediría usted una prueba a aquel que no sabe mentir?

CHARLES HADDON SPURGEON

DÍA 47

SIGUIÓ SU CAMINO

LUCAS 4:24, 28-30

Y añadió: De cierto os digo, que ningún profeta es acepto en su propia tierra... Al oír estas cosas, todos en la sinagoga se llenaron de ira; y levantándose, le echaron fuera de la ciudad, y le llevaron hasta la cumbre del monte sobre el cual estaba edificada la ciudad de ellos, para despeñarle. Mas él pasó por en medio de ellos, y se fue.

En otra ocasión, hubo un indicio de que algo milagroso sucedió cuando la multitud intentó atraparle. La muchedumbre quería lincharlo, y Jesús milagrosamente «pasó por en medio de ellos y se fue» (Lucas 4:30).

Si Jesús estaba resuelto a enfrentar la muerte en algunas ocasiones, era igualmente rápido para evitarla en otras. ¿Por qué? ¿Sería que era más fuerte algunos días y más débil en otros?

El Nuevo Testamento nunca sugiere que el sacrificio y el sufrimiento sean buenos en sí. Jesús enfrentó la Cruz... no porque era algo virtuoso de hacer, sino porque el sufrimiento y la muerte eran el precio que tenía que pagar para lograr su propósito.

No veía virtud en el sufrimiento por el sufrimiento en sí, y lo evitaba cada vez que le era posible. Además, su perspectiva del sufrimiento no era mórbida, neurótica ni masoquista. Veía más allá del dolor, la gloria y la victoria.

JOHN WHITE

DÍA 48

SIN PODER ALGUNO, ALEJADOS DE CRISTO

LUCAS 5:4
*Cuando terminó de hablar, dijo a Simón:
Boga mar adentro, y echad vuestras redes para pescar.*

Cuando Dios obra sin instrumentos, es glorificado. Sin embargo, ha elegido este plan de la participación humana como aquel mediante el cual será el más magnificado en la tierra. *Los medios en sí mismos no pueden hacer nada.* «Maestro, ¡hemos trabajado toda la noche y no pescamos nada!» ¿Cuál era la razón? ¿No eran estos pescadores experimentados que hacía lo que sabían hacer? No eran principiantes, pues entendían su trabajo. ¿Les faltaba habilidad? No. ¿Eran perezosos? No. Habían trabajado. ¿Les faltaba persistencia y perseverancia? No. *Habían trabajado toda la noche.* ¿No había peces en el mar? No era eso, porque tan pronto el Maestro llegó, nadaron hacia la red en grandes cantidades. ¿Cuál es entonces la razón? Es que no hay poder en el medio en sí aparte de la presencia de Jesús. Sin Él, nada podemos lograr. Pero con Cristo podemos hacer todas las cosas. Trabajemos hasta que llegue la noche y no habremos trabajado en vano porque aquel que nos dice que echemos la red la llenará de peces.

CHARLES HADDON SPURGEON

DÍA 49

AGUAS PROFUNDAS

LUCAS 5:5-6
*Respondiendo Simón, le dijo: Maestro, toda la noche hemos
estado trabajando, y nada hemos pescado;
mas en tu palabra echaré la red. Y habiéndolo hecho,
encerraron gran cantidad de peces, y su red se rompía.*

Imagine la escena: Simón, y otros experimentados pescadores habían estado intentando pescar durante toda la noche. Conocen el lago, conocen su oficio; no obstante, nada han atrapado. Jesús, un carpintero, les dice que vayan donde el agua es más profunda y vuelvan a intentarlo. Simón y los otros deben haber sentido ganas de decirle a Jesús que se metiera en lo suyo, eso de hacer muebles, para dejar que los expertos se encargaran de la pesca. Sin embargo, no lo hicieron. Le obedecieron. ¿Ha estado alguna vez en una situación en que sintió que Jesús no podía entender sus necesidades? Muchos de los actos de servicio y emprendimientos para Dios requieren que entremos en aguas más profundas. Aprenda una lección de este grupo de pescadores: escuche a Jesús y obedezca sus mandamientos, por más difíciles que parezcan.

COMENTARIO DE LA BIBLIA DEL DIARIO VIVIR – LUCAS

DÍA 50

MAESTRO DE HOMBRES, AMO DE PECES

LUCAS 5:9
*Porque por la pesca que habían hecho, el temor se había
apoderado de él, y de todos los que estaban con él.*

Pedro, obviamente sintiendo que Jesús tenía que dedicarse a predicar y dejarle hacer su oficio, obedeció de manera reticente. «Mas en tu palabra echaré la red» (v. 5), murmuró. Probablemente Pedro respetaba demasiado al Señor como para decirle que los peces por lo general se alimentan en la oscuridad y no a la luz, y viendo que habían trabajado toda la noche sin pescar nada era poco probable que lograran pescar a la luz del día.

¡Cuánto se parece a nosotros! Pensamos que Jesús necesita vivir en la sección religiosa de la vida. Él puede ocuparse de esa parte, decimos, pero no puede entender realmente la parte secular. «¿Qué puede saber Jesús sobre mi trabajo?», inquirimos.

Tenemos que entender que si somos pescadores, Él, el Hacedor de peces y hombres, es el experto y puede hacer que seamos mejores pescadores de lo que seríamos aprendiendo de alguien más.

Pedro, con temor ante el milagro de los peces, por fin comenzó a entender esto. Este no era un gurú religioso, sino más que eso... ¿quizá hasta fuera Dios mismo?

JILL BRISCOE

DÍA 51

¿POR QUÉ TEMEN?

MATEO 8:23-24
*Y entrando él en la barca, sus discípulos le siguieron.
Y he aquí que se levantó en el mar una tempestad tan grande
que las olas cubrían la barca; pero él dormía.*

Cristo duerme. Si hubiera estado despierto cuando comenzó la tormenta, los discípulos no habrían tenido miedo ni habrían buscado su ayuda o ni siquiera habrían pensado que Él podía hacer algo al respecto. Por eso, duerme. Hace que se pongan nerviosos, y le da una percepción más clara de lo que está sucediendo. La gente no ve lo que les sucede a los demás de la misma manera que ven lo que les sucede a ellos mismos. Por eso, cuando los discípulos veían que otros se beneficiaban y no ellos, se volvieron apáticos. Porque no podían ver o disfrutar de las bendiciones que recibían de Él, Cristo permitió la tormenta. Entonces, al liberarlos de ella, pudieron obtener una mejor percepción de sus beneficios. Cristo no hace esto en presencia de la multitud, porque les podrían condenar por tener poca fe. En cambio, los lleva aparte, los corrige frente a las aguas tormentosas, y acalla la tormenta que se debate en sus almas. Cristo reprende a sus discípulos, y dice: «¿Por qué teméis, hombres de poca fe?». Les enseña que el miedo no tiene origen en las pruebas, sino en la debilidad de la mente.

CRISÓSTOMO

DÍA 52

BARCAS PEQUEÑAS

MARCOS 4:36
Y despidiendo a la multitud, le tomaron como estaba,
en la barca; y había también con él otras barcas.

Está bien navegar con Jesús aún cuando sea en una barca pequeña. Cuando navegamos en compañía de Cristo, quizá no estemos seguros de que el tiempo sea bueno porque puede haber grandes tormentas que sacudan la barca en la que el mismo Señor está, y no debemos esperar que el mar esté menos bravo alrededor de nuestra pequeña barca. Si vamos con Jesús, debemos contentarnos con que nos vaya cómo le va a Él, y cuando las olas le golpeen, también nos golpearán a nosotros. Es con la tempestad y las olas que llegaremos a tierra, como lo hizo Él. Cuando la tormenta sacudió el lago de Galilea, todos los rostros se ensombrecieron, y todos los corazones temieron el naufragio.

Cuando toda ayuda de criatura era inútil, el Salvador dormido despertó y con una palabra transformó todo en profunda calma. Entonces, las pequeñas barcas tuvieron la misma calma que la barca en la que iba el Señor.

Los vientos y las olas no pasarán de largo junto a nosotros, sino que le obedecerán, y por eso aunque afuera ruja la tormenta, la fe se sentirá como bendita calma interior. Él está siempre en el centro de toda compañía golpeada por la tormenta, regocijémonos en Él. Su barca ha llegado al puerto seguro, y así lo hará la nuestra.

CHARLES HADDON SPURGEON

DÍA 53

VUELTA A LA CALMA

MARCOS 4:37
Pero se levantó una gran tempestad de viento, y echaba las olas en la barca, de tal manera que ya se anegaba.

Has oído un insulto, es el viento. Estás enojado, es una ola. Entonces, cuando sopla el viento y ruge la ola, la barca está en peligro, el corazón corre riesgos, impulsado de un lado a otro. Cuando has oído un insulto, anhelas la venganza. Y la venganza lograste, y alegrándote en el daño de otro naufragaste. ¿Por qué? Porque Cristo está dormido en ti. ¿Qué significa esto de que Cristo esté dormido en ti?... Despiértalo, entonces; llámalo a tu memoria. Tu recuerdo sobre Él es su palabra. Tu recuerdo sobre Él es su mandamiento. Y entonces dirás si Cristo está despierto en ti: «¿Qué tipo de hombre soy que quiero venganza? ¿Quién soy para amenazar a otro hombre? Por eso dominaré mi ira, y retornaré al reposo de mi corazón». Dios ha ordenado al mar que se aquiete, es la vuelta a la calma.

SAN AGUSTÍN

Día 54

¿No te importa?

MARCOS 4:38 NVI
*Jesús, mientras tanto, estaba en la popa,
durmiendo sobre un cabezal, así que los discípulos lo despertaron.
—Maestro —gritaron—, ¿no te importa que
nos ahoguemos?*

Dios, ¿no te importa?...
Es la pregunta de todos los tiempos. La pregunta que literalmente toda persona sobre la tierra ha formulado. No ha habido presidente, trabajador o comerciante que no la haya pronunciado. No ha habido alma que no se haya debatido en esta duda. ¿Le importa a mi Dios? ¿O es que mi dolor es su gran equivocación?

Mientras el viento soplaba y el mar se enfurecía, los discípulos asustados e impacientes gritaban con miedo a Jesús, que dormía: «Maestro, ¿no te importa que nos ahoguemos?». Jesús podría haber seguido durmiendo. Podría haberles dicho que se callaran. Podría haber saltado con impaciencia, encogiendo los hombros ante la tormenta. Podría haber señalado su inmadurez y, sin embargo, no lo hizo.

Con toda la paciencia que puede tener únicamente la persona a quien sí le importa, respondió la pregunta. Calmó la tormenta para que los temerosos discípulos no pasaran por alto su respuesta. De una vez y por todas, Jesús respondió el doloroso dilema del hombre: «¿Dónde está Dios cuando yo sufro?».

Escuchando y sanando. Allí es donde está. Porque le importa.

MAX LUCADO

DÍA 55

CAPITÁN DE SALVACIÓN

MARCOS 4:38
*Y él estaba en la popa, durmiendo sobre un cabezal;
y le despertaron, y le dijeron: Maestro,
¿no tienes cuidado que perecemos?*

Aprende de la experiencia de los discípulos. Alarmados despertaron a Jesús gritando: «¿No tienes cuidado que perecemos?» ¿Él? ¿Cuidado? ¿Quién podría tener más cuidado que el misericordioso y compasivo Cristo? ¿Alguna vez ha abandonado a uno de los suyos, dejándolo en su sufrimiento, olvidado? ¡Jamás! donde Él guía, Él ama. Donde Él señala, Él protege. Donde Él planifica, Él provee. Donde Él envía, Él salva. Los vientos y las olas obedecerán su Palabra, y la tormenta se calmará. Navegar bajo las órdenes del gran Capitán de nuestra salvación es la certeza de que la trompeta del enemigo significa bendiciones por delante, y no sufrimiento. El caos suele preceder al reavivamiento, como el pánico al progreso. El diablo hará lo posible por alejarte del centro de la voluntad de Dios e impedir que busques su poder o intentará ahogarte en las profundidades de la desesperanza y la derrota. Sigue navegando, a pesar de las burlas, las trampas o las tormentas de Satanás.

V. RAYMOND EDMAN

DÍA 56

VERDADERO DESCANSO

LUCAS 8:24
*Y vinieron a él y le despertaron, diciendo:
¡Maestro, Maestro, que perecemos! Despertando él,
reprendió al viento y a las olas; y cesaron,
y se hizo bonanza.*

Para ser justos con los discípulos, debemos recordar que hasta este punto, casi todo lo que había hecho su líder lo había hecho por otras personas, y no por ellos personalmente. Fue la primera vez que estaban en un problema real, y que su presencia y poder les libró de un desastre seguro. Fue la primera vez que ellos mismos necesitaban auxilio. Fue la primera vez que no eran espectadores, sino los personajes del drama de vida o muerte que se desarrollaba delante de sus ojos. Por primera vez, si iban a ser salvados en esta situación desesperada, tendrían que ejercer fe viable en Cristo. Por primera vez, debían tragarse su orgullo como grupo, acercarse implícitamente al Maestro, esperar ayuda y encontrar que Cristo era fiel como para proveerla.

Él estaba allí en la tormenta con ellos. Lo sabían. Felizmente eran lo suficientemente humildes, lo suficientemente sensatos y lo suficientemente sinceros como para buscar salvación en aquel que podía salvarlos. Y Él lo hizo. Dios, en Cristo, a través de su Espíritu, está en todas las tormentas de la vida de sus seguidores. Es cuando dejamos de luchar por nuestros propios medios y nos volvemos a Él que encontramos alivio y descanso.

W. PHILLIP KELLER

Día 57

Confianza en medio de la crisis

Mateo 8:26

El les dijo: ¿Por qué teméis, hombres de poca fe?

Cuando tenemos miedo, lo menos que podemos hacer es orar a Dios. Sin embargo, nuestra confianza está en Dios solamente hasta cierto punto, y luego volvemos a las oraciones elementales llenas de pánico de aquellas personas que ni siquiera conocen a Dios. Llegamos al final de nuestros recursos sabiendo que no tenemos ni siquiera la más mínima confianza en Dios o en su soberano control del mundo. Pensamos que Dios está dormido, y no vemos más que las gigantes olas que rompen delante de nosotros.

«Hombres de poca fe.» Con qué gran dolor les habrá llegado a los discípulos esto mientras pensaban: «¡Volvimos a equivocarnos!». Y con qué punzante dolor nos daremos cuenta repentinamente que podíamos haber producido gozo completo y pleno en el corazón de Jesús si permaneciéramos absolutamente confiados en El, a pesar de lo que tengamos delante...

Es cuando surge una crisis que instantáneamente revelamos en quién nos apoyamos. Si hemos aprendido a adorar a Dios y a poner nuestra confianza en Él, la crisis revelará que podemos ir al punto de la ruptura sin romper nuestra confianza en Él.

Oswald Chambers

Día 58

Señor de la tierra, del aire y del mar

LUCAS 8:24
Y vinieron a él y le despertaron, diciendo:
¡Maestro, Maestro, que perecemos!
Despertando él, reprendió al viento y a las olas;
y cesaron, y se hizo bonanza.

Señor de la tierra, del aire y del mar,
supremo en poder y gracia,
bajo tu protección, nuestras almas
y cuerpos ponemos.
Valientes para tierra desconocida intentar,
nos lanzamos en la profundidad espumosa.
Rocas, y tormentas, y muerte desafiamos,
con Jesús en la barca.
¿Quién puede entender la calma
en el pecho del creyente?
En el hueco de su mano,
nuestras almas seguras descansan.
Que soplen los vientos, que rujan los mares,
nosotros en su amor nuestros espíritus dejamos.
A Él con calmo gozo adoramos,
a quien los vientos y los mares obedecen.

CHARLES WESLEY

Día 59

Divina democracia

Mateo 8:27
*Y los hombres se maravillaron, diciendo:
¿Qué hombre es éste, que aun los vientos y el mar le obedecen?*

La principal diferencia entre el cristianismo y las mil escuelas trascendentales de hoy es sustancialmente la misma que la diferencia hace casi dos mil años entre el cristianismo y los mil ritos sagrados y sociedades secretas del imperio pagano. La diferencia más profunda es esta: que todos los misterios paganos son tan aristocráticos que solamente los entienden algunos y no otros. Los misterios cristianos son tan democráticos que nadie puede entenderlos.

G. K. Chesterton

Día 60

Gran temor

Marcos 4:41
*Entonces temieron con gran temor, y se decían el uno al otro:
¿Quién es éste, que aun el viento y el mar le obedecen?*

¿Cuándo fue la última vez que sintió realmente gran temor? Los discípulos de Jesús por cierto tuvieron muchos momentos «de gran temor». En el pasaje citado aquí, los sorprendió una repentina tormenta en el mar de Galilea cuando estaban con Jesús. Debe haber sido grande, ya que al menos cuatro de estos hombres eran pescadores experimentados, pero sentían pánico absoluto.

Jesús despertó de su sueño tranquilo, y con calma reprendió a la tormenta. E inmediatamente el mar se volvió calmo como un espejo.

Sin embargo, la tormenta no había terminado. Claro que no. Echada del mar, se introdujo en los palpitantes corazones y confusas mentes de los Doce. Empapados, los hombres quedaron meditando en silencio sobre lo que acababan de vivir...

Una cosa es cierta. Cuando Dios en su gloria se manifiesta entre nosotros, sentimos temor. Todo inspira temor y está lleno de temor.

Deja que Dios invada tu día. Busca su gloria, su manifestación, en las tareas más mundanas que tengas por delante hoy. Adórale en esos momentos.

BIBLIA DE DEVOCIÓN DIARIA iWorship [NLT]

DÍA 61

AUN ESTO

LUCAS 8:25
*«¿Quién es éste, que manda aun a los vientos
y al agua, y le obedecen?»*

Aun.

¿Hay algo que estés enfrentando, sea en sus circunstancias externas o en tu interior que parece imposible de comandar? ¿Algo que te ha confundido, y vencido mil veces, y que siempre parece vencerte? ¿Algo tan sordo a tus órdenes, como el viento o las olas salvajes?

No te desesperes. No te encojas de hombros ni claudiques.

Nuestro Señor –tu Señor y el mío– puede mandar sobre la cosa más difícil y rebelde, lo que parezca imposible de comandar.

Deja que su palabra «aun» te sea de consuelo. Aquel que manda aun a los vientos y las aguas (y deben obedecerle), puede decirle a este «aun» tuyo: «Paz, estad quieto...».

Y vendrá para ti «grande bonanza» (Marcos 4:39).

AMY CARMICHAEL

DÍA 62

¿DÓNDE ESTÁ TU FE?

LUCAS 8:25
*Y les dijo: ¿Dónde está vuestra fe? Y atemorizados,
se maravillaban, y se decían unos a otros:
¿Quién es éste, que aun a los vientos y a las aguas manda,
y le obedecen?*

Ha surgido una tentación. Es el viento, estás molesto, es una ola. Despierta a Cristo entonces, y deja que Él hable contigo: «¿Quién es éste, que aun a los vientos y a las aguas manda y le obedecen?», «¿Quién es este a quien el mar obedece». «El cielo es suyo, y Él lo creó.» «Por Él fueron hechas todas las cosas.» Imita a los vientos entonces, y al mar también, y obedece al Creador. Ante la orden de Cristo, el mar presta oídos, pero tú ¿sigues sordo? ¡Qué! Digo, hago, veo: ¿qué es todo esto, sino seguir soplando y no estar dispuesto a detenerte en obediencia a la palabra de Cristo? No permitas que te domine la ola en este estado perturbado de tu corazón. Porque aunque somos solamente hombres, si el viento nos impulsara y moviera los afectos de nuestra alma, no desesperemos: despertemos a Cristo para poder navegar en un mar tranquilo y así llegar a nuestra tierra.

SAN AGUSTÍN

DÍA 63

TUVO COMPASIÓN DE ELLOS

MATEO 14:14
*Y saliendo Jesús, vio una gran multitud, y tuvo compasión de ellos,
y sanó a los que de ellos estaban enfermos.*

Cuando Mateo describe que Jesús tuvo compasión de la gente, no está diciendo que Jesús sintió lástima por ellos. No, el término es mucho más gráfico. Mateo está diciendo que Jesús sintió el dolor de ellos en sus entrañas…

Y habiendo sentido el dolor de ellos, no pudo más que sanarlos. Sintió la compasión por la necesidad de la gente en su estómago. Lo conmovió tanto la necesidad de la gente, que olvidó sus propias necesidades. Cuando Jesús llegó a Betsaida, estaba cansado, apenado, ansioso de estar a solas. Nadie le habría culpado si hubiera enviado a la multitud a su casa una segunda vez. Nadie le habría criticado por eso. Sin embargo, no lo hizo. Lo haría más tarde. Más tarde les diría que se fueran y buscaría estar a solas.

Pero no antes de «sanar a los enfermos» (Mateo 14:14), y enseñarles «muchas cosas» (Marcos 6:34). Se olvidó de sí mismo, y el compasivo Salvador sirvió a los demás.

Max Lucado

Día 64

Demostrar el reino de Dios

Lucas 9:11
Y cuando la gente lo supo, le siguió;
y él les recibió, y les hablaba del reino de Dios,
y sanaba a los que necesitaban ser curados.

Todo lo que dije sobre los puntos débiles en el mundo apunta a una conclusión: el punto de vista de los cristianos afecta su teología. Si los cristianos tienen un punto de vista que se ve afectado por el materialismo occidental, probablemente negarán que las señales y milagros son para nuestros días. Aunque puedan utilizar un razonamiento teológico, la cuestión real es que perturba su perspectiva. En contraste, un segundo grupo de cristianos tiene un punto de vista, y se ve afectado por el racionalismo occidental. Pueden reconocer las señales y los milagros, pero lo consignan a lo irracional. Estas personas ven cada señal y milagro por la emoción de la experiencia, como un fin en sí. No entienden el propósito de las señales y milagros: el de demostrar el reino de Dios.

Si creemos en una teología que no incluye la posibilidad de que los cristianos contemporáneos hagan la obra de Jesús, incluyendo señales y milagros, no tendremos práctica de señales y milagros.

JOHN WIMBER

DÍA 65

¡TIENES UN PLAN!

JUAN 6:5-6
Cuando alzó Jesús los ojos, y vio que había venido
a él gran multitud, dijo a Felipe:
¿De dónde compraremos pan para que coman éstos?
Pero esto decía para probarle; porque él sabía
lo que había de hacer.

En este mismo momento quizá tengas que enfrentar una necesidad muy tremenda, y Cristo está junto a ti, viéndola y preguntándote acerca de ella. En efecto, está diciendo: «¿Cómo podrás satisfacerla?». Cristo te está escudriñando, observando con tierna empatía. ¡Cuántos de nosotros no hemos logrado pasar esta prueba! Hemos tomado lápiz y papel para calcular cuánto dinero para el pan tenemos o hemos corrido de un lado a otro hacia amigos poderosos y ricos para que nos ayuden, o nos hemos sentado a llorar, o hemos murmurado en contra de Dios por hacer que estemos en tal posición. Tendríamos que volver a Cristo con un rostro soleado y decir: *¡Tienes un plan! Tuya es la responsabilidad y has de decirme* *qué hacer. He llegado hasta aquí en obediencia a la guía de tu Espíritu: y ahora, ¿qué he de hacer?*

C. G. MOORE

DÍA 66

UNA OPORTUNIDAD PARA BENDECIR

MATEO 14:17-18
Y ellos dijeron: No tenemos aquí sino cinco panes y dos peces.

El les dijo: Traédmelos acá.
¿Estás abrumado por las necesidades en este momento, casi vencido a causa de dificultades, pruebas y emergencias? Son todas vasijas provistas divinamente para que el Espíritu Santo las llene, y si tan sólo entiendes su significado, se convertirán en oportunidades para recibir nuevas bendiciones y liberación que de ninguna otra manera podrías tener.

Trae estas vasijas ante Dios. Sostenlas con firmeza ante Él en asombro y oración. Permanece quieto y deja de hacer todo este trabajo inútil, hasta que Él comience a obrar. No hagas nada que no te ordene hacer Dios mismo. Dale la oportunidad de obrar, y de seguro lo hará. Estas mismas pruebas que amenazaban vencerte y abrumarte en el mar de la desesperanza, se convertirán en la oportunidad de Dios para revelar su gracia y gloria en tu vida, como nunca antes lo conociste.

B. SIMPSON

Día 67

Parte el pan de la vida

Lucas 9:16
*Y tomando los cinco panes y los dos pescados,
levantando los ojos al cielo, los bendijo, y los partió,
y dio a sus discípulos para que los pusiesen delante de la gente.*

Parte el pan de la vida, querido Señor, para mí.
Como partiste el pan junto al mar.
Más allá de la sagrada página te busco, Señor.
¡Mi espíritu respira agitado por ti, oh, Palabra viva!

Bendice la verdad, querido Señor, para mí, para mí.
Como bendijiste el pan en Galilea.
Entonces acabará toda atadura, cayendo todo grillete.
Y encontraré mi paz, mi todo en todo.

Tú eres el pan de vida, oh Señor, para mí.
Tu santa Palabra, la verdad que me salvó.
Dame de comer y haz de viva contigo, en lo alto.
Enséñame a amar tu verdad, por qué tú eres amor.

Oh, envía tu Espíritu, Señor, ahora a mí.
Que Él toque mis ojos y me haga ver.
Muéstrame la verdad oculta en tu Palabra,
Y en tu libro revelado veré al Señor.

Mary A. Lathbury

DÍA 68

MUCHO CON POCO

JUAN 6:11
Y tomó Jesús aquellos panes, y habiendo dado gracias, los repartió entre los discípulos, y los discípulos entre los que estaban recostados; asimismo de los peces, cuanto querían.

Los discípulos debieran haber sabido que el poder de Dios estaba presente con ellos. Para demostrarlo, Jesús decidió mostrarles que nada era demasiado grande ni demasiado pequeño como para qué Él lo hiciera. Mientras los discípulos buscaban excusas y dudaban, Jesús pidió las cinco hogazas de pan y los dos peces. Tomándolos en sus manos, miró al cielo, los bendijo y partió, y los dio a sus hombres para que lo repartieran entre la multitud.

Esta no es la única forma en que Jesús podría haber obrado el milagro, por supuesto. Podría haber hecho que se materializara el alimento a partir de la nada. Podría haber dado «órdenes especiales». O podría haber hecho que cayera maná sobre el suelo como lo hizo para Israel. En cambio, les pidió a los discípulos lo que tenían, sin importar lo poco que era.

Vemos un importante principio espiritual aquí: Dios desea, pero no necesita nuestra participación en su obra. Dios puede hacer mucho con poco.

GREG LAURIE

Día 69

Alimentados y saciados

Juan 6:12
Y cuando se hubieron saciado, dijo a sus discípulos:
Recoged los pedazos que sobraron,
para que no se pierda nada.

¿Cuándo entendieron los discípulos la realidad de lo que había sucedido? ¿Sostenía Andrés una canasta llena en sus manos y cuando ofreció el pan y el pescado alguien le dijo con la boca llena: «¡No, gracias. Ya no puedo comer un bocado más!»? ¿Intentó pasar el alimento a alguien más que también dijo: «¡No sé cuando fue la última vez que comí tanto!»? ¿Se detuvo entonces Andrés, mirando a la multitud que festejaba, de manera ordenada, gente que llenaba el lugar hasta donde alcanzaba la vista, y se dio cuenta de que *todos habían recibido alimento*? ¿Tomó la canasta con manos temblorosas, mirando el contenido, hasta que sus pensamientos se ordenaron? *¡Es un milagro! ¡Es un milagro! ¡Alimentamos a miles de personas con solamente cinco panes y dos peces!*

Era un milagro tan silencioso, tan poco ostentoso. Nada espectacular, manipulador ni rimbombante. Nadie habría sabido que era un milagro, si no fuera porque Jesús había levantado los cinco panes y los dos peces frente a todos cuando pidió la bendición de su Padre. No había recursos para alimentar a tantas personas al mismo tiempo. Sin embargo, ¡no solamente fueron alimentados todos, sino que también se saciaron!

Anne Graham Lotz

DÍA 70

SOLAMENTE NECESITABA DECIR UNA PALABRA

JUAN 6:15
Pero entendiendo Jesús que iban a venir para apoderarse de él y hacerle rey, volvió a retirarse al monte él solo.

En el nivel literalmente mundano, Jesús sabía cómo transformar la estructura molecular del agua para convertirla en vino. Este conocimiento también le permitió tomar unos pocos panes y unos pocos peces y alimentar a miles de personas. Pudo crear materia a partir de la energía a la que tenía acceso desde «los cielos» allí donde él estaba.

No puede sorprendernos que el milagro de alimentar a miles de personas hiciera que las multitudes buscaran obligarle a ser su rey. Seguramente quien podía resolver la ecuación de energía y materia podría hacer cualquier cosa. ¡Convertir el pedregullo en oro para pagar la deuda nacional! ¿Piensa usted que le elegirían presidente o primer ministro en nuestros días?

Sabía cómo transformar los tejidos del cuerpo humano de la enfermedad a la salud y de la muerte a la vida. Sabía cómo suspender la gravedad, interrumpir los patrones del clima y eliminar árboles que no dieran frutos sin sierra ni hacha. Solamente necesitaba decir una palabra. Seguramente debe divertirle la entrega de los Premios Nobel de hoy.

DALLAS WILLARD

DÍA 71

VERDADEROS CREYENTES

JUAN 6:26
*Respondió Jesús y les dijo: De cierto,
de cierto os digo que me buscáis, no porque habéis
visto las señales, sino porque comisteis
el pan y os saciasteis.*

Después de alimentar a las cinco mil personas, la multitud quería tomar a Jesús por la fuerza para convertirle en rey. Cuando Jesús vio esto, inmediatamente «volvió a retirarse al monte él sólo» (Juan 6:15). Cuando la gente lo alcanzó, le preguntaron: «Rabí, ¿cuándo llegaste acá?» (6:25). «Respondió Jesús y les dijo: De cierto, de cierto os digo que me buscáis, no porque habéis visto las señales, sino porque comisteis el pan y os saciasteis. Trabajad, no por la comida que perece, sino por la comida que a vida eterna permanece, la cual el Hijo del Hombre os dará; porque a éste señaló Dios el Padre» (6:26-27). Jesús insistía para que dejaran de pensar en la comida gratis y pensaran en la verdad del evangelio. En este relato, la difícil enseñanza de Jesús sobre el pan de la vida vino después (6:28-59). «Al oírlas, muchos de sus discípulos dijeron: Dura es esta palabra; ¿quién la puede oír?» (6:60). El resultado fue que «desde entonces muchos de sus discípulos volvieron atrás, y ya no andaban con él» (6:66). Jesús prefería tener pocos creyentes, pero verdaderos y no muchos seguidores que le buscaran por el motivo equivocado.

AJITH FERNANDO

DÍA 72

Cargar nuestra cruz

Juan 6:26 NVI
*Ciertamente les aseguro que ustedes me buscan,
no porque han visto señales, sino porque comieron
pan hasta llenarse.*

Jesús ahora tenía a muchos amantes del reino celestial, pero pocos cargadores de su cruz. Tenía a muchos deseosos de consuelo, y a pocos de tribulación. Encontraba a muchos compañeros a su mesa, pero pocos que le acompañaban en su abstinencia…

Muchos sienten reverencia por sus milagros, y son pocos los que siguen la ignominia de su cruz. Muchos aman a Jesús mientras no les lleguen las adversidades, muchos le hablaban y bendicen mientras reciban consuelo de Él. Pero si Jesús se esconde y les deja durante un momento, apenas se quejan o comienzan a cavilar en su mente…

Si cargas tu cruz de buena gana, te soportará y llevará hacia el final deseado: donde habrá fin para el sufrimiento, aunque aquí no lo hay. Si la cargas de mala gana, te estás creando un peso demasiado pesado, que deberás seguir cargando. Y si echas al suelo una cruz, sin duda encontrarás otra, y quizá más pesada.

Thomas À. Kempis

DÍA 73

EN EL CAMINO DE LA TORMENTA

MATEO 14:22
*En seguida Jesús hizo que los discípulos subieran
a la barca y se le adelantaran al otro lado
mientras él despedía a la multitud.*

La obediencia. Sí, dije *obediencia*, que a menudo nos pone en el camino de una tormenta. Jesús les envió al peligro para que pudieran ser liberados de un peligro mayor, literalmente: la tentación que les arrastrara la multitud. No olvidemos nunca que fue Jesús quien les pidió que fueran al otro lado. Fue el Maestro de los vientos quien planeó que remaran directamente hacia la tormenta.

A veces tenemos la idea equivocada de que una tormenta prueba que estamos «fuera de la voluntad de Dios». Sin embargo, es en el centro de la voluntad de Dios, en obediencia a Él, que podemos encontrar la más feroz oposición. No caigamos en el error de pensar que hemos tomado la decisión equivocada solamente porque estamos navegando hacia el viento. A veces, nuestra prueba más grande llega cuando estamos caminando en obediencia al mandamiento del Señor.

EDWIN LUTZER

DÍA 74

GOLPEADOS POR LAS OLAS

MARCOS 6:47-48 NVI
*Al anochecer, la barca se hallaba en medio del lago,
y Jesús estaba en tierra solo. En la madrugada,
vio que los discípulos hacían grandes esfuerzos para remar,
pues tenían el viento en contra. Se acercó a ellos
caminando sobre el lago...*

Allí estaban los discípulos golpeados por las olas y el viento. Cuanto más fuerte remaban en una dirección, tanto más fuerte era el viento que les empujaba en dirección opuesta. Marcos les describe como haciendo «grandes esfuerzos para remar» (Marcos 6:48). Estos muchachos sudaban. Y ni siquiera querían estar allí.

¿Estás hoy en una tormenta? ¿Puedes sentir que el viento te empuja hacia atrás? Dices: «Tony, no solamente estoy en una tormenta, sino que además me empujan hacia atrás».

Te oigo. Yo también he estado en ese tipo de problemas. Lo primero que quiero decirte sobre las pruebas es que para un cristiano no hay tal cosa como pruebas al azar, sin sentido. Si Jesús te envío a la tormenta, su autoridad reina sobre ésta, aunque te estés empapando.

Si estás pasando por una prueba, Dios tiene un propósito en ella. Dios hasta puede dar en el blanco con una flecha torcida. Puede tomar una prueba causada por nuestro pecado y fracaso y hacer de ella algo bueno. El poder y la autoridad de Cristo no sienten amenaza por parte de las pruebas.

TONY EVANS

Día 75

El momento justo

Marcos 6:48
*Y viéndoles remar con gran fatiga, porque el viento
les era contrario, cerca de la cuarta vigilia de la noche
vino a ellos andando sobre el mar…*

Marcos nos dice que durante la tormenta Jesús «les vio remar con gran fatiga» (Marcos 6:48). Lo vio en la noche. Los vio en la tormenta. Y como padre amoroso esperó. Esperó hasta el momento justo, hasta el momento justo. Esperó hasta que supo que era momento de venir, y entonces vino.

¿Qué fue lo que indicó el momento justo? No lo sé. ¿Por qué era mejor la hora novena que la cuarta o la quinta? No puedo responder eso. ¿Por qué espera Dios hasta que ya no haya más dinero? ¿Por qué espera hasta que la enfermedad se agrave? ¿Por qué decidió esperar hasta el otro lado de la tumba para responder las oraciones que pedían sanación?

No lo sé. Solamente sé que sus tiempos siempre son los adecuados. Sólo puedo decir que hará lo que es mejor… aunque no oigas nada, Él está hablando. Aunque no veas nada, Él está operando. Con Dios no hay accidentes. Todo incidente tiene por intención traernos más cerca a Él.

Max Lucado

DÍA 76

No tengan miedo

JUAN 6:19-20 NVI
Habrían remado unos cinco o seis kilómetros cuando vieron que Jesús se acercaba a la barca, caminando sobre el agua, y se asustaron. Pero él les dijo:
"No tengan miedo, que soy yo."

Todos tenemos que enfrentar algún miedo en nuestra vida. Vienen en diferentes formas: miedo a la muerte, miedo a ir al dentista, miedo a las alturas, las arañas, los espacios pequeños, a hablar en público…

Es interesante que, en la Biblia, cada vez que Dios aparece ante un ser humano, directamente o en la forma de un ángel del Señor, por lo general lo primero que le dice a esa persona es «no tengas miedo». Hay algo en la presencia de Dios que nos hace tener miedo, pero hay algo en su naturaleza que tampoco permitirá que el miedo permanezca.

En su libro *Lifesigns* [Señales de vida], Henri Nouwen escribió: «¿Por qué ya no hay razón para tener miedo? Jesús mismo responde a esta pregunta de manera sucinta cuando se acerca a sus discípulos caminando sobre el agua: "Yo estoy aquí. No tengan miedo"».

Podemos enfrentar nuestros miedos con confianza, sabiendo que Dios está con nosotros aún en las tormentas. Entrega tus miedos a aquel que es el único que puede vencerlos.

Al pasar tiempo con Dios ahora mismo, dile cuáles son tus miedos. Luego repite las palabras de Jesús: «Yo estoy aquí. No tengan miedo».

BIBLIA DE DEVOCIÓN DIARIA iWORSHIP [NLT]

Día 77

Señor, a quien los vientos y los mares obedecen

Juan 6:20
Mas él les dijo: Yo soy; no temáis.

Señor, a quien los vientos y mares obedecen,
Guíanos por el camino de las aguas;
En el hueco de tu mano,
Ocultos, y llévanos a tierra, a salvo.
Jesús, que nuestra fiel mente
Descanse solamente en ti,
Todo pensamiento de ansiedad acalla,
Mantén nuestras almas en perfecta paz.
Guarda las almas de quienes dejamos,
Haz que se aferren las unas a las otras,
Haz que caminen sobre el rudo mar de la vida,
Haz que vengan por fe en ti.
Salva, hasta el fin de toda tempestad,
A todo quien dependa de tu amor.
Sopla nuestros felices espíritus,
Hacia la tierra de la celestial orilla.

Charles Wesley

Día 78

El mal tiempo en la vida

Marcos 6:50 NVI
*Pero él habló en seguida con ellos y les dijo:
«¡Cálmense! Soy yo. No tengan miedo».*

No podemos evitar el mal tiempo siempre en la vida. Podemos intentar anticiparnos, pero gran parte será inevitable y habrá que enfrentarla. En ocasiones, no hay otra alternativa más que navegar justo en el ojo de la tormenta. Pedro estaba a punto de aprender esta lección tan saludable...

Al ver esto en retrospectiva, creo que Pedro debe haber sonreído. Con la ventaja de haberlo pasado ya, habrá entendido muchas cosas que en el momento de terror estaban oscuras.

Pedro enfrentaría muchas tormentas feroces antes de llegar a la gloria...tormentas de duda, desesperanza y falta de disciplina que le azotarían, tormentas de sufrimiento y privación. Como líder de la iglesia, estaría atrapado en huracanes de hostilidad desde dentro de la comunidad de la iglesia, frente a ráfagas del mundo que le dejarían tan golpeado y lastimado como su experiencia de Galilea. Cuando soplaba el viento sobre el lago de su vida, Pedro debió haber tomado fuerza del fuerte grito del Señor, al afirmar presencia y ayuda: «¡Cálmense! Soy yo. No tengan miedo».

JILL BRISCOE

DÍA 79

SIGUE CAMINANDO

MATEO 14:28-29
*Entonces le respondió Pedro, y dijo: Señor, si eres tú,
manda que yo vaya a ti sobre las aguas.
Y él dijo: Ven. Y descendiendo Pedro de la barca,
andaba sobre las aguas para ir a Jesús.*

Pedro salió de la barca y obedeció la orden de Jesús de hacer algo que nunca había hecho antes. En realidad, nadie lo había hecho, a excepción de Jesús.

¡Se requería fe!

Entonces, Pedro cometió el error de detenerse demasiado a mirar la tormenta. Tuvo miedo. La duda y la falta de fe le acosaron y comenzó a hundirse. Gritó a Jesús para que le salvara, y Jesús lo salvó.

Tú y yo podemos estar al tanto de nuestras circunstancias y, a propósito, mantener nuestra mente en algo que nos edificará y hará crecer nuestra fe.

El diablo trae tormentas a tu vida para intimidarte. Glorificamos a Dios cuando seguimos haciendo lo que sabemos que hemos de hacer aún en circunstancias adversas.

Cuando lleguen tormentas a tu vida, afirma tus piezas sobre la tierra, pon cara de piedra, y ¡mantén tu decisión en el Espíritu Santo de seguir fuera del bote!

JOYCE MEYER

DÍA 80

INVOLUCRADO EN SERIO

MATEO 11:28-29 NVI

—Señor, si eres tú —respondió Pedro—, mándame que vaya a ti sobre el agua. —Ven —dijo Jesús. Pedro bajó de la barca y caminó sobre el agua en dirección a Jesús.

Jesús vino a los discípulos una noche de en medio del mar de Galilea, caminando sobre el agua en una violenta tormenta. De todos los discípulos ¿quién salió del bote? Pedro. *Allí está el Señor,* habrá pensado. *Yo estoy aquí, tengo que ir donde está la acción...* antes de que los demás se dieran cuenta, Pedro había salido del bote y caminaba sobre el agua. Los demás discípulos todavía se aferraban a su asiento, intentando asegurarse de no caer al agua en la tormenta. Sin embargo, Pedro salió del bote sin pensarlo dos veces. Eso es compromiso, estar involucrado en serio. Fue solamente después de que salió del bote y hubo caminado cierta distancia que Pedro pensó en el peligro y comenzó a hundirse.

La gente ve muchas veces este incidente y critican a Pedro por su falta de fe. Pero tenemos que darle crédito por tener fe para salir del bote en primer lugar.

JOHN MACARTHUR

DÍA 81

RECONOCER A JESÚS

MATEO 14:30
Pero al ver el fuerte viento, tuvo miedo; y comenzando a hundirse, dio voces, diciendo: ¡Señor, sálvame!

El viento era realmente fuerte, las olas verdaderamente altas y, sin embargo, Pedro no las vio al principio. Ni siquiera lo tuvo en cuenta. Simplemente reconoció a su Señor, salió del bote en reconocimiento de Él y «caminó sobre el agua». Luego empezó a tomar en cuenta lo que había a su alrededor, e instantáneamente se hundió. ¿Por qué no podría haberle dado el Señor la capacidad de caminar al pie de las olas, como lo hacía por encima de ellas? Podría haberlo hecho, pero no sin el reconocimiento continuo del Señor Jesús de parte de Pedro.

Damos un paso adelante en reconocimiento de Dios en ciertas cosas, y luego entra en nuestra vida la consideración de la propia circunstancia, y nos hundimos. Si verdaderamente reconocemos a nuestro Señor, no nos importa cómo y dónde ingenie Él nuestras circunstancias. Lo que nos rodea es real, pero cuando lo vemos, inmediatamente nos sentimos abrumados, incapaces hasta de reconocer a Jesús. Y entonces nos llega su reprimenda: «¿Por qué dudaste?» (14:31). Que nuestras circunstancias sean lo que sean, pero sigamos reconociendo a Jesús, manteniendo nuestra confianza totalmente depositada en Él.

OSWALD CHAMBERS

DÍA 82

ANCLAS DE FE

MATEO 14:30-31

*Pero al sentir el viento fuerte, tuvo miedo y comenzó a hundirse.
Entonces gritó: —¡Señor, sálvame!
En seguida Jesús le tendió la mano y, sujetándolo, lo reprendió:
—¡Hombre de poca fe! ¿Por qué dudaste?*

Este es el Dios que camina con nosotros y nos ayuda a llevar nuestra pesada carga. Conoce nuestra contextura, nuestra capacidad, nuestras limitaciones. Recuerda que somos frágiles y ha prometido no darnos más de lo que podamos cargar. Es este silencioso conocimiento que tenemos lo que nos permite llevar en la vida nuestras cargas individuales.

Cuando la suegra de Pedro enfermó, Jesús la tomó de la mano y «la ayudó a levantarse» (Marcos 1:31).

Cuando la fe de Pedro flaqueó y éste comenzó a hundirse, el Señor lo tomó de la mano y le ayudó a subir a la barca (ver Mateo 14:30-31).

Cuando estamos cargados y nos sentimos abrumados, al punto de hundirnos bajo el peso que llevamos, debemos enfocar nuestra fe en Él y no en nuestras circunstancias. Son las dificultades, los pesos de la vida, lo que nos hacen depender de Él. Y son a menudo exactamente estas cosas las que nos mantienen ancladas a Él.

GIGI GRAHAM TCHIVIDJIAN

DÍA 83

PONER A DIOS EN EL CENTRO DE LA ATENCIÓN

MARCOS 6:51
*Y subió a ellos en la barca, y se calmó el viento;
y ellos se asombraron en gran manera, y se maravillaban.*

Los milagros constituyen una de las maneras en las que Jesús indica Quién es Él en realidad. Los milagros de la naturaleza son buen ejemplo de esto. El Antiguo Testamento es claro en cuanto a que Dios es quien multiplica el alimento y da de comer al hambriento, pero en dos ocasiones Jesús mismo lo hace, alimentando a miles de personas. ¿Ves la afirmación implícita? Piensa en Jesús caminando sobre el agua del turbulento Mar de Galilea. ¿Era presunción? No. Era para enseñar a los aterrados discípulos una lección esencial: que Jesús hace lo que hace Dios. En los Salmos, leemos que es Dios quien acalla el mar bravío: cuando las olas se levantan, Él las aquieta. ¡Y lo que Dios hace en el Antiguo Testamento, Jesús lo hace en los Evangelios! La conclusión es evidente: Jesús personifica a Dios, lo trae al centro de la atención como nunca nadie lo hizo antes. Los milagros son declaraciones actuadas. Señalan e indican quién es Jesús en realidad.

MICHAEL GREEN

DÍA 84

Otro grupo, otro milagro

Mateo 15:30, 32-33

Y se le acercó mucha gente... Y Jesús, llamando a sus discípulos, dijo: Tengo compasión de la gente, porque ya hace tres días que están conmigo, y no tienen qué comer; y enviarlos en ayunas no quiero, no sea que desmayen en el camino. Entonces sus discípulos le dijeron: ¿De dónde tenemos nosotros tantos panes en el desierto, para saciar a una multitud tan grande?

Aunque los discípulos habían visto a Jesús alimentar a cinco mil personas, no tenían idea de lo que haría en esta situación. Quizá no esperaban que Jesús obrara el mismo milagro cuando la multitud era de gentiles y no de judíos (revelando así que eran espiritualmente ciegos). Este milagro nuevamente reveló el poder divino de Jesús. La multitud estaba en un *lugar remoto* y los discípulos habían preguntado lo obvio: *«¿De dónde tenemos nosotros tantos panes para saciar a una multitud tan grande?»*.

Jesús ya había encontrado recursos en un lugar remoto anteriormente, para una multitud más grande aún. Sin embargo, los discípulos mostraban perplejidad ante cómo podrían alimentar a tanta gente. Las personas muchas veces se dan por vencidas ante situaciones difíciles. Al igual que los discípulos, a menudo olvidamos la provisión de Dios para nosotros en el pasado. Ante una situación difícil, recuerda lo que Dios hizo por ti y confía en que Él volverá a ocuparse de ti.

Comentario de la Biblia del Diario Vivir − Mateo

Día 85

Dar y recibir

Mateo 15:32
Y Jesús, llamando a sus discípulos, dijo:
Tengo compasión de la gente, porque ya hace tres días
que están conmigo, y no tienen qué comer; y enviarlos en ayunas
no quiero, no sea que desmayen en el camino.

La misión de gracia y verdad de nuestro Señor estaba en su punto más alto. Buscaban su ayuda con ansias. Gran cantidad de enfermos venían a sus pies, con urgencia. La mujer de Canaán recibió una migaja, pero a las multitudes de judíos se les entregaban hogazas enteras porque era adecuado que tuvieran plena oportunidad de apreciar y aceptar a Cristo. Durante un breve momento glorificaron al Dios de Israel, pero este espasmo de gratitud fue transitorio. Jesús fue rechazado por «los suyos». Querían sus milagros, pero no reconocían su afirmación sobre quién era Él. Cuídate de no contentarte con recibir su ayuda; ámalo por quien es Él.

No supongas que estos milagros estaban confinados a su vida en la tierra. Él sigue siendo aún hoy el almacén más grande de energía divina y sanadora. Sigue conmoviéndose con compasión y anhela ayudar a cada una de las almas cansadas y enfermas de pecado. Su pensamiento sigue siendo «que no desmayen en el camino». Ni siquiera el desierto puede bloquear «la fuerza salvadora de su diestra».

F. B. Meyer

Día 86

Abundancia de Cristo

Mateo 15:36
*Y tomando los siete panes y los peces, dio gracias, los partió
y dio a sus discípulos, y los discípulos a la multitud.*

La abundancia de Cristo es infinita, interminable y, como evidencia de ello, Cristo repitió este milagro para mostrar que sigue siendo el mismo, para socorro y provisión de su pueblo que lo sigue. Sus favores se renuevan, como nuestras necesidades y carencias. En el milagro anterior, Cristo utilizó todo el pan que tenía, cinco hogazas, y alimentó a todos sus invitados, que eran cinco mil. Lo mismo hizo ahora, aunque podría haber dicho: «Si cinco hogazas alimentaron a cinco mil, con cuatro alimentaré a cuatro mil». Tomó las siete hogazas y con ellas alimentó a los cuatro mil, porque nos enseña a tomar las cosas como son y a ajustarnos a ellas, a usar lo que tenemos y aprovechar al máximo lo que hay. Aquí estaba, como en la provisión de maná. Quien reunió mucho no tuvo sobrante, y quien reunió poco no tuvo carencia.

Matthew Henry

Día 87

Los hambrientos reciben alimento

Marcos 8:8
Y comieron, y se saciaron.

¡Cuenta, alma mía, de la grandeza del Señor!
Innumerables bendiciones dan voz a mi espíritu,
Tierna es a mí la promesa de la palabra de Dios.
En Dios mi Salvador se regocijará mi corazón.

¡Cuenta, alma mía, de la grandeza del nombre de Dios!
Haz que se conozca el poder de Dios que ha obrado maravillas,
La segura misericordia de Dios, siempre igual por los siglos de los siglos,
El santo nombre de Dios, el Señor, el Poderoso.

¡Cuenta, alma mía, de la grandeza del poder de Dios!
Poderes y dominios su gloria dejan ya,
Corazones orgullosos y obstinadas voluntades, huyen,
El hambriento recibe alimento. El humilde es elevado en alto.

¡Cuenta, alma mía, de las glorias de la palabra de Dios!
Firme es la promesa, y segura la misericordia de Dios.
Cuenta, alma mía, de la grandeza del Señor,
A los hijos de tus hijos, por toda la eternidad.

TIMOTHY DUDLEY-SMITH

DÍA 88

TOTAL ABUNDANCIA

MARCOS 8:8
*La gente comió hasta quedar satisfecha.
Después los discípulos recogieron siete cestas llenas
de pedazos que sobraron.*

En el milagro anterior de alimentar a la multitud, Jesús les había pedido a los discípulos que agruparan a las personas de manera específica. Esta vez no lo hizo. La palabra griega para «cestas» le da un giro interesante a este esta historia. Al alimentar a las cinco mil personas, hubo doce cestas llenas con pedazos que sobraron, y eran *kophinos*, cestas de gran tamaño. En esta ocasión en que alimentó a los cuatro mil, sobraron siete canastas llenas, pero eran diferentes: *spuris*, canastas lo suficientemente grandes como para que cupiera una persona dentro. (A Pablo lo bajaron por el muro de Damasco en una *spuris* – Hechos 9:25). La abundancia de sobrantes en estas siete canastas debe haber sido mayor a la de las doce canastas del incidente anterior. Si los discípulos comieron de este sobrante durante los días siguientes, entonces la abundancia de la provisión para ellos les recordó durante varios días su falta de fe en lo que Jesús podía lograr.

Comentario de la Biblia del Diario Vivir – Marcos

Día 89

Los milagros suceden

Juan 6:30 NVI
—¿Y qué señal harás para que la veamos y te creamos? ¿Qué puedes hacer? —insistieron ellos—.

Lo más increíble acerca de los milagros es que suceden… La mente moderna siempre mezcla dos ideas diferentes: el misterio en el sentido de lo que es maravilloso, y el misterio en el sentido de lo que es complicado. Esto es la mitad de lo que es difícil en cuanto a los milagros. El milagro es sorprendente, pero simple. Es simple porque es un milagro. Es que viene de la mente de Dios (o del diablo) en lugar de indirectamente a través de la naturaleza o la voluntad humana.

Nadie puede ir más allá de esa diferencia fundamental en cuanto a la razón de las cosas. Y es lógico que el que cree en Dios crea en los milagros, así como es lógico que el ateo descrea de ellos. En otras palabras, hay solamente una razón inteligente por la que el hombre no cree en los milagros, y es que cree en el materialismo.

G. K. Chesterton

DÍA 90

Sobre la montaña

MARCOS 9:2
*Seis días después, Jesús tomó a Pedro, a Jacobo y a Juan,
y los llevó aparte solos a un monte alto;
y se transfiguró delante de ellos.*

Hemos estado por momentos de exaltación sobre la cima de la montaña, en que hemos visto las cosas desde la perspectiva de Dios y hemos querido permanecer allí. Sin embargo, Dios nunca nos permitirá permanecer allí. La verdadera prueba de nuestra vida espiritual está en exhibir el poder para descender de la montaña. Si solamente tenemos el poder de subir, algo anda mal. Es maravilloso estar en la montaña con Dios, pero la persona solamente puede llegar allí para poder luego bajar y elevar a los poseídos por el demonio que están en el valle (ver 9:14-18). No hemos sido creados para las montañas, los amaneceres o las demás hermosas atracciones de la vida. Estas tienen solamente la intención de ser momentos de inspiración. Fuimos creados para el valle y las cosas comunes de la vida, y allí es donde tenemos que probar nuestra fuerza y fortaleza.

Tendemos a decir que todo lo que sucede se convertirá en una enseñanza útil. En realidad, se convertirá en algo mejor que una enseñanza: el carácter. La cima de la montaña no tiene como propósito enseñarnos nada, sino convertirnos en algo.

OSWALD CHAMBERS

DÍA 91

LA LEY Y LOS PROFETAS

MATEO 17:3
Y he aquí les aparecieron Moisés y Elías, hablando con él.

¿Por qué Moisés y Elías? Estos dos hombres son importantes no solamente a causa del misterioso carácter de sus partidas de la tierra, sino por su participación en el Antiguo Testamento. Moisés era el mediador de la Antigua Alianza, así como Jesús es el mediador de la Nueva Alianza. Elías, cuyo retorno se prometió en la última profecía del Antiguo Testamento (ver Malaquías 42. 5), fue uno de los más importantes entre los muchos profetas del Antiguo Testamento. Moisés y Elías juntos representan a la Ley y los Profetas. La frase tan utilizada de «la Ley y los Profetas» sirvió de resumen para las enseñanzas de Dios en el Antiguo Testamento.

En el Monte de la Transfiguración, la misma encarnación y personificación del evangelio se hace testimonio en su gloria por medio de la Ley (Moisés) y los Profetas (Elías).

R. C. SPROUL

DÍA 92

EL SENTIDO COMÚN CONTRA LA FE

LUCAS 9:30-31
Y he aquí dos varones que hablaban con él, los cuales eran Moisés y Elías; quienes aparecieron rodeados de gloria, y hablaban de su partida, que iba Jesús a cumplir en Jerusalén.

Cada vez que te aventures en tu vida de fe encontrarás algo en tus circunstancias que, desde el punto de vista del sentido común, se opondrá de plano a tu fe. Sin embargo, el sentido común no es fe, y la fe no es sentido común. En eso son tan diferentes como la vida natural y la espiritual. ¿Puedes confiar en Jesucristo allí donde tu sentido común no puede confiar en Él? ¿Puedes aventurarte con coraje en las palabras de Jesucristo mientras la realidad de tu vida de sentido común sigue gritando: «todo eso es mentira»? Cuando estás en la cima de la montaña es fácil decir: «si, creo que Dios puede hacerlo», pero hay que bajar de la montaña al valle poseído por los demonios y enfrentar las realidades que se ríen de tu creencia en el Monte de la Transfiguración (ver Lucas 9: 28-42). Cada vez que mi teología se vuelve clara e inminente, encuentro algo que la contradice. Tan pronto digo: «creo que Dios proveerá para toda mi necesidad», comienza la prueba de mi fe (Filipenses 4:19). Cuando mi fuerza se termina y mi visión se ciega ¿soportaré esta prueba de mi fe con victoria o retrocederé en derrota?

OSWALD CHAMBERS

DÍA 93

SATISFECHO EN ÉL

MARCOS 9:5-6
Entonces Pedro dijo a Jesús: Maestro, bueno es para nosotros que estemos aquí; y hagamos tres enramadas, una para ti, otra para Moisés, y otra para Elías. Porque no sabía lo que hablaba, pues estaban espantados.

Nuestra confusión era la confusión de Pedro que la voz del Padre y la visión de Jesús clarificaron. En el Monte de la Transfiguración, Moisés representando la ley, y Elías a los profetas, hablaron con Jesús, la Nueva Revelación. El corazón judío de Pedro quería conservar los tres y ponerlos en el mismo nivel. Quería construir tres tabernáculos para ellos. Una voz desde la nube dijo: «Este es mi Hijo amado. Óiganlo». La ley y los profetas se cumplen en Él.

Óiganlo. Y cuando levantaron la vista no vieron a nadie más que a Jesús. Él llenaba su horizonte. Debe llenar el nuestro.

E. STANLEY JONES

DÍA 94

FUERZA DE LA MONTAÑA

MATEO 17:5-6
Mientras él aún hablaba, una nube de luz los cubrió; y he aquí una voz desde la nube, que decía: Este es mi Hijo amado, en quien tengo complacencia; a él oíd. Al oír esto los discípulos, se postraron sobre sus rostros, y tuvieron gran temor.

El momento en la montaña fue absolutamente necesario, pero no podía prolongarse demasiado... a menudo vivimos momentos que quisiéramos prolongar indefinidamente. Pero después del momento en la cima de la montaña tenemos que volver a la batalla y la rutina de la vida. Ese momento tiene como propósito darnos fuerza para la vida de todos los días.

Después de la gran lucha sobre el monte Carmelo con los profetas de Baal, Elías reaccionó y huyó. Fue al desierto, y allí mientras yacía dormido debajo de un árbol de enebro, un ángel preparó comida para él dos veces. Luego viene la oración: «Se levantó, pues, y comió y bebió; y fortalecido con aquella comida caminó cuarenta días y cuarenta noches» (1 Reyes 19:8). A la cima de la montaña de la presencia de Dios hemos de ir, no para permanecer allí, sino para tomar fuerza en ese momento para varios días. No podemos vivir para siempre en el momento de la cima de la montaña, pero tampoco podemos vivir sin él.

WILLIAM BARCLAY

DÍA 95

SOLAMENTE JESÚS

MATEO 17:7-8
*Entonces Jesús se acercó y los tocó, y dijo:
Levantaos, y no temáis. Y alzando ellos los ojos,
a nadie vieron sino a Jesús solo.*

Extendiendo su amorosa mano, nuestro Señor tocó a cada uno de los discípulos para darles confianza y les pidió que se pusieran de pie, sin temor. El Señor Jesús era el único que quedaba, el mismo ayer, hoy, y siempre (Hebreos 13:8).

Jesús no es un mero hombre que en virtud de iluminación espiritual y entrega a la voluntad del Padre se hizo más divino que cualquier otro hombre. Es Dios Hijo, una persona de la eterna Trinidad, manifestado en la carne y por eso el único mediador entre Dios y el hombre. La confesión de Pedro y la voz del Padre después de la transfiguración cuentan la misma bendita historia. Jesús tenía que ser quien era para hacer lo que hizo. Nadie menos que el Hijo de Dios podía darnos propiciación por nuestros pecados (1 Juan 4:10).

La visión pasó, pero Jesús seguía allí. Cuando llegó la mañana, Jesús guió a sus discípulos, bajando de ese monte de especial privilegio para enfrentar los terribles efectos del pecado en el valle debajo, porque no había llegado todavía el momento de que el reino se mostrara en universal poder y gloria.

H. A. IRONSIDE

Día 96

Pequeños milagros

Mateo 17:24,27 NVI
Cuando Jesús y sus discípulos llegaron a Capernaum, los que cobraban el impuesto del templo se acercaron a Pedro y le preguntaron: —¿Su maestro no paga el impuesto del templo?... Pero, para no escandalizar a esta gente, vete al lago y echa el anzuelo. Saca el primer pez que pique; ábrele la boca y encontrarás una moneda. Tómala y dásela a ellos por mi impuesto y por el tuyo.

Cuando este mismo Señor vivía en Palestina, obró milagros de pequeña escala: marchitar una higuera, encontrar una moneda en la boca de pez, sanar a la suegra de Pedro, curar la mano paralizada de un hombre. Obró milagros poderosos, pero a un ritmo diferente y a escala menor que cuando creó el cosmos.

B.S. Lewis dijo que los milagro terrenales del Señor son el recuento en letra minúscula de la misma historia escrita en el universo entero en letras demasiado grandes como para que algunos las vean. ¡Qué emoción sentimos al mirar el cielo y ver que un Dios personal creó de manera personal todo lo que vemos! Las estrellas, los soles y las galaxias son el sello mismo de su poder y personalidad. Y este mismo Señor de la creación nos ama a ti y a mí.

Joni Eareckson Tada

Día 97

Palabras duras

Marcos 11:12-14

*Al día siguiente, cuando salieron de Betania, tuvo hambre.
Y viendo de lejos una higuera que tenía hojas, fue a ver si
tal vez hallaba en ella algo; pero cuando llegó a ella,
nada halló sino hojas, pues no era tiempo de higos.
Entonces Jesús dijo a la higuera: Nunca jamás coma nadie
fruto de ti. Y lo oyeron sus discípulos.*

¿Por qué se molestaría a alguien en registrar el incidente [de la maldición de la higuera] como si tuviera un significado o importancia especial? Porque sí tenía significado e importancia especial. Según lo registra Marcos, es una parábola actuada con la misma lección que la parábola relatada de la higuera estéril en Lucas 13:6-9. En esa parábola relatada, un terrateniente va hacia una higuera en su propiedad para buscar fruto durante tres años seguidos. Y cuando año tras año ve que no da fruto, le dice al encargado de su viñedo que la corte porque está utilizando la tierra sin propósito productivo. La higuera representa a la ciudad de Jerusalén que no respondía a Jesús cuando llegó con el mensaje de Dios, e incurrió entonces en su destrucción. En otro pasaje, Lucas registra que Jesús lloró ante la ceguera de la ciudad que no veía el camino de su verdadero bienestar, y predijo su ruina «por cuanto no conociste el tiempo de tu visitación» (Lucas 19:41-44).

F. F. Bruce

DÍA 98

TENGAN FE

MATEO 21:21

*«De cierto os digo, que si tuviereis fe, y no dudareis,
no sólo haréis esto de la higuera, sino que si a este monte dijereis:
Quítate y échate en el mar, será hecho.»*

Jesús había maldecido a la higuera, la higuera había muerto, y los discípulos manifestaron sorpresa. Jesús explicó que podían pedir a Dios lo que fuera y recibir una respuesta.

No debieran haberse sorprendido de que una higuera se marchitara ante las palabras de Jesús. Jesús utilizaba la figura de una montaña para mostrar que Dios puede ayudar en cualquier situación: *este monte* (en referencia al Monte de los Olivos donde estaban en ese momento) *podría ser echado al mar* (el Mar Muerto que se veía desde el monte). Lo que Jesús quería decir era que en sus peticiones a Dios, debían creer sin dudar (es decir, sin flaquear en su confianza en Dios). El tipo de oración al que Jesús se refería no era el deseo arbitrario de mover una montaña de tierra y piedras. Se estaba refiriendo a las oraciones que los discípulos necesitarían orar con fe al enfrentar montañas de oposición a su mensaje del evangelio en los años venideros. Sus oraciones por el avance del reino de Dios, siempre serían respondidas de manera positiva, según los tiempos de Dios.

COMENTARIO DE LA BIBLIA DEL DIARIO VIVIR – MATEO

DÍA 99

Una lección práctica

MARCOS 11:21

Entonces Pedro, acordándose, le dijo: Maestro, mira, la higuera que maldijiste se ha secado.

Jesús marchitó esa higuera mientras los discípulos observaban y se maravillaban. Sin embargo, la higuera hacía simplemente lo que hacen las plantas «fuera de temporada». ¿Cual sería el propósito de Cristo en ese milagro destructivo? Su lección para los doce discípulos y para nosotros tiene que ver con la fe o con nuestra falta de fe.

En el Evangelio de Marcos, el incidente comprende la limpieza del Templo. La autoridad para eliminar los intereses comerciales que se habían apoderado de este lugar de oración era sobrehumana. En su esencia, estaba la unidad de Jesús con el Padre. «Esta es la casa de mi Padre y ustedes la corrompen». Limpió el Templo porque promovía una forma de vida sin oración y sin fe. Para enseñar lo mismo, maldijo a la higuera.

Por supuesto, Jesús sabía hacia dónde iba: a la cruz. Estaba haciendo y diciendo cosas que «sellaban su destino». Sin embargo, la enseñanza es clara: hace falta fe para limpiar un templo y también hace falta para marchitar una higuera. La ira de Jesús estaba dirigida hacia la corrupción que había en el Templo, y la superficialidad continua de parte de los doce. La higuera simplemente sirvió como lección práctica y efectiva de parte de su creador.

JAMES WILSON

DÍA 100

CREACIÓN LIBERADA

ROMANOS 8:21
Porque también la creación misma será libertada de la esclavitud de corrupción, a la libertad gloriosa de los hijos de Dios.

Una cosa sabemos con certeza: Dios no nos envió deliberadamente el sufrimiento y la tragedia. Aunque son permitidos, con paciencia de parte de Dios, *no son su intención para nosotros*. Ni siquiera una vez en los Evangelios dice Jesús que Dios envía tragedia y dolor para ponernos a prueba o castigarnos. Y aunque los obstáculos que impiden la sanación completa son muchos y misteriosos, el Nuevo Testamento deja bien en claro que Dios *siempre* está del lado de la sanación, la liberación y la reconciliación.

Sabemos otra cosa. En las Escrituras, se nos da testimonio de que llegará el día en que la creación entera acepte libremente este amor, esta sanación y reconciliación. No habrá aspecto de la creación que quede llorando ni a solas. Ya no existirá el deseo de elegir la falta de amor. El riesgo y la elección estarán allí para siempre, pero ese riesgo (el gran regalo del honor de Dios) será trascendido por una creación unida gozosa y libremente con Dios en un abrazo de amantes.

No es esta una victoria blanda. Dios ha pagado un enorme precio por el amor dentro de la libertad.

FLORA SLOSSON WUELLNER

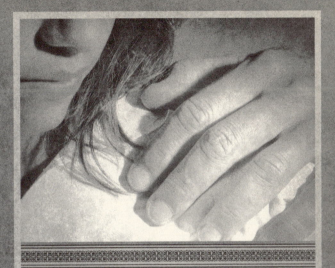

LOS MILAGROS DE JESÚS EN EL DÍA SÁBADO

Y les dijo: ¿Es lícito en los días de reposo hacer bien, o hacer mal; salvar la vida, o quitarla?
MARCOS 3:4

LOS MILAGROS DE JESÚS EN EL DÍA SÁBADO

Sería posible presentar el argumento de que Jesús fue crucificado porque rompió las reglas acumuladas en cuanto al sábado. Desafió una tradición que se había torcido. A veces, sentimos que los líderes religiosos le estaban tendiendo una trampa. Y en otras ocasiones, Jesús parecía disfrutar de la oportunidad de romper sus rígidas reglas. Jesús se atrevió a decir que los líderes religiosos habían equivocado el sentido en referencia al sábado. Este día de reposo era un regalo de Dios a ser utilizado para el descanso y la adoración. Muchos, entre quienes lo escucharon, preferían dejar el sábado como un fin en sí mismo. Porque se ocupaban de las reglas, y Él se ocupaba del descanso.

Jesús fue acusado de quebrantar el sábado por quienes no dudaban en quebrantar a las personas hechas a imagen de Dios. Lo acusaron de no tomar en serio el sábado cuando ellos mismos no lo tomaban en serio lo suficiente. Para Jesús, liberar a las personas de las enfermedades y el pecado eran los momentos más relajantes y llenos de adoración en cualquier día, y no iba a renunciar a ese placer en un día de la semana especialmente apartado para toda actividad de descanso.

Día 101

Satanás debe obedecer

Lucas 4:33, 35
*Estaba en la sinagoga un hombre que tenía un espíritu
de demonio inmundo, el cual exclamó a gran voz...
Y Jesús le reprendió, diciendo: Cállate, y sal de él.
Entonces el demonio, derribándole en medio de ellos,
salió de él, y no le hizo daño alguno.*

Los judíos creían que el Mesías aplastaría a Satanás y destruiría su poder. Que los espíritus temían, y Jesús mostraba su poder ante ellos. En esta situación, Lucas muestra las credenciales de Jesús, demostrando que hasta los espíritus del mal reconocían que Jesús era el Mesías. Lucas pone énfasis en el conflicto de Jesús con los poderes del mal para mostrar su superioridad sobre ellos, por lo que registra varias historias de cuando Jesús echó los espíritus malos. Jesús no tenía que poner en práctica un ritual de exorcismo. Su palabra era suficiente para echar a los demonios. Esto muestra que Jesús era mucho más que solamente un maestro. El poder de Jesús sobre los demonios revela su absoluto poder sobre Satanás, aún en un mundo que parece estar bajo el control de Satanás. El diablo está actualmente bajo la autoridad de Dios y cuando Dios decide mandar, Satanás debe obedecer. Las obras de Satanás están bajo los límites preescritos por Dios y no puede hacer mal mayor que el que Dios permita. Al final, Satanás y todos sus demonios serán atormentados en el lago de fuego por toda la eternidad (Apocalipsis 20:10).

Comentario de la Biblia del Diario Vivir – Lucas

Día 102

Presente entre ellos

Marcos 1:25-26
*Pero Jesús le reprendió, diciendo:
¡Cállate, y sal de él! Y el espíritu inmundo,
sacudiéndole con violencia, y clamando a gran voz,
salió de él.*

Ante esto, el hombre poseído comenzó a sacudirse con convulsiones y gritar. Parecía como si sus espíritus impíos lucharan contra la santidad de Jesús. Finalmente, en obediencia a un poder superior, los demonios salieron, y el hombre quedó sano.

En ese mundo plagado de demonios, los exorcismos solían lograrse mediante encantos y magia, prácticas prohibidas en la religión judía, pero muchas veces utilizadas por hombres y mujeres que luchaban desesperadamente en contra de extrañas fuerzas que parecían amenazarlos por todas partes. Si alguien en la congregación ese día sábado supuso sin pensarlo que Jesús era amenamente un hábil mago que usaba poderes ocultos, otras personas que lo observaran con mayor detenimiento pudieron notar que no utilizó fórmula mágica alguna ni pronunció encantos, sino que restauró al hombre a la salud y sanidad simplemente mediante el poder de la palabra hablada.

La cura del poseído por los demonios demostró —de una manera más concluyente que cualquier sermón— que Dios estaba presente entre ellos.

Alice Parmelee

DÍA 103

MANTÉN TU PAZ

LUCAS 4:35
Y Jesús le reprendió, diciendo: Cállate, y sal de él.
Entonces el demonio, derribándole en medio de ellos,
salió de él, y no le hizo daño alguno.

Si hay un aspecto del Jesús del Nuevo Testamento en el que se puede decir que estaba presente de forma eminente como persona práctica, es como exorcista. No hay nada blando ni amable, ni siquiera místico en el sentido ordinario, en el tono de voz que dice: «Cállate y sal de él». Es más similar al tono que utiliza un domador de leones o un médico enérgico frente a un maníaco homicida.

Ahora, lo primero que debemos observar es que si lo tomamos nada más como una historia humana, en ciertos aspectos es una historia muy extraña. No me refiero aquí a su culminación tremenda y trágica o a las implicancias que significan triunfo en esa tragedia. No me refiero a lo que se conoce comúnmente como el elemento milagroso, porque en ese punto las filosofías varían y las filosofías modernas decididamente flaquean. De hecho, el inglés educado de hoy podría considerarse como quien ha pasado de no creer en milagros a menos que fueran antiguos a una nueva modalidad, en la que no creerá en milagros a menos que sean modernos.

G. K. CHESTERTON

DÍA 104

SANADA PARA SERVIR

LUCAS 4:38-39

Entonces Jesús se levantó y salió de la sinagoga, y entró en casa de Simón. La suegra de Simón tenía una gran fiebre; y le rogaron por ella. E inclinándose hacia ella, reprendió a la fiebre; y la fiebre la dejó, y levantándose ella al instante, les servía.

Piense en la historia de la suegra de Pedro que hallamos en Lucas 4:38-39. Estaba enferma, con alta fiebre; pero cuando Jesús la tocó, la fiebre desapareció. Asombrosamente, cuando la suegra de Pedro fue sanada, se levantó y preparó comida para Jesús y los discípulos. Yo llamo a esto «sanada para servir».

Mi madre luchó contra el cáncer de colon con metástasis. Naturalmente, oramos por ella y realmente creo que sanó, porque vivió mucho más que cualquier otra persona con este tipo de cáncer en nuestra área. Pudo vivir cinco años después de su diagnóstico original y durante ese período, siguió sirviendo en su círculo de mujeres, en la iglesia y cuidando a su familia. Cuando usted o uno de sus seres amados ha vivido sanación, Dios lo hace por una razón y espera que sigamos sirviéndole.

DAVID HAGER

DÍA 105

ORACIÓN DE SANACIÓN

MARCOS 1:30

Y la suegra de Simón estaba acostada con fiebre; y en seguida le hablaron de ella.

La enfermedad había entrado en casa de Simón. Su suegra estaba postrada con una fiebre fatal, y tan pronto llegó Jesús, le hablaron de esta triste aflicción, y Él fue enseguida junto a la cama de la paciente. ¿Tiene usted alguna enfermedad en su casa hoy? Encontrará que Jesús es, por de más, el mejor médico. Acuda a Él inmediatamente y dígale qué es lo que pasa. Ponga el caso ante Él. Tiene que ver con uno de su pueblo y por eso Jesús no lo considerará como algo trivial. Vea que inmediatamente el Salvador restauró a la mujer enferma. Nadie puede sanar como lo hace Él. No nos atrevemos a suponer que el Señor quitará toda enfermedad de nuestros seres amados, pero tampoco nos atrevemos a olvidar que la oración creyente por el enfermo tiene muchas más posibilidades de preceder a la sanación que cualquier otra cosa en el mundo. Y donde esto no sucede, humildemente debemos inclinarnos ante su voluntad, porque Él es quien determina sobre la vida y la muerte. El tierno corazón de Jesús espera oír nuestras penas. Entreguémoslas a su paciente oído.

Charles Haddon Spurgeon

Día 106

No para hacer alarde

Mateo 8:15
Y tocó su mano, y la fiebre la dejó;
y ella se levantó, y les servía.

Los milagros le costaban algo a Jesús. La virtud salía de Él con cada sanación y más allá de toda duda, estaría cansado. Habrá llegado quizá a casa de Pedro para descansar, pero apenas entró, encontró otra exigencia para que sanara y ayudara.

No había publicidad aquí. No había multitud que le viera para admirarse y quedar atónita. Lo que había era una simple casa humilde y una pobre mujer que tenía fiebre. Y aún en esas circunstancias, Jesús entregó todo su poder.

Nunca estaba demasiado cansado como para ayudar. Las exigencias de la necesidad humana jamás le llegaban como molestia intolerable. Jesús era una de esas personas que entre la gente se sentía cómodo, y se guardaba su dolor para cuando estaba a solas. No había situación que fuera demasiado humilde como para que ayudara. No necesitaba un público que le admirara para dar lo mejor de sí. En una multitud o en una pequeña casa, su amor y poder estaban a disposición de quienes lo necesitaran.

William Barclay

Día 107

Infinito potencial de alivio

Mateo 8:16

*Y cuando llegó la noche, trajeron a él muchos endemoniados;
y con la palabra echó fuera a los demonios,
y sanó a todos los enfermos.*

Era casi de noche. El sol se ponía y terminaba el sábado. Durante todo el día, la noticia de lo que se había hecho en la sinagoga había pasado de casa en casa. Ese tarde, nadie en Capernaum pensó en los negocios, el placer o el descanso. Habrá habido muchas casas con enfermedad, dolor y preocupaciones tanto allí como en los alrededores. Para todas estas personas, la puerta a la esperanza se había abierto. En verdad, les había amanecido un nuevo sol con alas de sanación. No existía enfermedad tan desesperante, pues reconocían la autoridad de su reprimenda. No hay imagen del Cristo más preciada que esta de la sanación ilimitada, sea del cuerpo o del alma. En una indefinición bendita, nos transmite la infinita posibilidad del alivio, ante cualquier miseria, preocupación, dolor u opresión. Quien no vea en este médico al Divino Sanador, a este Cristo, Luz del Mundo, tiene que ser ciego.

ALFRED EDERSHEIM

DÍA 108

UNA MUESTRA

MATEO 8:16-17

Cuando llegó la noche, trajeron a él muchos endemoniados; y con la palabra echó fuera a los demonios, y sanó a todos los enfermos; para que se cumpliese lo dicho por el profeta Isaías, cuando dijo: El mismo tomó nuestras enfermedades, y llevó nuestras dolencias.

Mateo sigue mostrando la naturaleza real de Jesús. Simplemente con un toque, Jesús sana (Mateo 8: 3,15). Jesús tiene autoridad sobre todo poder del mal y toda enfermedad en la tierra. También tiene poder y autoridad para conquistar al pecado. La enfermedad y la maldad son consecuencias de vivir en un mundo caído. Pero en el futuro cuando Dios quite todo pecado, ya no habrá enfermedad ni muerte. Los milagros de sanación de Jesús fueron una muestra de lo que el mundo entero un día vivirá en el Reino de Dios.

COMENTARIO DE LA BIBLIA DEL DIARIO VIVIR – MATEO

Acercándonos

Marcos 1:32
*Cuando llegó la noche, luego que el sol se puso,
le trajeron todos los que tenían enfermedades,
y a los endemoniados.*

Al atardecer, antes de que se pusiera el sol,
los enfermos, Señor, a ti se acercaron.
Oh, ¡cuántos dolores sufrían!
Oh, ¡cuánto gozo les diste!
Hoy nuevamente en este atardecer
nos acercamos oprimidos por tantas dolencias.
¿Qué si no te vemos?
Sabemos que estás cerca.
Oh, Cristo Salvador, nuestras penas quita,
ya que hay unos enfermos, y otros tristes están.
Algunos nunca te amaron bien,
Y otros han perdido el amor por ti…
Tu toque sigue teniendo su antiguo poder,
No hay palabra tuya que no dé fruto.
Oye, en esta hora solemne de ocaso,
y en tu misericordia, sánanos a todos.

Henry Twells

Sanación total

Lucas 4:40
Al ponerse el sol, todos los que tenían enfermos de diversas enfermedades los traían a él; y él, poniendo las manos sobre cada uno de ellos, los sanaba.

La noticia electrizante de tantos milagros de sanación se esparció por la región como nos dice Lucas: «Pero su fama se extendía más y más; y se reunía mucha gente para oírle, y para que les sanase de sus enfermedades» (5:15). Lucas, como buen doctor que era, percibía la práctica holística de Cristo. El Evangelio registra que aquellos a quienes sanaba, Jesús les decía: «Tu fe te ha sanado» (8:48-NVI). Solamente en el perdón y la limpieza de los pecados puede haber sanación total.

Se ha calculado que más de la mitad de las personas enfermas sufren de dolencias psicosomáticas, los efectos de la mente y el espíritu sobre el cuerpo. El Dr. Jung, famoso siquiatra, dice: «Casi un tercio de mis pacientes no sufre de neurosis clínicamente definible, sino de la falta de sentido y el vacío en su vida».

El ministerio de sanación de Cristo para todos nosotros es su sanación de nuestros pecados: «por cuya herida fuisteis sanados» (1 Pedro 2:24). Él es el Médico que llevó sobre sí mismo nuestra fatal enfermedad.

Henry Gariepy

DÍA 111

VEREMOS A JESÚS

LUCAS 4:40
Al ponerse el sol, la gente le llevó a Jesús todos los que padecían de diversas enfermedades; él puso las manos sobre cada uno de ellos y los sanó.

Veremos a Jesús, su estrella está brillando
sobre el establo, mientras los ángeles cantan.
Allí sobre el pesebre en la paja,
vamos pronto a presentar nuestros regalos al Rey.

Veremos a Jesús, enseñando en la montaña,
con la multitud reunida escuchándolo,
mientras los pájaros, las flores y el cielo predican
las bendiciones encontradas por simple confianza.

Veremos a Jesús, en su obra de sanación,
en el ocaso antes de que se pusiera el sol.
Divino y humano, en su profunda revelación
de Dios hecho carne, en amoroso servicio.

Veremos a Jesús, al nacer la mañana,
llamando como entonces: «¡Síganme!»
vayamos, despreciando todo servicio menor,
Señor, somos tuyos, a ti nos entregamos.

J. EDGAR PARK

DÍA 112

Total generosidad

Mateo 4:24

Y se difundió su fama por toda Siria; y le trajeron todos los que tenían dolencias, los afligidos por diversas enfermedades y tormentos, los endemoniados, lunáticos y paralíticos; y los sanó.

Niño de Belén, ¿qué contrastes guardas? Nadie ha sido tan humilde, nadie ha ostentado tal poder. Ante tu santidad sentimos temor, sin embargo, nos baña tu amor.

Eres el heredero al trono del rey David, sin embargo, renunciaste a todo esplendor real. En lugar de sus lujosos aposentos, elegiste un establo. En lugar de sus magníficas camas, elegiste un pesebre. En lugar de sus dorados carros, elegiste un asno.

¡No ha habido rey como tú! En lugar del aislamiento de los reyes, te pusiste al alcance de todo el que te necesitara. En lugar de buscar seguridad, te hiciste vulnerable a todo el que te odiara.

Es a ti al que necesitamos, por sobre todo en el mundo. Te entregas a nosotros con generosidad total, como si fueras tú quien nos necesita a nosotros. ¡Nunca antes ha habido un rey como este!

Ephraem de Siria

Día 113

Uno fue sanado

Juan 5:2-5
*Y hay en Jerusalén, cerca de la puerta de las ovejas, un estanque,
llamado en hebreo Betesda, el cual tiene cinco pórticos.
En éstos yacía una multitud de enfermos, ciegos, cojos y paralíticos...
Y había allí un hombre que hacía treinta
y ocho años que estaba enfermo.*

Entró en un lugar donde había una gran multitud de personas enfermas: ciegos, paralíticos, rengos. Y como era médico de almas y cuerpos, y había venido a sanar a todas las almas de quienes creyeran, de entre los enfermos eligió a uno para sanar, lo cual indicó con esto unidad. Si al hacerlo lo vemos con mente común, con mero entendimiento humano, en cuanto a poder no fue gran cosa lo que operó. Y en cuanto a bondad, hizo demasiado poco. Había tantos allí y, sin embargo, solamente uno fue sanado mientras Él podría con una palabra haber sanado a todos. ¿Qué debemos entender sino que el poder y la bondad estaba haciendo lo que las almas, mediante sus actos, entienden como eterna salvación, que los cuerpos pudieran obtener salud temporal? Porque lo que es la salud real de los cuerpos y lo que se busca del Señor, se dará al final, en la resurrección de los muertos.

San Agustín

Día 114

¿Estás dispuesto?

Juan 5:5-6
Y había allí un hombre que hacía treinta y ocho años que estaba enfermo. Cuando Jesús lo vio acostado, y supo que llevaba ya mucho tiempo así, le dijo: ¿Quieres ser sano?

¿Por qué le preguntaría Jesús al hombre si quería ser sanado? ¿No era obvio, dada su posición cerca del estanque, el motivo por el que había ido allí? Creo que la pregunta era sincera, y significaba: «¿Estás conforme con tu condición? ¿Estás dispuesto a ponerte en mis manos? ¿Estás dispuesto a cambiar?».

Es sorprendente que los estudiosos de las ciencias sociales hayan descubierto que algunas personas realmente no quieren cambiar. Hay personas que en realidad no quieren sanar.

No todos quieren cambiar.

Por eso, Jesús le preguntó al enfermo que estaba junto al pozo de Betesda si quería sanar. El hombre junto al pozo simplemente esperaba que Jesús le ayudara a entrar en el agua. Sin embargo, Jesús hizo más que eso. Lo sanó inmediatamente, y el hombre se puso de pie y caminó.

Greg Laurie

Una cuestión de corazón

Juan 5:6
Cuando Jesús lo vio allí, tirado en el suelo, y se enteró de que ya tenía mucho tiempo de estar así, le preguntó: —¿Quieres quedar sano?

Durante muchos, muchos años, el grito de mi corazón era: «¿Por qué a mí, Dios?». Y esto llenaba mis pensamientos y afectaba mi vida a diario. Vivía en el desierto de la autocompasión, y esto era un problema para mí, mi familia y el plan de Dios en mi vida.

Cuando Jesús le formuló la pregunta al hombre que durante 38 años había estado junto al pozo de Betesda, sabía que la autocompasión no salvaría a este hombre. «¿Quieres quedar sano?» Son palabras de compasión para cualquiera que esté atrapado en una prisión emocional y haya aprendido a funcionar con su problema. Son palabras dirigidas al corazón.

Obtener libertad de los dolores y ataduras emocionales no es fácil. Lo sé. Provocará sentimientos y emociones que han estado reprimidos, que no hemos enfrentado. Y puede traer mucho dolor. Sin embargo, ser liberados y limpiados por el poder del perdón es el único camino para volver a estar plenamente sanos otra vez.

JOYCE MEYER

Día 116

El poder de la confianza

Juan 5:6 BLA

Cuando Jesús lo vio acostado allí y supo que ya llevaba mucho tiempo en aquella condición, le dijo: ¿Quieres ser sano?

La autoridad de Jesús se demuestra tanto en sus enseñanzas como en sus milagros de sanación, señales del poder de Dios que cambia vidas para bien.

Los sorprendentes eventos que ocurren en presencia de Jesús no se realizan como trucos para asombrar a las personas. Resultan de su interés por las personas y su obediencia a la voluntad de Dios.

Las personas en necesidad encuentran a una persona que las *ama* y es completamente obediente a la voluntad de Dios. Esta presencia de Jesús, y la CONFIANZA y FE de quienes tiene ante sí, permiten que ocurran estos actos de poder de Dios. Esta relación es central. Donde están presentes estos elementos —la obediencia y amor de Jesús, y la voluntad de la persona para confiar en Dios— el mal es derrotado y Dios es glorificado.

¿Quieres ser sano? Es la pregunta que Jesús le hizo al hombre en Betesda. ¿Quieres ser sano? Es la pregunta que Jesús hace hoy.

¿Quieres ser sano?

Y Jesucristo sigue ocupándose de este asunto de sanarte, si tan sólo confías en Él.

RICHARD ALLEN WARD

Día 117
Los estrechos límites de nuestra fe

Juan 5:7
*Señor, le respondió el enfermo, no tengo quien me meta
en el estanque cuando se agita el agua;
y entre tanto que yo voy, otro desciende antes que yo.*

Este hombre enfermo hace lo que la mayoría de nosotros suele hacer. Porque limita la asistencia de Dios con sus propios pensamientos. En esto tenemos un espejo de la paciencia que cada uno de nosotros experimenta a diario: cuando por un lado mantenemos nuestra atención fija en los medios que tenemos a nuestro alcance, y cuando por otro lado, en contra de lo esperado, Dios muestra su mano en lugares ocultos y así demuestra cuán grande es su bondad, mucho más allá de los estrechos límites de nuestra fe.

Además, este ejemplo debería enseñarnos la paciencia. Treinta y ocho años es mucho tiempo, durante el cual Dios había demorado otorgarle al pobre hombre el favor que desde el principio había decidido darle. Por eso, no importa el tiempo, debemos esperar aunque gimamos de pena. No perdamos nunca el aliento a causa de la demora. Porque cuando nuestras aflicciones son largas, aunque no veamos final para ellas aún así siempre hemos de creer que Dios es un maravilloso liberador, que mediante su poder con facilidad quita todo obstáculo del camino.

Juan Calvino

¿SOMOS INDIFERENTES?

MARCOS 3:1-2

Otra vez entró Jesús en la sinagoga; y había allí un hombre que tenía seca una mano Y le acechaban para ver si en el día de reposo le sanaría, a fin de poder acusarle.

Con frecuencia, no se trata de *lo que* Jesús hacía, sino *del motivo* por el que lo hacía. Para Jesús, sanar a las personas era parte cotidiana de su ministerio público. Sin embargo, más allá de la historia lo que importa es *por qué* Jesús obraba el milagro.

Al Señor le molestaba profundamente la indiferencia que mostraba la congregación hacia la persona discapacitada. Le molestaba que las personas se preocuparan más por la letra de la ley y por hacer las cosas de manera correcta en lugar de satisfacer la necesidad de alguien que sufría en su comunidad. Fue esta apatía, esta frialdad obstinada lo que impulsó a Jesús a actuar.

Hay muchas razones por las que hemos de satisfacer las necesidades de quienes están alrededor de nosotros. Una de las razones puede ser simplemente dar una mano. Otra puede ser la de utilizar nuestros dones y talentos. Sin embargo, una razón válida podría ser que uno tiene que actuar en contra de la indiferencia que otros muestran respecto de las necesidades que tienen cerca. Muchas iglesias han sido objeto de críticas y acusaciones, porque un creyente da un paso adelante y sacude el *status quo*.

JONI EARECKSON TADA

DÍA 119

LIBERTAD PLENA SIN CUIDADO

MARCOS 3:3
Entonces dijo al hombre que tenía la mano seca:
Levántate y ponte en medio.

Ahora los fariseos debían encontrar otras infracciones en Jesús, porque cada una de ellas aumentaría el daño hacia la ley y el orden. Tenían que estar preparados para luchar contra este rebelde en toda oportunidad. Y prácticamente cada episodio les daba una oportunidad, porque Jesús con sus discípulos actuaba con lo que debe haber parecido total libertad, sin cuidado de nada. Si un hombre necesitaba sanar, ellos no esperaban hasta el día siguiente, cuando sería legal hacerlo. Le brindaban ayuda inmediatamente. Posponer la sanación, a sus ojos, convertiría el día sábado en instrumento para dañar, y hasta matar (3:4). El Mesías no vino para observar las fechas de fiesta o descanso, sino para salvar vidas. Cada acto de misericordia era la demostración de la verdad de que la salvación hace que todos los días sean santos, porque cada uno de ellos nos presenta la oportunidad de sanar y libertar. Únicamente la dureza del corazón de los hombres puede cegarlos a esta verdadera santidad.

PAUL S. MINEAR

DÍA 120

SERVICIO RELIGIOSO

MARCOS 3:4
Y les dijo: ¿Es lícito en los días de reposo hacer bien, o hacer mal; salvar la vida, o quitarla? Pero ellos callaban.

Este pasaje es fundamental, porque muestra el enfrentamiento entre dos ideas en cuanto a la religión.

Para el fariseo, la religión era *ritual*: obediencia a determinadas reglas y normas. Jesús rompió esas reglas y se convencieron de que era un hombre malo. Es como aquel hombre que cree que la religión consiste en ir a la iglesia, leer la Biblia, dar las gracias antes de comer, adorar a Dios en familia y cumplir con todas las acciones externas que se consideran religiosas, pero que nunca hace nada por nadie ni tiene compasión o deseo de sacrificarse, y se mantiene sereno en su rígida ortodoxia con oídos sordos a ese llamado de la necesidad, siendo ciego a las lágrimas del mundo.

Para Jesús, la religión era *servicio*: amor a Dios y amor a los demás. El ritual era irrelevante comparado con el amor en acción. Para Jesús, lo más importante en el mundo no era el cumplimiento correcto de un ritual, sino la respuesta espontánea ante el clamor de la necesidad humana.

WILLIAM BARCLAY

DÍA 121

El día de la liberación

MATEO 12:13-14

Entonces dijo a aquel hombre: Extiende tu mano. Y él la extendió, y le fue restaurada sana como la otra. Y salidos los fariseos, tuvieron consejo contra Jesús para destruirle.

«¡Extiende tu mano!», ordenó Jesús.
Impresionado por la valentía del Maestro en presencia de sus enemigos, el hombre obedeció. Sintió que la sangre volvía a circular en su mano inútil y que los músculos se flexionaban. El suyo fue un caso de prueba en verdad, la demostración del amor de Dios y su poder sanador. Lejos de destruir el día sábado, Jesús había cumplido su propósito. Se había ordenado este día santo para traer a los hombres liberación del mal y paz en el corazón, dos cosas que Jesús le había dado al hombre de la mano seca.

Frustrados en su plan por atrapar a Jesús, los fariseos salieron curiosos de la sinagoga. Sabían que algún día tendrían que destruir a Jesús antes de que Él arruinase su religión y sustituyera el bienestar de las personas por la inmutabilidad de la Ley. Además, si la sanación que acababan de presenciar mostraba que Jesús compartía el poder creativo de Dios, el más sabio de los fariseos veía que el judaísmo eventualmente tendría que transformarse para abarcar tan asombrosa verdad.

ALICE PARMELEE

DÍA 122

CORAZONES ENDURECIDOS

MARCOS 3:6
*Y salidos los fariseos, tomaron consejo con los herodianos
contra él para destruirle.*

Uno podría pensar que tal exhibición de gracia y poder en Jesús habría llenado cada corazón con gozo, alabanza y agradecimiento a Dios por haber visitado a su pueblo de manera tan maravillosa. Sin embargo, el milagro tuvo el efecto contrario en estos celosos defensores de las tradiciones humanas en oposición a la revelación divina. Mostraron total falta de conciencia hacia Dios mientras exhibían celosa preocupación por la observancia de sus tradiciones y falsas concepciones de la voluntad de Dios en cuanto a guardar el día sábado. Los fariseos, serenos campeones de la ortodoxia, comenzaron a colaborar con los herodianos, políticos mundanos y corruptos de su época. Ambos grupos querían apresar a Jesús para quitarlo del camino. Los extremos se encontraron entonces, como sucede a menudo. Los hombres, con puntos de vista totalmente opuestos, se ponen de acuerdo para rechazar a Cristo y consultarse sobre cómo destruirle. ¡Tal es el mal inevitable del corazón natural en su oposición a Dios!

H. A. IRONSIDE

DÍA 123

ESPERANZA EN ÉL

MATEO 12:15
*Sabiendo esto Jesús, se apartó de allí; y le siguió mucha gente,
y sanaba a todos.*

¡Gran variedad de enfermedades se habrá presentado ante la mirada de Jesús! Sin embargo, no leemos que se sintiera disgustado, sino que con toda paciencia atendía cada caso. ¡Qué combinación de males tiene que haberse dado cita a sus pies! ¡Qué úlceras repugnantes y heridas putrefactas! Sin embargo, Él estaba preparado para toda forma que adquiriera el monstruo del mal y fue victorioso sobre éste en toda ocasión... y así sigue sucediendo hoy. Sea cual fuere mi propia condición, el amado Médico puede sanarme. Y sea cual fuere el estado de las personas a quienes recuerdo en oración, tengo esperanza en Jesús de que Él será capaz de sanarles de sus pecados. Mi hijo, mi amigo, mis seres queridos, puedo tener esperanza por cada uno y por todos cuando recuerdo el poder sanador de mi Señor. Y en cuanto a mí, por severa que sea mi lucha contra los pecados y las debilidades, puedo regocijarme y tener confianza. Aquel que caminó los hospitales de la tierra sigue dispensando su gracia y obra milagros entre los hijos de los hombres: que vaya yo hacia Él inmediatamente y con sinceridad.

CHARLES HADDON SPURGEON

DÍA 124

¡LIBRE!

LUCAS 13:10-12

Enseñaba Jesús en una sinagoga en el día de reposo; y había allí una mujer que desde hacía dieciocho años tenía espíritu de enfermedad, y andaba encorvada, y en ninguna manera se podía enderezar. Cuando Jesús la vio, la llamó y le dijo: Mujer, eres libre de tu enfermedad.

Las causas de las enfermedades pueden ser físicas, psicológicas o espirituales. No importa cuál sea la causa, los cristianos tienen poder sobre la enfermedad. Los cristianos del siglo I veían a la enfermedad como obra de Satanás, un arma de sus demonios, una de las formas en las que el mal gobierna el mundo. Cuando Jesús sanaba una enfermedad causada físicamente o de manera demoníaca, estaba haciendo retroceder el reino de Satanás. Lo que hacía el diablo, Jesús lo deshacía.

En respuesta a los ataques de los fariseos (porque Jesús sanó a la mujer el día sábado, día de descanso para los judíos), Jesús dijo: «¡Hipócrita, cada uno de vosotros!.. a esta hija de Abraham, que *Satanás había atado dieciocho años, ¿no se le debía desatar de esta ligadura en el día de reposo?*» (Lucas 13: 15-16). La suya no fue una explicación médica. Identificó la causa de su problema como obra de Satanás. Los fariseos actuaban con el corazón endurecido y ceguera religiosa. Se ocultaban detrás de la teología, en este caso la prohibición de trabajar el día sábado.

JOHN WIMBER

DÍA 125

TOMARSE EL TIEMPO PARA AYUDAR

LUCAS 13:14-15
Pero el principal de la sinagoga, enojado de que Jesús hubiese sanado en el día de reposo, dijo a la gente: Seis días hay en que se debe trabajar; en éstos, pues, venid y sed sanados, y no en día de reposo. Entonces el Señor le respondió y dijo: Hipócrita, cada uno de vosotros ¿no desata en el día de reposo su buey o su asno del pesebre y lo lleva a beber?

Jesús avergonzó a este principal de la sinagoga y a otros líderes al señalar su hipocresía. Desataban a sus animales y los cuidaban el día sábado. Sin embargo, estas mismas personas se negaban a ver que el cuidado de los seres humanos es mucho más importante. Eran tan hipócritas que estaban dispuestos a ayudar a los animales, pero no a un ser humano, a una mujer, una hija de Abraham. ¿Qué «trabajo» había realizado Jesús? Solamente había extendido la mano para tocar la mujer, ni siquiera se había tomado el trabajo de llevar a un buey o un asno a beber agua.

Sin embargo, estos hipócritas no podían ver más allá de sus leyes. Se ocultaban detrás de su conjunto de leyes para evadir las obligaciones del amor. Hoy, la gente puede utilizar la letra de la ley para presentar razones que les excusen de su obligación de ocuparse de los demás (por ejemplo, dando el diezmo con regularidad, pero negándose luego a ayudar a un prójimo en necesidad). Sin embargo, las necesidades de las personas son más importantes que las reglas y normas. Tómate el tiempo de ayudar a los demás.

Comentario de la Biblia del Diario Vivir – Lucas

Día 126

¿Por qué esperar?

Lucas 13:16-17

*Y a esta hija de Abraham, que Satanás había atado dieciocho años,
¿no se le debía desatar de esta ligadura en el día de reposo?
Al decir él estas cosas, se avergonzaban todos sus adversarios;
pero todo el pueblo se regocijaba por todas las cosas
gloriosas hechas por él.*

Ahora Satanás había mantenido atada a esta mujer durante dieciocho años. ¿Habría estado bien hacer que la mujer esperase una hora más para ser desatada? ¿Qué pensaríamos de Jesús si Él le hubiese dicho que se fuera y sufriera durante un día más, mientras Él iba al establo a cuidar su asno? Quien actuara de este modo, no podía parecerse mucho a Dios. Sin embargo, muchos cristianos han sido culpables de este mismo pecado. Han hecho que las personas a quienes Satanás ha mantenido atadas en la oscuridad del pecado, esperen por el evangelio mientras ellos se ocupaban de sus propios deseos y placeres. Es importante que todos oremos y hagamos lo posible por difundir el mensaje de salvación del evangelio lo más rápido que se pueda. Alguien necesita ser salvado. ¿Por qué tendría que esperar siquiera un solo día más?

RALPH N. WALTER

DÍA 127

¿QUIÉN PECÓ?

JUAN 9:1
Al pasar Jesús, vio a un hombre ciego de nacimiento.

Primero, mientras todo hombre está dispuesto a censurar a los demás con extrema amargura, hay pocos que aplican sobre sí mismos como debieran la misma severidad. Si mi hermano pasa por adversidad, instantáneamente reconozco el juicio de Dios. En cambio, si Dios me disciplina con un golpe más duro, paso por alto mis pecados.

El segundo error está en la excesiva severidad, porque tan pronto la mano de Dios toca a un hombre, llegamos a la conclusión de que esto demuestra odio mortal y convertimos pequeñas ofensas en crímenes, casi perdiendo la esperanza de su salvación. Por el contrario, al analizar nuestros pecados, apenas pensamos que hemos cometido ofensas muy pequeñas, cuando hemos cometido crímenes muy agravados.

En tercer lugar, hacemos mal al pronunciar condenación sobre todos, sin excepción, a quienes Dios visita con la cruz o con tribulación. Lo que hemos dicho recién es cierto sin duda, que toda nuestra tribulación surge del pecado. Sin embargo, Dios disciplina a su propio pueblo por diversas razones. A veces, no está mirando sus pecados, sino que solamente pone a prueba su obediencia o les entrena en la paciencia.

JUAN CALVINO

«Lo merecías»

Juan 9:2
*Y le preguntaron sus discípulos, diciendo: Rabí,
¿quién pecó, éste o sus padres, para que haya nacido ciego?*

«No hay muerte sin pecado, y no hay sufrimiento sin iniquidad», enseñaban los fariseos que veían la mano del castigo en los desastres naturales, defectos de nacimiento y dolencias de largo plazo como la ceguera y la parálisis. Aquí es donde «el hombre ciego de nacimiento» entraba en la escena. Empapados de la buena tradición judía, los discípulos de Jesús debatían sobre la razón de tal defecto de nacimiento ¿Había pecado el hombre de algún modo dentro del útero? ¿O sufría las consecuencias del pecado de sus padres? Un concepto más fácil de imaginar, pero más injusto de entender.

Jesús respondió dando por tierra con las nociones comunes en cuanto a cómo Dios ve a las personas enfermas y discapacitadas. Negó que la ceguera del hombre proviniera de pecado alguno, y desechó la opinión común de que las tragedias les suceden a quienes las merecen (ver Lucas 13:1-5). Jesús quería que los enfermos supieran que eran especialmente amados por Dios, y no maldecidos. Cada uno de sus milagros de sanación, de hecho, borraba la tradición rabínica de «lo merecías».

Philip Yancey

DÍA 129

DESCUBRIR LOS DETALLES

JUAN 9:2 NVI
Y sus discípulos le preguntaron:
—Rabí, para que este hombre haya nacido ciego,
¿quién pecó, él o sus padres?

Los discípulos que siguieron a Cristo desde el principio estaban terriblemente fuera de tono con su causa cuando señalaron a un mendigo ciego y le preguntaron a Cristo quién había pecado, los padres de este hombre o él mismo en el vientre de su madre, para que hubiera nacido ciego (Juan 9:1-7). Sin duda, ya habían visto antes a este mendigo muchas veces, y reaccionaban con el mismo tipo de curiosidad teológica. Lo que vieron en la respuesta de Cristo les impactó. Claramente demostraba la distancia entre Cristo y sus seguidores en cuanto a cómo responder ante las necesidades de las personas. La suya era una respuesta de compasión, no de curiosidad o juicio. Utilizó sus recursos para otorgar la vista al mendigo, y dijo que la ceguera en realidad tenía el propósito de brindar el momento en que Dios pudiera ser magnificado a través del toque compasivo de Cristo.

¿No somos nosotros iguales a esos discípulos? Cuando nos enteramos de los problemas que alguien tiene en su vida nos interesa mucho más el análisis y los detalles de qué, por qué, cuándo y dónde, que el descubrir qué podemos hacer para ayudar.

JOSEPH STOWELL

DÍA 130

PENSAMIENTO CERRADO

JUAN 9:2
Los discípulos le preguntaron a Jesús:
—Maestro, ¿quién tiene la culpa de que este joven haya nacido ciego? ¿Fue por algo malo que hizo él mismo, o por algo malo que hicieron sus padres?

Para los discípulos, la realidad ocurría en una caja con posibilidades limitadas. Las cosas malas les sucedían a las personas por culpa propia o de alguien más. Porque querían que Jesús se les uniera en su reflexión, le presentaron las opciones: «¿Este hombre es ciego por algo malo que hizo él mismo o por algo malo que hicieron sus padres?». El Señor inmediatamente corrigió su visión distorsionada con una tercera alternativa: a veces suceden cosas malas para eventualmente dar gloria a Dios.

El pensamiento de la caja cerrada revela una visión muy limitada de Dios. En realidad, supone que hay cosas malas que Dios no puede cambiar. En ese pensamiento, Dios está sujeto a las leyes del universo en lugar de ser el Señor que gobierna el universo que creó. Genera una actitud en la que le decimos a Dios: «Si no podemos calcular cómo lograrías sacar algo bueno de esta situación entonces es imposible». A Dios le gusta la dar por tierra con este pensamiento cerrado. Porque dentro de la caja hay oscuridad, pero Jesús es la luz. Sanar al hombre ciego ese día fue solamente una pequeña parte del ministerio dador de luz de Jesús.

NEIL WILSON

DÍA 131

POR UNA RAZÓN Y UNA ÉPOCA

JUAN 9:3
Respondió Jesús: No es que pecó éste, ni sus padres, sino para que las obras de Dios se manifiesten en él.

Lo que Jesús nos asegura es que como Dios está con nosotros, no tenemos que entregarnos, dejarnos vencer o hundirnos ante las dificultades.

Jesús les enseñó a sus seguidores que todos los problemas son de naturaleza pasajera. La enfermedad y la tribulación son por una razón y por una época. Las tormentas se levantaban y prevalecían tanto en el plano natural en el mar de Galilea como en la vida sobrenatural de los poseídos y oprimidos por el demonio durante una época y por una razón. La misma vida de Jesús fue por una época y por una razón. ¡Y hasta su muerte y sepultura fueron solamente por una época y una razón!

La naturaleza pasajera de los problemas es algo que Jesús nos llama a reconocer. Su desafío está en soportar, perseverar, aprender, crecer y vencer. ¿Por qué hemos de perder la paz y preocuparnos si recordamos el ejemplo de nuestro Señor de vivir confiadamente sabiendo que su Padre está mirando, dirigiendo, amando y cuidando de Él y sus seguidores a diario? Dios hará lo mismo por nosotros.

CHARLES STANLEY

Día 132

Dios brilla en el sufrimiento del cristiano

Juan 9:3 NVI
Esto sucedió para que la obra de Dios se hiciera evidente en su vida.

El sufrimiento del hombre muestra lo que Dios puede hacer. La aflicción, la pena, el dolor, la desilusión y la pérdida siempre son ocasiones para mostrar la gracia de Dios. Primero, permite al que sufre mostrar a Dios en acción. Cuando los problemas y desastre caen sobre un hombre que no conoce a Dios, ese hombre seguramente colapsará. Pero cuando caen sobre una persona que camina con Dios, destacan la fuerza y la belleza, la capacidad de soportar y la nobleza que hay en el corazón de la persona cuando Dios está allí... todo tipo de sufrimiento es una oportunidad para demostrar la gloria de Dios en nuestra vida.

William Barclay

Día 133

Nada que perder más que la ceguera

Juan 9:6
Dicho esto, escupió en tierra, e hizo lodo con la saliva, y untó con el lodo los ojos del ciego.

Por diversas razones, este milagro se disfruta más desde la perspectiva del hombre ciego. Con los demás sentidos afinados por la falta de la vista, probablemente haya oído el tono de la conversación conocida que buscaba encontrar al culpable de su ceguera. Esta vez había una voz que presentaba una perspectiva nueva del problema, pero antes de que pudiera reflexionar sobre las palabras de Jesús, hubo otro sonido que llenó sus oídos: alguien escupió.

Cerca, oyó el suave ruido del polvo que se amasa entre los dedos para formar una pasta. Luego olió el barro fresco cuando Jesús levantó la mano y aplicó esa sustancia espesa y fría sobre su rostro cubriendo las órbitas de sus ojos ciegos. La voz le indicó que fuera a lavarse al pozo de Siloé. No tenía nada que perder más que el barro que le cubría el rostro, por lo que fue y volvió sanado: podía ver.

Jesús, como buen reparador, podría haber consultado el manual del prototipo humano (Génesis 2:7), pero ya sabía qué hacer. Cuando formó el barro para sanar al hombre, estaba usando simplemente los repuestos originales del fabricante.

Neil Wilson

Día 134

Viendo a Cristo como quién es Él

Juan 9: 37-38
Le dijo Jesús: Pues le has visto, y el que habla contigo, él es.
Y él dijo: Creo, Señor; y le adoró.

Este pobre mendigo ciego que nunca había visto nada en su vida, realmente reconoció al Hijo de Dios. Mientras tanto los líderes religiosos que pensaban saberlo todo, ni siquiera podían reconocer a su propio Mesías. La vista espiritual es un don de Dios que hace que quien está dispuesto sea capaz de creer.

¿Qué fue lo primero que vio este hombre con sus ojos de fe recién abiertos? Vio a Cristo como Señor soberano. El versículo 38 dice: «le adoró». Cayó de rodillas allí mismo y adoró. Es un hermoso clímax en la historia. No se trataba de «hacer» de Cristo su Señor. Cuando cayeron las escamas de sus ojos espirituales lo vio como quién es Él, y la única respuesta posible fue hincar su rodilla.

John MacArthur

Día 135

Puede hacer que nos parezcamos a Él

Lucas 14:1-2

Aconteció un día de reposo, que habiendo entrado para comer en casa de un gobernante, que era fariseo, éstos le acechaban. Y he aquí estaba delante de él un hombre hidrópico.

No es impensable que los fariseos hubieran «plantado» al hombre hidrópico en esta casa para ver qué haría Jesús. Estaban observándolo, y la palabra usada para observar es la misma que para «espiar con intención siniestra».

Sin dudarlo, Jesús sanó al hombre.

Este pasaje nos dice ciertas cosas sobre Jesús...

Nos muestra la serenidad con la que Jesús encontraba la vida. No hay nada más difícil que estar bajo escrutinio crítico y constante. Cuando esto sucede, la mayoría de las personas pierden la cabeza, y muy a menudo se enojan. Se vuelven irritables y aunque puede haber pecados mayores que la irritabilidad, no hay nada que cause más dolor y pena. Sin embargo, aún en las cosas que podrían haber quebrantado el espíritu de la mayoría de los hombres, Jesús se mantenía sereno. Si vivimos con Jesús, puede hacer que nos parezcamos a Él.

William Barclay

Día 136

Señor del sábado

Lucas 14:3

Entonces Jesús habló a los intérpretes de la ley y a los fariseos, diciendo: ¿Es lícito sanar en el día de reposo?

Lucas, el médico, identificó una enfermedad de este hombre como «hidropesía» (también llamado edema), la acumulación anormal de líquido en tejidos y cavidades del cuerpo que causan hinchazón. Puede haber estado relacionado con una enfermedad cardiaca.

Jesús sabía lo que estaban pensando quienes le acechaban, por lo que les formuló la pregunta que había causado fricciones entre él y ellos en otra ocasión: «¿Es lícito sanar en el día de reposo?». Allí estaba el meollo de la cuestión. En circunstancias normales, una persona diría que estaría perfectamente bien sanar a otro ser humano el día sábado. Sin embargo, porque los fariseos habían agregado tantas reglas en cuanto a la observancia del sábado, y porque permitían que las reglas gobernaran su vida, habrían respondido a la pregunta de Jesús con una negativa. Su tradición oral decía que era lícito solamente sanar el día sábado si se trataba de una situación de vida o muerte. Sin embargo, Jesús sanaba el día sábado sin importar qué pensaran los fariseos, porque el era Señor del sábado.

COMENTARIO DE LA BIBLIA DEL DIARIO VIVIR – LUCAS

DÍA 137

REDEFINIR A ISRAEL

LUCAS 14:4-6

Mas ellos callaron. Y él, tomándole, le sanó, y le despidió. Y dirigiéndose a ellos, dijo: ¿Quién de vosotros, si su asno o su buey cae en algún pozo, no lo sacará inmediatamente, aunque sea en día de reposo? Y no le podían replicar a estas cosas.

Las dos historias del Evangelio de Lucas en cuanto a romper la tradición del sábado ponen énfasis en que era el día más apropiado para que sucediera la sanación. Era el día que señalaba la liberación de las ataduras y el cautiverio. Jesús había indicado que en su perspectiva, el sábado tan esperado por Israel estaba abriéndose a través de su ministerio. Lo que estaba en juego no era la «religión» o la «ética» en lo abstracto. Era cuestión de escatología y orden del día. Jesús afirmó la vocación de Israel, su creencia en su

Dios y su esperanza escatológica. Sin embargo, esta vocación, teología y aspiración debían redefinirse alrededor de un nuevo conjunto de símbolos, adecuados para el nuevo día que estaba amaneciendo.

N. T. Wright

Día 138

El amor de Dios nos busca

Juan 5:19

Respondió entonces Jesús, y les dijo:
De cierto, de cierto os digo: No puede el Hijo hacer nada por
sí mismo, sino lo que ve hacer al Padre; porque todo lo que
el Padre hace, también lo hace el Hijo igualmente.

El ministerio de servicio de Jesús tiene sus raíces en su compasión por los perdidos, solitarios y quebrantados. ¿Por qué ama a los perdedores, los fracasados y los marginados de la respetabilidad social? Porque el Padre los ama. «De cierto, de cierto os digo: No puede el Hijo hacer nada por sí mismo, sino lo que ve hacer al Padre; porque todo lo que el Padre hace, también lo hace el Hijo igualmente» (Juan 5:19). En Jesús de Nazaret, la mente de Dios se hace transparente. No se ve el propio ser de Jesús, sino únicamente el amor apasionado de Dios que nos busca. Jesús revela el corazón de Dios a través de su vida de humilde servicio. En verdad, cuando Jesús regrese, no será con el impacto de la gloria fulgurante. Vendrá como sirviente. «Bienaventurados aquellos siervos a los cuales su señor, cuando venga, halle velando; de cierto os digo que se ceñirá, y hará que se sienten a la mesa, y vendrá a servirles» (Lucas 12:37).

Brennan Manning

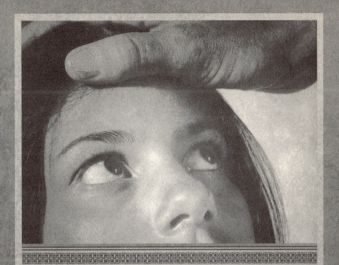

LOS MILAGROS DE JESÚS SOBRE LA ENFERMEDAD

...de manera que la multitud se maravillaba, viendo a los mudos hablar, a los mancos sanados, a los cojos andar, y a los ciegos ver; y glorificaban al Dios de Israel.
MATEO 15:31

LOS MILAGROS DE JESÚS SOBRE LA ENFERMEDAD

Cientos de personas enfermas le eran traídas a Jesús. Algunas de ellas sufrían discapacidad desde su nacimiento. Otras simplemente estaban enfermas. Fueran sordos, ciegos, rengos, paralíticos o estuvieran sangrando, Jesús con toda compasión los sanaba a todos. Estuvieran delante de Él o a kilómetros de allí, el toque de Jesús cambiaba sus vidas. Jesús mostraba un sentido especial ante lo que verdaderamente enfermaba a las personas. En ocasiones, no era tan obvio.

Jesús los sanaba. Utilizaba diversos métodos, pero que no eran al azar. Como veremos, Jesús cumplió su ministerio de sanación de una manera que siempre indicó su supremacía y propósito. Cada uno de sus actos de sanación transmitía compasión y mucho más. Lamentablemente, muchos no utilizaban sus ojos para ver ni sus oídos para oír cuando eran testigos de los milagros de Jesús, que tenían propósito. En esta sección, queremos disfrutar de las maravillas del poder de Jesús y regodearnos en el mensaje que Él comunicó con su toque sanador.

Con el corazón roto

LUCAS 4:18
*El Espíritu del Señor está sobre mí, por cuanto...
me ha enviado a sanar a los quebrantados de corazón.*

Cuando el Príncipe de Paz llegó a este oscuro mundo, su llegada no fue en secreto. Nos dice que no vino a ver y ser visto, sino a «buscar y salvar lo que estaba perdido» y también a «sanar a los quebrantados de corazón». Y frente a este anuncio me es un misterio el por qué de los que tienen el corazón quebrantado y prefieren arrastrar su dolor año tras año en lugar de presentarlo ante el gran Médico. ¿Cuántos hombres de Chicago están yendo a su tumba con un corazón quebrantado? Han estado arrastrando su corazón con el peso de la preocupación y los problemas durante años. Sin embargo, cuando abren las Escrituras pueden leer el pasaje que nos dice que Jesús llegó con el propósito de sanar a los quebrantados de corazón. Jesús dejó el cielo y toda su gloria para venir al mundo, enviado por el Padre, nos dice, con el propósito de sanar a los quebrantados de corazón.

D. L. MOODY

DÍA 140

Su misión

LUCAS 6:19
*Y toda la gente procuraba tocarle, porque poder salía
de él y sanaba a todos.*

Durante su estadía en esta tierra, ¿no estuvo siempre dispuesto a sanar cuerpos enfermos? ¿Piensa usted que Jesús no está dispuesto administrar a las almas desesperadas? Lejos esté eso de nuestra mente. El siempre estuvo disponible para el enfermo, el ciego, el paralítico, sí, también el repelente leproso. Siempre estaba preparado, sin quejarse, para aliviar el sufrimiento aunque a Él le costara algo, «porque poder salía de El» (Lucas 6:19), y a pesar de la descreencia que expresaban aquellos que Él consideraba amigos. Así como entonces fue parte de su misión sanar a los enfermos, hoy es parte de su ministerio sanar a los quebrantados de corazón ¡Qué grande Salvador es el nuestro!

El Dios Todopoderoso, el hombre todo ternura. Aquel que está infinitamente por encima de nosotros en su naturaleza original y gloria presente, y que se volvió carne y sangre, vivió en el mismo plano que nosotros, experimentó los mismos problemas y sufrió como nosotros, aunque de manera mucho más terrible. Entonces, ¡que bien calificado está Él para satisfacer cada una de nuestras necesidades! Echa sobre Él toda tu preocupación, sabiendo que se preocupa por ti.

ARTHUR W. PINK

Día 141

Que abunden los ríos de sanación

Salmo 36:9
Porque contigo está el manantial de la vida;
En tu luz veremos la luz.

Tú, oh Cristo, eres todo lo que necesito.
Más que todo, en ti lo encontraré.
Levantas al caído, alegras al triste,
sanas al enfermo, y guías al ciego.
Justo y santo es tu nombre,
yo soy todo injusticias.
Falso y lleno de pecados soy.
Tú eres pleno en verdad y gracia.

Abundante gracia contigo encontramos.
Gracia para cubrir todo mi pecado.
Que abunden los ríos de sanación,
Hazme y guárdame puro por dentro.
Tú eres la fuente de vida.
Déjame tomar de ti libremente.
Surge como manantial en mi corazón.
Resucita para toda la eternidad.

Charles Wesley

DÍA 142

TRÁGATE TU ORGULLO

JUAN 4:46-47

Vino, pues, Jesús otra vez a Caná de Galilea, donde había convertido el agua en vino. Y había en Capernaum un oficial del rey, cuyo hijo estaba enfermo. Este, cuando oyó que Jesús había llegado de Judea a Galilea, vino a él y le rogó que descendiese y sanase a su hijo, que estaba a punto de morir.

La palabra griega para oficial de rey es *basilikos*, que hasta podría significar que era un rey menor. Sin embargo, se utiliza para un oficial que tenía alta posición en la corte de Herodes. Jesús, por otro lado, no tenía posición mayor que la del carpintero del pueblo de Nazaret. Además, Jesús estaba en Caná y este hombre vivía en Capernaum, casi a 25 kilómetros de distancia. Es por eso que tardó tanto para volver a su hogar.

No puede haber habido una escena más inverosímil en el mundo que la de un importante oficial de la corte correr 25 kilómetros para rogar a un carpintero aldeano que le hiciera un favor.

Primero que nada, este oficial se tragó su orgullo. Estaba necesitado y ni la convención ni las costumbres impidieron que presentara su necesidad ante Cristo. Su acción habrá causado sensación, pero a él no le importó todo lo que dijera la gente mientras obtuviera la ayuda que tanto necesitaba. Si queremos la ayuda que Cristo puede darnos, debemos ser lo suficientemente humildes como para tragarnos nuestro orgullo y que no nos importe lo que puedan decir los demás.

WILLIAM BARCLAY

DÍA 143

CREER Y OBEDECER

JUAN 4:50
*Jesús le dijo: Ve, tu hijo vive. Y el hombre creyó la palabra
que Jesús le dijo, y se fue.*

Este oficial del gobierno no sólo creía que Jesús podía sanar, sino que también obedeció a Jesús al volver a casa, y demostró así su fe. No alcanza con que digamos que creemos que Jesús puede ocuparse de nuestros problemas. Debemos actuar de la misma manera. También tenemos que dejarle a Él los métodos, caminos y tiempos. Cuando oramos por una necesidad o problema, debemos vivir creyendo que Jesús puede hacer lo que dice.

Observemos como creció la fe del oficial:

Creyó que Jesús podía ayudar a su hijo.

Creyó al punto de insistir que Jesús viniera con él para sanar a su hijo.

Confió en las palabras de Jesús cuando Él le aseguró que su hijo viviría, y actuó según sus palabras.

Él y toda su casa creyeron en Jesús.

La fe crece a medida que la usamos.

COMENTARIO DE LA BIBLIA DEL DIARIO VIVIR – JUAN

DÍA 144

LA FE DE LA OBEDIENCIA

JUAN 4:50 NVI
*—Vuelve a casa, que tu hijo vive —le dijo Jesús—.
El hombre creyó lo que Jesús le dijo, y se fue.*

Lo que hizo este noble al regresar a su casa fue idéntico a lo que hicieron los sirvientes en la boda cuando llenaron los enormes cántaros con agua. Habían hecho exactamente lo que se les indicó. Esta es la fe de la obediencia. Es la respuesta positiva ante el mandamiento de Cristo. Esto es la fe en acción. La fe, fe viva en Dios, es tener completa confianza en su carácter. Es la seguridad absoluta de que por su carácter (santo), pleno e impecable conducta es totalmente confiable. Es saber que porque es totalmente confiable, nuestra respuesta a sus requerimientos puede ser siempre positiva. Él siempre es fiel. Siempre podemos depender de Él. Así que cuando una persona cumple y coopera silenciosa y tranquilamente con Él, todo está bien.

W. Phillip Keller

Día 145

Milagro a distancia

Juan 4:51-53 NVI

Cuando se dirigía a su casa, sus siervos salieron a su encuentro y le dieron la noticia de que su hijo estaba vivo. Cuando les preguntó a qué hora había comenzado su hijo a sentirse mejor, le contestaron:
—Ayer a la una de la tarde se le quitó la fiebre. Entonces el padre se dio cuenta de que precisamente a esa hora Jesús le había dicho: "Tu hijo vive." Así que creyó él con toda su familia.

La sanación del hijo de este hombre fue un milagro a distancia. Jesús sanó a un niño que estaba a 25 kilómetros de distancia. Jesús no estaba menos presente en la casa del hombre en Capernaum porque estuviera parado en Caná. La presencia física de Cristo no lo hace más presente. De hecho, cuando prometió el Espíritu Santo a sus discípulos, les dijo: «Os conviene que yo me vaya» (Juan 16:7), porque El Consolador vendría y estaría con ellos y en ellos. Jesús podía estar únicamente en un lugar en determinado momento con su cuerpo terrenal, pero con su Espíritu podía habitar su pueblo en todo el mundo.

Ese día, ocurrieron dos sanaciones. La débil fe del padre se fortaleció, y el débil cuerpo del niño sanó. Todo en presencia de Jesús.

Erwin Lutzer

Día 146

Creer de verdad

Juan 4:54
Esta segunda señal hizo Jesús, cuando fue de Judea a Galilea.

La primera señal fue la de convertir el agua en vino en una fiesta de boda en Caná (Juan 2:1-11). La segunda señal en Galilea fue en una casa oscurecida bajo la sombra de la muerte, cuando sanó a un niño moribundo. Lo que importa aquí es: creer de verdad en Dios significa creer en su palabra. Los milagros de Jesús, según el Evangelio de Juan, eran señales que les mostraban a las personas que los veían quién era el que obraba las señales: Jesús, el Mesías, el Hijo de Dios. Si el milagro producía fe solamente en el que obraba el milagro y no en el Hijo de Dios, entonces se perdía el propósito de la señal.

Philip W. Comfort y Wendell C. Hawley

Día 147

Quiero

Marcos 1:40-41
Vino a él un leproso, rogándole; e hincada la rodilla, le dijo: Si quieres, puedes limpiarme. Y Jesús, teniendo misericordia de él, extendió la mano y le tocó, y le dijo: Quiero, sé limpio.

Creo que esto indica que el leproso tenía cierta conciencia del propósito divino que debe haber habido en su aflicción... hay ocasiones en que Dios quiere que sus hijos pasen por aflicción física. Las Escrituras no enseñan que todos deban ser sanados.

Este leproso es un caso de ejemplo. Evidentemente percibía algún propósito en esto, y cuando dijo: «Si quieres, puedes limpiarme», no quiso decir «si estás de buen humor en este momento...», sino «si estás de acuerdo con el propósito de Dios, si no estás violando un programa cósmico que está obrando Dios, entonces puedes limpiarme». La respuesta de Jesús es muy positiva: «Y Jesús, teniendo misericordia de él, extendió la mano y le tocó, y le dijo: Quiero, sé limpio». Ese «quiero» es la luz verde de Dios. Indica que ha llegado el momento para que ocurra la sanación. Sea cual fuere el propósito de la lepra, se había cumplido y había llegado el momento para quitarla. «Quiero, sé limpio».

RAY C. STEDMAN

DÍA 148

GRACIA MILAGROSA

MATEO 8:2
Y he aquí vino un leproso y se postró ante él, diciendo: Señor, si quieres, puedes limpiarme.

Cuando el leproso vino ante Jesús pidiendo remedio, Él habló, y sabemos que su palabra era suficiente. Sin embargo, eso no satisfaría la gracia del Señor Jesucristo. No le daría la sanación a este hombre como si le estuviera dando limosna o digamos como si le tirase unas monedas. El hombre estaba apartado, lo consideraban sucio, demasiado horrendo como para que alguien lo tocara. Mostrar asco ante un ser humano es algo terrible; sin embargo, estos leprosos estaban acostumbrados a las expresiones de asco de los demás. Allí llegó la gracia de nuestro Señor Jesucristo, la gracia de Cristo, porque Él puso su mano sobre el hombre y dijo: «Quiero, sé limpio». No era necesario tocarlo. No obstante, la gracia era necesaria para el alma y espíritu del pobre hombre. Esta es la gracia de nuestro Señor Jesucristo.

GEORGE MACDONALD

DÍA 149

TOQUE DE DIOS

MATEO 8:3
Jesús extendió la mano y le tocó, diciendo: Quiero; sé limpio. Y al instante su lepra desapareció.

Oh, el poder del toque divino ¿no lo conoces? ¿Y el doctor que te trató o el maestro que secó tus lágrimas? ¿Una mano amiga durante un funeral? ¿Otra sobre tu hombro, en un problema? ¿Una saludo de manos para darte la bienvenida a un nuevo empleo? ¿Una oración pastoral por sanación? ¿No hemos conocido el poder del toque divino?

¿No podemos ofrecerlo también?

Muchos ya lo hacemos…y, sin embargo, otros lo olvidamos. Tenemos buen corazón, sí, pero nuestra memoria es mala. Olvidamos lo importante que puede ser tocar al otro. Tememos decir algo equivocado, decirlo en el tono equivocado o actuar como no debiéramos. Así que es preferible no hacer nada, antes que hacer lo incorrecto.

¿No es excelente que Jesús no haya cometido el mismo error? Si temes hacer lo incorrecto y eso te impide hacer algo, recuerda la perspectiva de los leprosos del mundo. No son pretenciosos. No son puntillosos. Solamente están solos. Y anhelan sentir un toque divino. Jesús tocó a los intocables del mundo ¿harás lo mismo?

MAX LUCADO

VIVIMOS

MARCOS 1:41-42

Y Jesús, teniendo misericordia de él, extendió la mano y le tocó,
y le dijo: Quiero, sé limpio. Y así que él hubo hablado,
al instante la lepra se fue de aquél, y quedó limpio.

Aquí debemos observar con devoción que Jesús tocó al leproso. Esta persona impura había quebrado las normas de la ley ceremonial abriéndose paso para entrar en la casa. Sin embargo, Jesús en lugar de reprenderlo también rompió las reglas para poder ir hacia él. Realizó un intercambio con el leproso, porque al limpiarlo contrajo mediante el contacto físico lo impuro de este hombre según la ley lo critica. Jesús se hizo pecado por nosotros, aunque Él mismo no conocía pecado, para que podamos ser hechos justos ante Dios a través de Él. Esos pobres pecadores se acercaban a Jesús, creyendo en el poder de su bendita obra de sustitución, y aprendieron el poder de su toque de gracia. Esa mano que multiplicó los panes, que salvó a Pedro de hundirse, que levanta a los santos afligidos, que corona a los creyentes, esa misma mano tocará a todo pecador que le busque y lo limpiará. El amor de Jesús es la fuente de la salvación. Jesús ama, Jesús mira, Jesús nos toca. VIVIMOS.

CHARLES HADDON SPURGEON

DÍA 151

ÉL ESTÁ AQUÍ PARA TI

LUCAS 5:17-18

Aconteció un día, que él estaba enseñando, y estaban sentados los fariseos y doctores de la ley, los cuales habían venido de todas las aldeas de Galilea, y de Judea y Jerusalén; y el poder del Señor estaba con él para sanar. Y sucedió que unos hombres que traían en un lecho a un hombre que estaba paralítico, procuraban llevarle adentro y ponerle delante de él.

Con el don especial de la imaginación, imagina que te acercas a la multitud que rodea a Jesús. Quieres llegar hasta Él por alguien a quien amas. Ahora es que la multitud se abre y forma un sendero directo hacia el Señor para que pases. El está allí para ti. Ahora estás frente a frente, corazón a corazón. Jesús está esperando que le pidas lo que el está dispuesto a dar. Háblale de la persona o personas que tienes en tu corazón. Luego espera su respuesta. En el mismo momento en que oraste, mi poder se liberó en la persona por la que intercediste, dice Jesús. Se hará mi voluntad, según mis tiempos, acorde con mi plan, y para bendición en el ahora y la eternidad de tu ser querido. Tú y yo ahora tenemos un mismo corazón. Ambos amamos. Ahora sigue tu camino en fe y fidelidad.

LLOYD JOHN OGILVIE

Fe creativa

Marcos 2:4
Y como no podían acercarse a él a causa de la multitud, descubrieron el techo de donde estaba, y haciendo una abertura, bajaron el lecho en que yacía el paralítico.

La fe tiene plena creatividad. La casa estaba llena de gente, y la muchedumbre impedía la entrada, pero la fe encontró una manera creativa de llegar al Señor y poner al paralítico delante de él. Si no podemos llevar a los pecadores a Jesús con métodos comunes, tenemos que usar métodos extraordinarios. Según Lucas 5:19, parece que hubo que quitar tejas del techo. Eso produciría polvo y algún peligro para los que estaban debajo, pero cuando el caso es muy urgente, tenemos que estar preparados para correr algunos riesgos y causar impresión negativa en algunas personas. Jesús estaba allí para sanar, y por eso con techo o sin techo, la fe lo arriesgó todo para que al pobre paralítico se le perdonaran sus pecados. ¡Necesitamos más fe creativa y atrevida! Querido lector, busquemos esta fe hoy mismo para nosotros mismos y para nuestros compañeros de trabajo, e intentemos hoy realizar algún acto galante de amor por las almas y la gloria del Señor.

El mundo está constantemente creando e intentando. El ingenio sirve para todos los propósitos del deseo humano. ¿No puede la fe intentar también y mediante métodos creativos llegar a las personas que no conocen el evangelio?

Charles Haddon Spurgeon

Día 153

Sanar el alma

Marcos 2:5
*Al ver Jesús la fe de ellos, dijo al paralítico:
Hijo, tus pecados te son perdonados.*

Jesús se conmovió. Entonces aplaude, si no con las manos al menos con el corazón. Y no solamente aplaude, sino que también bendice. Y somos testigos de una divina explosión de amor.

Los amigos quieren que Jesús sane a su amigo. Sin embargo, Jesús no se conformará simplemente sanando el cuerpo, porque quiere sanar el alma. Entonces pasa por lo físico rápidamente y se ocupa de lo espiritual. La sanación del cuerpo es temporal, pero la sanación del alma es eterna.

El pedido de los amigos es válido aunque tímido. Las expectativas de la multitud son altas, aunque no lo suficientemente alta. Esperan que Jesús diga: «Te sano». En cambio, dice: «Te perdono». Esperan que sane el cuerpo porque es lo que pueden ver.

Jesús decide no sanar únicamente el cuerpo, sino también lo espiritual, porque eso es lo que Él ve.

Ellos quieren que Jesús le dé al hombre un cuerpo nuevo para que pueda caminar.

Y Jesús le da gracia para que pueda vivir.

Notable. A veces, Dios se conmueve tanto por lo que ve que nos da lo que necesitamos y no simplemente aquello que pedimos.

Max Lucado

¿QUÉ PRUEBA MAYOR NECESITAMOS?

MARCOS 2:6-7
*Estaban allí sentados algunos de los escribas,
los cuales cavilaban en sus corazones: ¿Por qué habla éste así?
Blasfemias dice. ¿Quién puede perdonar pecados,
sino sólo Dios?*

¿Qué cosa puede ser más razonable que creerle a un hombre cuando viene y nos dice que Dios lo envío para sanar las enfermedades de nuestras alma y sanar todo tipo de hombres, en todo momento y todo tipo de enfermedades, mediante una palabra o un toque de su mano?

Simplemente muestra que puede hacerlo cuando quiere, sea cual fuere la enfermedad.

Nos dice que nos librará de la muerte espiritual y eterna (y también de la muerte temporal), que nos resucitará de entre los muertos y nos dará vida eterna para que vivamos para siempre y no muramos. Y para probarlo, nos da evidencias sensibles de que tiene poder sobre la vida de los hombres no solamente prolongando su vida, sino restaurándolas después de que han muerto y, además, él mismo resucita de entre los muertos. Nos dice que nos otorgará gloria celestial y nos trasladará al cielo. Y para confirmar nuestra fe en todo eso, nos dice que le veremos ascender al cielo después de su muerte. ¿Qué más podemos pedir de un hombre que dice venir de Dios y tener poder para hacer estas cosas por nosotros, que todas estas evidencias?

JONATHAN EDWARDS

DÍA 155

PARA QUE SEPAS

MARCOS 2:9-11

¿Qué es más fácil, decir al paralítico:
Tus pecados te son perdonados, o decirle:
Levántate, toma tu lecho y anda? Pues para que sepáis
que el Hijo del Hombre tiene potestad en la tierra
para perdonar pecados (dijo al paralítico):
A ti te digo: Levántate, toma tu lecho, y vete a tu casa.

Jesús afirmaba ser capaz de perdonar los pecados: «Al ver Jesús la fe de ellos, dijo al paralítico: Hijo, tus pecados te son perdonados» (Marcos 2: 5, ver también Lucas 7: 48-50). Según la ley de los judíos, esto era algo que solamente Dios podía hacer. Isaías 43:25 restringe esta prerrogativa a Dios solamente. Los escribas preguntaban: «¿Por qué habla éste así? Blasfemias dice. ¿Quién puede perdonar pecados, sino sólo Dios?» (Marcos 2:7). Jesús entonces preguntó que sería más fácil de decir: «Tus pecados te son perdonados», o «Levántate y anda».

Según el Comentario de Wycliffe, esta es «una pregunta que no se puede responder. Las afirmaciones son igualmente simples de pronunciar, pero para decir cualquiera de ellas y actuar según lo que se dice hace falta poder divino. Un impostor, por supuesto, buscando evitar que le detecten diría que es más fácil la primera. Jesús procedió a sanar la enfermedad para que los hombres supieran que tenía autoridad para ocuparse también de su causa».

JOSH MCDOWELL

DÍA 156

DECIR LA PALABRA

MATEO 8:5-6, 8
*Entrando Jesús en Capernaum, vino a él un centurión,
rogándole, y diciendo: Señor, mi criado está postrado en casa,
paralítico, gravemente atormentado... Respondió el centurión y dijo:
Señor, no soy digno de que entres bajo mi techo;
solamente di la palabra, y mi criado sanará.*

Jesús: Entonces ¿qué es lo que pides, Proclo? ¿Quieres que tu siervo sane?

Proclo: Sí, claro. Pero seguramente no necesitas verlo. Solamente necesitas decir la palabra y él sanará.

Jesús: ¿Qué te hace creer eso?

Proclo: Señor, solamente hace falta mirarte. Conozco la autoridad cuando la veo y sé muy bien que cuando *tú* mandas, eres obedecido.

Jesús: (con vehemencia): ¿Oyen eso todos ustedes? Es asombroso. Nunca antes vi fe como esta, ni a lo largo ni a lo ancho de Israel... Ve, centurión, porque como has creído, así será.

DOROTHY SAYERS

DÍA 157

SIN LÍMITES

LUCAS 7:9-10
*Al oír esto, Jesús se maravilló de él, y volviéndose,
dijo a la gente que le seguía: Os digo que ni aun en Israel
he hallado tanta fe. Y al regresar a casa los que habían sido
enviados, hallaron sano al siervo que había estado enfermo.*

El amor nos hace salir de nosotros mismos para entregarnos a los demás. La vida entera de nuestro Señor se caracterizó por esta entrega, esta perspectiva. Hay diversas referencias en los evangelios de su gran compasión por las multitudes en necesidad.

Lucas en particular destaca que el amor de Cristo le trajo lo puso en contacto con quienes la sociedad de su época despreciaba o subestimaba. Los leprosos estaban excluidos de la sociedad en general, pero Jesús no sólo los limpiaba de su lepra, sino que además los tocaba, algo que a un fariseo no se le habría ocurrido hacer ni siquiera en sueños (Lucas 5:12-14). Los recolectores de impuestos eran considerados con celo porque estaban en contacto diario con los oficiales romanos, pero Jesús no sólo comía con ellos y sus despreciables amigos, sino que hasta llamó a uno de ellos para que fuera miembro de la banda de sus discípulos (Lucas 5:27-32). Las fuerzas romanas de ocupación eran odiadas, pero Jesús sanó al criado de un centurión y hasta destacó lo grande que era su fe (Lucas 7:1-10).

GEOFFREY W. GROGAN

Día 158

LISTO PARA AYUDAR

LUCAS 7:21

En esa misma hora sanó a muchos de enfermedades y plagas, y de espíritus malos, y a muchos ciegos les dio la vista.

Aquí en esta doctrina encontramos gran aliento para que toda persona busque a Cristo bajo cualquier tipo de aflicción o dificultad y, sobre todo, en lo que apareció en Cristo cuando Él estaba allí. Tenemos un relato de la historia de Cristo de una gran cantidad de gente con una gran variedad de aflicciones y dificultades, que recurrían a Él por ayuda. Pero no tenemos relato de que haya rechazado ni siquiera a una persona que se le haya acercado pidiendo ayuda de manera amistosa, cualquiera fuese su dificultad. Por el contrario, la historia de su vida está llena de milagros que obró para alivio de esta gente. Cuando venían a Él, Jesús los aliviaba y siempre lo hizo sin poner precio ni pedir dinero. Jamás leímos que hiciera algo por alguien porque se le contratara o porque se le ofreciera recompensa. Y ayudaba a la gente plenamente, librándoles de las dificultades que les atosigaban. Y de la doctrina del texto aprendemos que aunque Él no está ahora en la tierra, sino en el cielo, es lo mismo hoy que entonces. Él puede ayudar, y está dispuesto a hacerlo ante cualquier tipo de dificultad.

JONATHAN EDWARDS

DÍA 159

SEÑOR Y DIOS

LUCAS 7:21-22 NVI

En ese mismo momento, Jesús sanó a muchos que tenían enfermedades, dolencias y espíritus malignos, y les dio la vista a muchos ciegos. Entonces les respondió a los enviados:
—Vayan y cuéntenle a Juan lo que han visto y oído...

Jesús mostraba ser el Profeta *por excelencia* con sus palabras, y el Rey *por excelencia* con sus actos. Sus poderosas obras, como les dijo a la sinagoga de Nazaret y los mensajeros de Juan, eran señales mesiánicas (Lucas 4:18; Mateo 11:2). El Mesías de la expectativa judía contemporánea era alguien con relación especial con Dios, que daría comienzo al final de los tiempos y establecería el Reino de Dios. Sus obras serían las obras de Dios mismo. Además, eso se interpretaba como queriendo significar la derrota de los odiados romanos y el inicio de un gran imperio judío. Jesús aceptaba la primera parte de esta ecuación, y la extendió a sus límites más extremos. Pero rechazaba de plano la segunda parte. El Rey Mesías era

Señor y Dios, a pesar del hecho de que era rechazado, humilde, el Siervo Sufriente. De palabra y obra, se mostró Señor sobre viento y marea, sobre bestia y árbol, sobre alimento y bebida, sobre enfermedad y muerto, sobre los demonios y el diablo.

JOHN W. WENHAM

DÍA 160

SIN TROPIEZO

LUCAS 7:23

«Y bienaventurado es aquel que no halle tropiezo en mí.»

La respuesta de Jesús es profética. Cita a Isaías, un libro que Juan conocía muy bien. Los pasajes de Isaías 29:18, 35:4-6 y 61:1 se aplican a todo lo que los discípulos de Juan habían observado mientras esperaban para interrogar a Jesús. Daban testimonio de Él como Mesías. Sin embargo, Él no termina allí, porque agrega: « y bienaventurado es aquel que no halle tropiezo en mí».

Estaba diciendo: «Juan, sé que no entiendes todo lo que está sucediendo contigo, ni muchos de mis caminos, pero no halles tropiezo en mí porque no obro según lo esperas». Estaba urgiendo a Juan a no juzgarle según su propio entendimiento de los caminos de Dios en el pasado, ni según su propia vida y ministerio. Juan no conocía la imagen completa ni el plan de Dios, como tampoco lo conocemos nosotros. Jesús estaba alentándole, diciendo: «Has hecho lo que se mandó hacer. Tu recompensa será grande. ¡No halles tropiezo en mí, nada más!».

JOHN BEVERE

DÍA 161

Vuelve tu mirada hacia Él

Lucas 8:42
Y mientras iba, la multitud le oprimía.

Jesús pasa entre la multitud, y se dirige hacia la casa de Jairo para poder resucitar a la hija de este hombre importante, que había fallecido. Es tan extravagante en su bondad que obra otro milagro de camino hacia allí. ¡Qué aliento extraordinario nos da esto! Si nuestro Señor está tan dispuesto a sanar al enfermo y bendecir al necesitado, entonces alma mía, no te tardes en ponerte en su camino para que Él pueda sonreírte. No seas perezosa para pedir, porque Él es muy generoso para dar. Presta atención especial a su Palabra, ahora y siempre, para que Jesús pueda hablarle a tu corazón a través de ella. Levanta tu tienda dondequiera que Él esté, para que puedas obtener sus bendiciones. Cuando Él está presente para sanar, ¿no te sanará? Ten la certeza de que Él está presente ahora mismo, porque siempre viene a los corazones que lo necesitan ¿No lo necesitas tú? Él conoce la extensión de tu necesidad, así que vuelve tu mirada hacia Él, mira tu necesidad, y llámale mientras está cerca.

Charles Haddon Spurgeon

DÍA 162

El borde de su manto

Mateo 9:20
Y he aquí una mujer enferma de flujo de sangre desde hacía doce años, se le acercó por detrás y tocó el borde de su manto.

Solamente tocó el borde de su manto,
Y se hizo a un lado,
Entre la multitud que lo rodeaba,
Y enseguida sanó.

Oh ¡toca el borde de su manto!
¡Serás libre, tú también!
Su poder de salvación, ahora mismo,
Te dará vida nueva.

Ella vino con miedo, temblando ante Él.
Sabía que había venido su Señor.
Sentía que la virtud de Él la había sanado.
Había obrado su poder.

Él se volvió y dijo: «Hija, consuélate, porque
Tu fe te ha sanado»
Y la paz que sobrepasa todo entendimiento
Con gozo llenó su alma.

GEORGE F. ROOT

DÍA 163

SU VOLUNTAD DE SANAR

MATEO 9:20 NVI

En esto, una mujer que hacía doce años padecía de hemorragias se le acercó por detrás y le tocó el borde del manto. Pensaba: "Si al menos logro tocar su manto, quedaré sana".

El autor del himno captó la simpleza de esta escena: «Solo tocó el borde de su manto, y se hizo a un lado, entre la multitud que le rodeaba, y enseguida sanó». Aquí, aprendemos varias cosas: (1) su bondad convierte nuestros problemas en ocasiones de esperanza, v. 20; (2) su grandeza empequeñece nuestras necesidades, v. 21; (3) su gracia asegura nuestra sanación, v. 22.

Al dar un mensaje sobre la sanación física, hemos de tener cuidado de relacionar la sanación a la providencia y voluntad de Dios. Que Él puede sanar no puede cuestionarse. Debemos buscar discernir la voluntad de Dios, lo que sea para su gloria, como auténtico testimonio de su presencia y propósito. Este testimonio a menudo incluye sufrir con espíritu de confianza en su gracia, como testimonio importante del carácter del Reino, como sanación. El ministerio de sanación es más un privilegio de la iglesia, que su programa.

Myron S. Augsburger

Día 164

La causa

Marcos 5:26
Y había sufrido mucho de muchos médicos, y gastado todo lo que tenía, y nada había aprovechado, antes le iba peor.

El tema principal de estos versículos es la milagrosa sanación de una mujer enferma. ¡Grande es la experiencia de nuestro Señor en casos de enfermedad! ¡Grande es su compasión hacia los enfermos y los que sufren! El Salvador del cristiano siempre se nos presenta como el gentil, dispuesto sanador de los corazones quebrantados, refugio de los débiles e indefensos, consolador del desesperado, el mejor amigo del enfermo. ¿Y no es este justamente el Salvador que necesita la naturaleza humana? El mundo está lleno de dolor y problemas. Los débiles de la tierra son muchos más que los fuertes.

¡Qué asombroso es que no odiemos al pecado más de lo que lo hacemos! El pecado es la causa de todo dolor y enfermedad en el mundo. Dios no nos creó para que sufriéramos, para que fuéramos criaturas con dolencias. Fue el pecado, y nada más que el pecado, lo que trajo todas las enfermedades que hereda la carne. Fue el pecado a quien le debemos todo dolor punzante, toda despreciable enfermedad, toda humillante debilidad a la que están sujetos nuestros pobres cuerpos. Recordemos esto siempre. Odiemos al pecado con odio divino.

J. C. Ryle

Día 165

Si tocare solamente

MATEO 9:21

Porque decía dentro de sí: Si tocare solamente su manto, seré salva.

Solamente con tocarlo cuando pase.
Empujada, apretada en la multitud,
Solamente con tocarlo, la débil se hizo fuerte,
Curada por el Sanador divino.

Solamente con tocarlo cuando pase.
Porque Él escuchará el débil gemido,
Ven y sé salva mientras el Señor está cerca,
Cristo es el sanador divino.

Solamente con tocarle Él me sana,
Habla dulce paz a mi alma enferma de pecado,
A sus pies mi pesar dejo,
Curada por el sanador divino…

¡Solamente con tocarle! Y Él se vuelve hacia mí,
Oh ¡veo el amor en sus ojos!
Soy suya, porque Él oye mi ruego,
Curada por el sanador divino.

BIRDIE BELL

Día 166

Extiende tu mano y toca

MARCOS 5:28 NVI

Pensaba: "Si logro tocar siquiera su ropa, quedaré sana".

Muchos intentamos tener un tiempo en paz. Al hacerlo, busquemos tocar al menos el borde de su manto para recibir plenitud en aquello por lo que lo buscamos.

Uno sabe cuando esto ha sucedido. Es el día en que pasa algo diferente a la lectura de la Biblia o el devocionario, diferente a orar y pedir la cosa.

Lo tocamos y todo cambia.

¿Qué pasa? ¿Y quién puede decir cómo pasa?

Solamente sabemos que algo ha pasado de Él a nosotros: valentía, para hacer la difícil tarea a la que temíamos.

Paciencia para soportar a una persona particularmente molesta.

Fuerza interior para seguir cuando estábamos seguros de ya no poder continuar.

Dulce frescura en nuestro espíritu, total felicidad interior, paz que nos inunda totalmente.

La forma de pasar de Dios, de dejar que el «borde» de su manto pase cerca de nosotros, es la de tomar una palabra de su libro y hacer que insufle espíritu y aliento en nosotros. Luego, confiando en esa palabra —meditando, alimentando con ella nuestra alma— encontramos de repente que nos es posible ir de fuerza en fuerza.

AMY CARMICHAEL

DÍA 167

ELLA LO ARRIESGÓ TODO

LUCAS 8:46

Pero Jesús dijo: Alguien me ha tocado; porque yo he conocido que ha salido poder de mí.

Jesús reconoció que alguien que estaba sufriendo lo necesitaba ¿Cómo reaccionó? ¿Se indignó? ¿Ignoró la situación diciendo: «Tengo otro asunto que atender ahora, debo sanar a una niña que quizá ya esté muerta»? No. Se detuvo y le pidió a la mujer que se identificara de entre la multitud.

Hay gran significado en esta historia, por dos razones. Primero, esta mujer no podía estar en público. Cuando una mujer judía sangraba, no podía hacerse ver en público para no contaminar a otros. Segundo, jamás habría tocado al rabino mientras sangraba porque habría contaminado su sagrado llamado, el de interceder por las personas que buscan propiciación por sus pecados. Esta mujer realmente arriesgó su reputación, su posición en la comunidad, su membresía dentro de la iglesia, lo arriesgó todo. Pero Jesús entendió. Le pidió que se identificara y cuando ella lo hizo, Él le aseguró amorosamente que reconocía su fe y que la había sanado. Dejó de sangrar, y la mujer fue a su casa, sana y perdonada.

David Hager

Día 168

El costo de sanar

Lucas 8:46
—No, alguien me ha tocado —replicó Jesús—;
yo sé que de mí ha salido poder.

Este pasaje nos dice algo acerca de Jesús. Nos habla del costo de sanar. Cada vez que Jesús sanaba a alguien, algo salía de Él. Aquí hay una regla universal de la vida. Jamás produciremos nada grande a menos que estemos preparados para poner algo de nosotros mismos, nuestra vida misma, nuestra alma. No hay pianista que pueda dar un gran concierto si repasa la pieza de música con gran técnica y nada más. El concierto no será grandioso a menos que al final venga el agotamiento que viene de poner de su propio ser.

La grandeza de Jesús era que Él estaba preparado para pagar el precio de ayudar a los demás, y ese precio era la entrega de su vida misma. Seguimos sus pasos únicamente cuando estamos preparados a dar, no nuestra sustancia, sino nuestra alma, nuestras fuerzas, por los demás.

William Barclay

DÍA 169

Sin etiquetas

Marcos 5:32-33
Pero él miraba alrededor para ver quién había hecho esto. Entonces la mujer, temiendo y temblando, sabiendo lo que en ella había sido hecho, vino y se postró delante de él, y le dijo toda la verdad.

Lo más hermoso de esta historia es que desde el momento en que Jesús estuvo cara a cara frente a la mujer, parecía no haber nadie más que Él y ella. Sucedió en medio de una multitud, pero quedó olvidada y Jesús le habló a la mujer como si fuera la única persona en el mundo. Era una mujer pobre, sin importancia, que sufría un mal que la hacía sucia, impura, pero a esta persona sin importancia Jesús le dio todo de sí.

Muchas veces, ponemos etiquetas a las personas y las tratamos según su importancia relativa. Para Jesús, nadie tenía etiquetas hechas por el hombre. La persona era simplemente un alma humana en necesidad. El amor jamás piensa en la gente en término de importancias humanas.

William Barclay

DÍA 170

Encontró un amigo

Lucas 8:48
Y él le dijo: Hija, tu fe te ha salvado; ve en paz.

Si alguien necesitaba un amigo, era ella. Nadie le daba siquiera la hora. Su vida estaba marcada por la soledad. Durante doce años, había estado encerrada en su casa. Una temida enfermedad la perseguía. Los doctores no podían ofrecerle esperanza de sanación para esta dolencia femenina humillante que hacía que sangrara continuamente. En lo que a ella respecta, era una muerte lenta. Era «impura», sin amigos, sin adoración colectiva, sin esperanza.

Pero entonces encontró un amigo. Su nombre era Jesús…

La fe de una mujer decidida (y muy enferma) fue recompensada. La sonrisa que iluminó el rostro de Jesús le aseguró a la mujer que la fe como ésta la llevaría lejos. De hecho, así sigue siendo. Cuando nos negamos a aceptar nuestra pena apartados del Señor y vamos en su dirección, nos recompensa con su amistad, ahora y por toda la eternidad.

Greg Asimakoupoulos

Día 171

Milagros: la emoción de la ortodoxia

Mateo 9:28

Y llegado a la casa, vinieron a él los ciegos; y Jesús les dijo: ¿Creéis que puedo hacer esto? Ellos dijeron: Sí, Señor.

La gente ha adoptado el tonto hábito de hablar de la ortodoxia como de algo pesado, seguro, sólido. Jamás hubo nada tan peligroso ni emocionante como la ortodoxia. Era cordura, y ser cuerdo es más dramático que ser loco. Es fácil ser loco, y es fácil ser hereje. Siempre es fácil dejar que la época nos gane, pero lo difícil es mantener la firmeza de nuestra creencia. Es fácil ser modernista, y es fácil ser esnob… Es simple caer, porque hay infinidad de ángulos para caer, pero solamente uno para estar de pie. Caer en alguna de las modas, desde el gnosticismo a la cienciología, de veras podría ser obvio, dócil. Pero evitarlas todas ha sido una aventura emocionante y, en mi visión, el carro celestial vuela como truena a lo largo de las eras, y las aburridas herejías se postran, mientras la salvaje verdad sigue en pie.

G. K. CHESTERTON

DÍA 172

¿CREES?

MATEO 9:28 NVI
Cuando entró en la casa, se le acercaron los ciegos, y él les preguntó: —¿Creen que puedo sanarlos? —Sí, Señor —le respondieron.

Así nos habla el Maestro: «¿Crees que soy capaz de hacerles felices aunque estén apartados de la luz y el jolgorio del mundo? ¿Crees qué soy capaz de enriquecerles en la pobreza, fortalecerles en la debilidad y resucitarles de la muerte misma para que hasta la vara estéril de flor y fruto? ¿Crees qué soy capaz de dar un conocimiento de Dios que ojo no ha visto ni corazón de hombre concebido?».

Puede ser que con fe temblorosa respondamos: «Sí, Señor». Sin embargo, qué bendita el alma que se atreve a decir «Sí», al desafío del maestro. Entiende que no hay límite a lo que él hará por ti, si tan sólo confías en Él. La medida de lo que da es según la medida de tu fe, y la medida de tu fe será de acuerdo a la medida de tu abandono y entrega a Él. Difunde su fama. Los fariseos lo odian, pero los demonios huyen.

F. B. MEYER

DÍA 173

Avanza su reino

Mateo 9:28-29 NVI

*Cuando entró en la casa, se le acercaron los ciegos,
y él les preguntó: —¿Creen que puedo sanarlos?
—Sí, Señor —le respondieron. Entonces les tocó los ojos
y les dijo: —Se hará con ustedes conforme a su fe.*

Cuando dos ciegos clamaron: «Misericordia, Hijo de David! ¡Ten misericordia de nosotros», Jesús siguió caminando. No se detuvo para decir: «Díganme cómo ha sido ser ciego todos estos años». En cambio, cuando lo siguieron, gritando todavía por misericordia, Jesús dijo: «¿De veras creen que puedo hacer esto?». Cuando respondieron que sí creían, les dijo: «Sea lo que ustedes creen». Les tocó los ojos y pudieron ver (ver Mateo 9:27-29).

Estos ciegos vieron la luz del cielo con los ojos de sus almas. Cuando confesaron su fe, Jesús les dio otra señal de que el reino estaba de veras presente. Veo una conversación cálida, llena de empatía, seguida de un acto de sanación aún más cálido. Veo al Mesías avanzar su reino.

LARRY CRABB

DÍA 174

La fe es nuestra luz

Mateo 9:29

*Entonces les tocó los ojos, diciendo:
Conforme a vuestra fe os sea hecho.*

Todo existe en Dios. Lo único que podemos percibir es la actividad de la naturaleza, pero con la fe podemos ver obrar a Dios.

Casi no hay momentos en los que Dios no se acerque a nosotros bajo la forma de un desafío o responsabilidad. Nuestra respuesta a tales oportunidades incluye y disfraza su actividad. Y como su acción no es observable, nos sorprende, y podemos interpretar lo que sucedió únicamente en retrospectiva. Si pudiéramos levantar la cortina y observar lo que realmente está sucediendo, veríamos a Dios obrando constantemente. Estaríamos todo el tiempo regocijándonos. «¡Es el Señor!» (Juan 21:7). Aceptaríamos toda experiencia en nuestro camino como regalo de Dios.

La fe es el intérprete de Dios. Sin fe, lo único que oímos es ruido y balbuceos. La fe identifica a Dios obrando. En esta vida, la fe es nuestra luz. Con ella podemos conocer lo que no podemos dar, podemos tocar lo que no se siente, podemos quitar del mundo todo lo superficial. La fe es la combinación que abre la caja fuerte de Dios.

Jean Pierre de Caussade

Día 175

Sin reservas

Mateo 13:54, 57-58

Y venido a su tierra, les enseñaba en la sinagoga de ellos, de tal manera que se maravillaban, y decían: ¿De dónde tiene éste esta sabiduría y estos milagros?... Y se escandalizaban de él. Pero Jesús les dijo: No hay profeta sin honra, sino en su propia tierra y en su casa. Y no hizo allí muchos milagros, a causa de la incredulidad de ellos.

Cuando Jesús estaba en Nazaret, tenía el mismo poder para sanar, cambiar en rumbo de la vida de los hombres, enseñar y obrar milagros que había demostrado en otras ciudades en las que había estado. Sin embargo, la gente de su propia ciudad estaba tan cargada de indiferencia, escepticismo y descreencia, que no pudo hacer potentes obras.

Parece razonable suponer que Dios tiene el poder de responder a la oración de nuestra vida como ha respondido en un sinnúmero de vidas. Sin embargo, nosotros tenemos el poder de hacer que su poder no tenga efecto. Si oramos con reservas mentales, estamos él y siguiendo un muro de piedras entre él que pide y Dios. Orar por un proyecto que no apoyaremos con nuestro dinero, orar por personas con quienes no estaríamos dispuestos a comer o trabajar, son oraciones que derrotan las poderosas obras de Dios. No pensaríamos en escatimar cooperación con el médico o el abogado cuando les pagamos para ayudarnos; sin embargo, nos aferramos a nuestras reservas mentales cuando se trata de Dios Todopoderoso.

MARGUERITTE HARMON BRO

DÍA 176

LA IMPORTANCIA DE LA FE

MATEO 13:58
Y no hizo allí muchos milagros, a causa de la incredulidad de ellos.

Tenemos una ilustración de la importancia de la fe como la condición sobre la cual el poder de Cristo se basa, o como el canal por el cual fluyó, con el incidente de una visita que hizo a Nazaret con sus resultados o falta de resultados.

La gente de Nazaret quizá haya orado a nuestro Señor para que resucitara a los muertos, abriera los ojos de los ciegos o sanara a los leprosos, pero fue en vano. La ausencia de fe, por mucho que se viera el obrar, restringe el ejercicio del poder de Dios, paraliza el brazo de Cristo y lleva a muerte toda señal de vida. La falta de fe es una cosa que impide en mucho al Dios Todopoderoso en su obra de milagros. El registro de Mateo de esta visita a Nazaret dice: «Y no hizo allí muchos milagros a causa de la incredulidad de ellos». La falta de fe ata las manos del Dios Todopoderoso en su obra entre los hijos de los hombres. La oración a Cristo siempre tiene que estar basada, respaldada e impregnada de fe.

E. M. BOUNDS

DÍA 177

NO PUEDE

MATEO 13:58 NVI
Y por la incredulidad de ellos, no hizo allí muchos milagros.

La otra cara de la moneda en este asombroso asunto de la cooperación con Dios es que hay cosas que ni siquiera Dios puede hacer. No puede porque ha decidido asignar ciertos poderes a su pueblo. Si ellos no tienen voluntad, sus manos están atadas (también Mateo 23:37).

Hay quien dirá que aunque es correcto decir que Dios *no querrá* y no lo hará, no está bien decir que Él no puede. Yo respondería que dados los términos de su relación con nosotros, el pueblo que Él amo y llamó, Dios no nos puede obligar, porque *no puede* negarse a sí mismo. Obligarnos sería quitarnos la libertad que nos dio cuando nos creó, y así negarse a sí mismo.

Sin embargo, oramos: «Haz que yo cumpla tu voluntad». Y así debiéramos hacerlo, porque en esta oración expresamos nuestra voluntad de cooperar con Él. «Nuestras voluntades son nuestras para que las hagas tuyas» (Tennyson).

ELISABETH ELLIOT

DÍA 178

CONMOVIDO POR EL SUFRIMIENTO DE ELLOS

MATEO 14:14

Y saliendo Jesús, vio una gran multitud, y tuvo compasión de ellos, y sanó a los que de ellos estaban enfermos.

Cuando esta enorme multitud se reunió, Jesús los vio, y vio gente quebrantada con el corazón quebrantado. Habían traído a sus enfermos y sus discapacitados, personas con todo tipo de problemas. Y Jesús sintió compasión por ellos. Cuando traes tus necesidades ante Jesús, estás viniendo ante alguien que conoce de qué estás hablando no solamente porque es Dios y por eso lo sabe todo, sino porque también es un hombre y puede sentir lo mismo que sientes tú. Es por esto que Jesús es el único mediador que hay entre Dios y nosotros.

Y, por favor, toma en cuenta que Jesús puede hacer mucho más que solamente tener compasión por ti. Su poder puede vencer tus circunstancias. Su compasión se ocupará de tu situación. Sanó a los enfermos ese día (Mateo 14:14), y los alimentó también. No conozco qué situación imposible estás enfrentando hoy, pero cuando hagas entrar a Jesucristo a tu ecuación tendrás a alguien que puede vencer a lo invencible.

TONY EVANS

Día 179

La fe como sostén

Mateo 14:34-36

Y terminada la travesía, vinieron a tierra de Genesaret. Cuando le conocieron los hombres de aquel lugar, enviaron noticia por toda aquella tierra alrededor, y trajeron a él todos los enfermos; y le rogaban que les dejase tocar solamente el borde de su manto; y todos los que lo tocaron, quedaron sanos.

Dondequiera que fuese Cristo hacía el bien. La gente le traía a los enfermos. Venían humildemente buscando su ayuda. Las experiencias de los demás pueden dirigir y alentarnos a buscar a Cristo. Todos los que fueron tocados por Él fueron sanados perfectamente. Aquellos a quienes Cristo sana, sanan a la perfección. Si los hombres conocieran mejor a Cristo y conocieran mejor el estado enfermo de su alma, irían en multitudes a recibir su influencia sanadora. La virtud de sanar no estaba en el dedo, sino en la fe de esta gente. Mejor dicho, estaba en Cristo en quien esta fe se sostenía.

Matthew Henry

Día 180

El camino de poder

Marcos 6:56

Y dondequiera que entraba, en aldeas, ciudades o campos, ponían en las calles a los que estaban enfermos, y le rogaban que les dejase tocar siquiera el borde de su manto; y todos los que le tocaban quedaban sanos.

No era cuestión del poder inherente a Jesús. Estaba todo allí. Era cuestión de tocarle con fe apropiada. Todo el que lo toca ahora con fe apropiada, se recupera de lo que sea que le aqueje.

Sin embargo, muchos de nosotros somos como el caballero chino en Penang, quien sentado en su nuevo auto Ford, hacía que sus perros empujaran el vehículo. Cuando le preguntaron si el motor no funcionaba, el hombre respondió: «Sí, funciona, pero tengo miedo de encenderlo». Tenemos miedo de encender el poder, y está aquí sin utilizar. Ese poder no es nada menos que el poder del Espíritu Santo. El Camino es el camino del Espíritu Santo. Un cristianismo sin Espíritu Santo es algo diferente al cristianismo. Es cristianismo que ha perdido la vida y es menos que el cristianismo. Es subcristianismo. El Camino es el camino del poder, poder para vivir las cosas que enseña.

E. Stanley Jones

Día 181

Él sanaba

Mateo 15:31

De manera que la multitud se maravillaba, viendo a los mudos hablar, a los mancos sanados, a los cojos andar, y a los ciegos ver; y glorificaban al Dios de Israel.

Deja volar tu imaginación. ¿Puedes ver la escena? ¿Puedes ver al hombre ciego que por primera vez ve a su esposa? ¿Sus ojos que miran con lágrimas a la mujer que se ve como una reina en la mañana?

Imagina al que nunca había podido caminar, y ahora caminaba. ¿No sabes que no querrá sentarse durante mucho tiempo? ¿Sabes que corrió, saltó y bailó con los niños?

¿Y los mudos, que ahora podían hablar? ¿Puedes imaginar al mudo sentado junto al fuego por la noche hablando? Diciendo y cantando de todo, lo que se le ocurriera, todo lo que nunca había podido decir y cantar.

Y la mujer sorda que ahora podía oír. ¿Cómo se sintió cuando oyó a su hijo llamarla «Mamá» por primera vez?

Durante tres días sucedió esto. Persona tras persona. Enfermedad tras enfermedad. Muleta tras muleta. Sonrisa tras sonrisa. No se registra que Jesús predicara, enseñara, instruyera o retara. Solamente sanaba.

MAX LUCADO

DÍA 182

INVISIBLE

MARCOS 7:32
Y le trajeron un sordo y tartamudo, y le rogaron que le pusiera la mano encima.

Este hombre era sordomudo. Vivía en un mundo de silencio y total aislamiento de quienes lo rodeaban. Representa un tipo de persona difícil de alcanzar. Nuestro Señor lo aparta de entre la multitud para ocuparse de él en privado.

Hizo algunas cosas inusuales. Puso los dedos en los oídos del hombre. Luego escupió en su mano y tocó la lengua del hombre. Y mirando hacia los cielos suspiró, todo esto antes de decir la maravillosa palabra: «Sé abierto». Puso sus dedos en los oídos del hombre para indicarle que tenía intención de sanarlos. Mojó sus dedos y tocó la lengua del hombre para indicarle que la sanaría y que las palabras ahora fluirían de su boca. Miró hacia el cielo para indicar que todo este poder debía provenir de Dios. Y suspiró —no tanto como señal, sino como suspiro de alivio— para transmitirle al hombre que es por invisible agencia del poder de Dios que será sanado.

RAY C. STEDMAN

DÍA 183

Llevado aparte

MARCOS 7:33

*Y tomándole aparte de la gente, metió los dedos en las orejas de él,
y escupiendo, tocó su lengua*

Llevado aparte por Jesús,
Sentir el toque de su mano,
Descansar un momento a la sombra
De la roca, en tierra de cansancio.
Llevado aparte por Jesús,
En la solitaria oscuridad,
Donde ningún otro consuelo puede alcanzarme,
Más que su voz, tan querida a mi corazón.

Llevado aparte por Jesús,
Estar a solas con Él,
Oír los maravillosos sones de amor,
En medio del silencio y las sombras.
Llevado aparte por Jesús,
¿Me iré del lugar desierto,
cuando lo oiga, como nunca oí antes,
cuando lo vea, cara a cara?

AUTOR DESCONOCIDO

Día 184

Suspiró

MARCOS 7:34-35
*Y levantando los ojos al cielo, gimió, y le dijo: Efata, es decir:
Sé abierto. Al momento fueron abiertos sus oídos,
y se desató la ligadura de su lengua, y hablaba bien.*

Cuando Jesús miró a los ojos a la víctima de Satanás, sólo pudo suspirar. «Esto nunca debió suceder así», decía el suspiro. «Tus oídos no se crearon para ser sordos, y tu lengua no fue creada para tartamudear». El desequilibrio en esto hizo que el Maestro languideciera...

Y en la agonía de Jesús está nuestra esperanza. Si Él no hubiera suspirado, si no hubiera sentido el peso de lo que no debía ser, estaríamos en lastimosa condición. Si simplemente se hubiera apuntado a lo inevitable o se hubiera lavado las manos alejándose del asqueroso asunto. ¿Qué esperanza tendríamos?

No lo hizo. Ese santo suspiro nos asegura que Dios sigue gimiendo por su pueblo. Gime por el día en que cese todo suspiro, cuando lo que tiene que ser, sea.

MAX LUCADO

Día 185

Encontrar alivio

MARCOS 7:37
*En gran manera se maravillaban, diciendo: bien lo ha hecho todo;
hace a los sordos oír, y a los mudos hablar.*

Aquí está la cura de una persona sorda y muda. Los que llevaron a este pobre hombre a Cristo querían que Él viera el caso y usara su poder. Nuestro Señor usó más acciones externas que las habituales para efectuar esta sanación. Eran solamente signos del poder de Cristo para curar al hombre, alentar su fe y la de quienes lo trajeron. Aunque encontramos gran variedad en los casos y las formas de alivio de quienes vinieron ante Cristo, todos obtuvieron el alivio que buscaban. Así sigue siendo en cuanto a las grandes dolencias de nuestra alma.

MATTHEW HENRY

DÍA 186

ÉL RESPONDE

MARCOS 8:22
*Vino luego a Betsaida; y le trajeron un ciego,
y le rogaron que le tocase.*

Oh, Señor Todopoderoso, sé que te debo la devoción de todas mis palabras y pensamientos como obligación principal. La mayor recompensa del habla que me diste es la oportunidad de servirte predicándote y mostrándote tal como eres, ante un mundo ciego y rebelde. Porque tú eres nuestro Padre, y Padre de Dios el Hijo Unigénito. Pero estoy expresando nada más mis propios deseos. Debo también orar por tu ayuda y compasión. Entonces, el aliento de tu Espíritu llenará las velas de la fe y la confesión que he desplegado, y un viento favorable me impulsará hacia delante en mi viaje de instrucción. Podemos confiar en la promesa de Cristo que dijo: «Pedid y os será dado, buscad y encontraréis, llamad y se os abrirá». En lo que nos falte, oraremos por lo que necesitamos. No nos cansaremos y tendremos siempre fuerzas para estudiar a tus profetas y apóstoles. Llamaremos para entrar en toda puerta de conocimiento oculto. Eres tú quien responde estas oraciones, quien nos da lo que buscamos, quien abre la puerta que golpeamos.

HILARY DE POITIERS

VER CON CLARIDAD

MARCOS 8:23-25

*Entonces, tomando la mano del ciego, le sacó fuera de la aldea;
y escupiendo en sus ojos, le puso las manos encima,
y le preguntó si veía algo. Él, mirando, dijo:
Veo los hombres como árboles, pero los veo que andan.
Luego le puso otra vez las manos sobre los ojos,
y le hizo que mirase; y fue restablecido, y vio de lejos
y claramente a todos.*

Primero, en esta restauración gradual de la vista tenemos una ilustración vívida de la manera en que el Espíritu suele obrar en la conversión de nuestra alma. La conversión es una iluminación, el cambio de las tinieblas a la luz, de la ceguera a poder ver el reino de Dios. Sin embargo, pocas personas no convertidas pueden ver las cosas con claridad al principio. La naturaleza y proporción de las doctrinas, prácticas y enseñanzas del evangelio se ven de manera nublada y se entienden imperfectamente. Son como el hombre que al principio veía a las personas como árboles que caminaban. Su visión está afectada por el fulgor y no está acostumbrada al nuevo mundo al que acaba de entrar. No es sino hasta que el Espíritu comienza a obrar en mayor profundidad y que la experiencia de la persona ha madurado, que puede ver todo con claridad y dar a cada parte de la religión su lugar adecuado. Esta es la historia de miles de hijos de Dios. Comienzan viendo a las personas como árboles que caminan. Terminan viendo todo con claridad. Felices los que han aprendido bien esta lección y humildemente desconfían de su propio entendimiento.

J. C. RYLE

DÍA 188

Una invitación a la fe

MARCOS 8:25 NVI
*Entonces le puso de nuevo las manos sobre los ojos,
y el ciego fue curado: recobró la vista y comenzó
a ver todo con claridad.*

Dios, quien hizo el cielo y la tierra visibles, no desdeña obrar milagros visibles en el cielo o la tierra si a través de ellos puede despertar al alma que está inmersa en cosas visibles para adorarlo a Él, el Invisible.

Restauró al ciego los ojos que la muerte cerraría en algún momento. Resucitó de entre los muertos a Lázaro, quien volvería a morir un día. Y lo que fuera que hizo Jesús por la salud de los cuerpos no lo hizo para que existieran para toda la eternidad, sino que al fin Él dará salud eterna. Sin embargo, a causa de las cosas que no se ven y en las que no se cree, por medio de las cosas temporales que sí se ven, Él despertó fe en las cosas que no se ven. Que nadie diga entonces que nuestro Señor Jesucristo no hace cosas ahora, prefiriendo entonces los tiempos antiguos de la Iglesia, y no el tiempo presente…El Señor hizo esas cosas para invitarnos a la fe.

SAN AGUSTÍN

DÍA 189

El camino está abierto

Lucas 17:12-14

Cuando estaba por entrar en un pueblo, salieron a su encuentro diez hombres enfermos de lepra. Como se habían quedado a cierta distancia, gritaron:

—¡Jesús, Maestro, ten compasión de nosotros!

Al verlos, les dijo: —Vayan a presentarse a los sacerdotes. Resultó que, mientras iban de camino, quedaron limpios.

La lepra es una enfermedad destructiva. Destruye las células del cuerpo, destrozando sus apéndices...

Sin embargo, quizá la consecuencia más devastadora para los leprosos en los tiempos bíblicos era que lo contagioso de su enfermedad los aislaba. Vivían en cuevas, hacinados, envueltos en harapos y despreciados por todos, menos por los de su misma condición.

No es de extrañar que Jesús se compadeciera de los diez leprosos. Y no es de extrañar que respondiera a su oración...

De alguna manera, todos somos como los leprosos. Vivimos a veces con los sentimientos adormecidos por la cruda realidad de la vida, y a veces sentimos el devastador efecto de la guerra del enemigo, en tanto en ocasiones nos sentimos amargamente aislados y separados de los demás.

El Señor nos mostró en esta historia que está abierto el camino a su sanación cuando oramos como lo hizo el leproso samaritano: con fe para pedir al Señor lo que necesitamos. La fe es escuchar sus instrucciones y seguirlas, además de tener fe para volver a Él con gratitud en nuestro corazón.

Claire Cloninger

Día 190

El sol de la gratitud

Lucas 17:15-16 NVI

Uno de ellos, al verse ya sano, regresó alabando a Dios a grandes voces. Cayó rostro en tierra a los pies de Jesús y le dio las gracias, no obstante que era samaritano.

Nunca interpreté la parábola de los diez leprosos como para mostrar que solamente uno fue agradecido. Seguramente, los diez estaban agradecidos, aunque nueve de ellos corrieron a casa...

Pero uno tenía una disposición que le hizo actuar inmediatamente según lo que sentía. Buscó a la persona que le había ayudado y refrescó su alma con la seguridad de su gratitud.

De la misma manera, todos debiéramos hacer un esfuerzo por actuar según nuestro primer pensamiento, dejando que nuestra gratitud tácita encuentre expresión. Entonces habrá más sol en el mundo y más poder para trabajar por aquello que es bueno. En cuanto a lo que nos concierne, todos debemos tomar cuidado de no adoptar como parte de una teoría de vida los amargos dichos de las personas con respecto a la ingratitud del mundo. Mucha agua corre debajo del suelo y no surge en manantial. En ese pensamiento, debemos encontrar consuelo. Nosotros mismos tenemos que buscar ser el agua que sí surge en el manantial. Un manantial en el que las personas puedan saciar su sed de gratitud.

Albert Schweitzer

DÍA 191

RECIBIDO OTRA VEZ

LUCAS 17:17-19

Respondiendo Jesús, dijo: ¿No son diez los que fueron limpiados? Y los nueve, ¿dónde están? ¿No hubo quien volviese y diese gloria a Dios sino este extranjero? Y le dijo: Levántate, vete; tu fe te ha salvado.

Al encomiar al leproso que volvió y criticar a los otros, está destacando algo importante. Fue el que menos motivo tenía para confiar en Jesús quien regresó. Al obedecer a Jesús primero y luego volver para mostrar su gratitud, el samaritano vence su prejuicio y rencor heredado. El propósito de enviar a los leprosos al sacerdote era para que pudieran ser recibidos otra vez en la comunidad. El samaritano es recibido otra vez no solamente en su propio hogar, sino en la vida del reino de Jesús cuando adora en el «templo» que reemplaza a todo santuario humano.

Es claro que el samaritano ya no era leproso, pero la sanación se completó cuando entregó su lealtad a Jesús. Sus relaciones se renovaron y fue liberado del estigma que lo calificaba como «extranjero». Jesús se negaba a viajar por Samaria y su respeto por la fe del samaritano era un reto viviente a todo el que mantuviera actitudes de división, odio y superioridad racial.

JUNE OSBORNE Y CHRIS SUGDEN

DÍA 192

¿CREÉIS?

MATEO 20:30
*Y dos ciegos que estaban sentados junto al camino,
cuando oyeron que Jesús pasaba, clamaron, diciendo:
¡Señor, Hijo de David, ten misericordia de nosotros!*

Escuchemos a estos hombres ciegos que eran mejores que muchos de los que veían. Porque sin tener guía ni poder ver a Jesús cuando se les acercó, se esforzaron por llegar a Él y comenzaron a clamar en voz alta, y fueron reprochados por hablar y gritar aún más fuerte entonces. Porque tal es la naturaleza del alma que espera, que las mismas cosas que le impiden, la incitan a sostenerse. Sin embargo, Cristo dejó que se les reprendiera para que pudiera verse su sinceridad y para que tú puedas aprender que disfrutan merecidamente de los beneficios de su sanación. Por eso Jesús no pregunta: «¿Creéis?», como les pregunta a tantos otros. Porque su grito, y el hecho de acercarse a Él, bastaba para poner de manifiesto su fe. Entonces cuando dijeron lo que deseaban, Jesús tuvo compasión de ellos y los tocó. Porque esto y nada más es la causa de su sanación, por la que también Él vino al mundo.

CRISÓSTOMO

¿Lo has visto?

MARCOS 10:51

*Respondiendo Jesús, le dijo: ¿Qué quieres que te haga?
Y el ciego le dijo: Maestro, que recobre la vista.*

Son pocas las personas que no sufren de alguna tipo de ceguera. Asombroso, ¿verdad? Podemos vivir justo al lado de algo durante toda la vida, pero a menos que nos tomemos el tiempo de enfocarnos en ello, no formará parte de nuestra vida. A menos que de alguna manera desaparezca nuestra ceguera, nuestro mundo es nada más que una cueva negra.

Piensa en esto. Solamente porque hayas presenciado mil arcoiris, eso no significa que hayas visto la grandeza de uno solo siquiera. Puede uno vivir cerca de un jardín y no enfocarse en el esplendor de una flor.

Y una persona puede ser todo lo bondadosa que pudiera y, sin embargo, nunca ver al Autor de la vida.

Ser sincero, moral y hasta religioso no significa necesariamente que lo veamos. No. Podemos ver lo que otros ven en Él. O podemos oír lo que otros dicen que dijo. Pero hasta tanto lo veamos por nosotros mismos, hasta tanto se nos dé la vista, podemos pensar que lo vemos aunque en realidad solamente veamos una forma nublada en la semipenumbra gris.

¿Lo has visto?

¿Has dado un vistazo a Su Majestad siquiera?

MAX LUCADO

DÍA 194

¿QUÉ QUIERES?

LUCAS 18:41

[Jesús le preguntó] diciendo: ¿Qué quieres que te haga?
Y él dijo: Señor, que reciba la vista.

La pregunta de Jesús es un enigma para algunas personas. Si realmente es el Mesías, ¿por qué le preguntaría al hombre lo que quería? ¿No era obvio? No hace falta ser médico para identificar a un mendigo ciego que durante años se ha estado arrastrando y pidiendo limosna. ¿Por qué preguntó Jesús: «¿Qué quieres que te haga?»?

Primero, debemos recordar que Dios suele preguntarnos no para obtener información, sino para que admitamos nuestra necesidad.

Segundo, la Biblia deja en claro que mientras «todas las cosas son posibles para Dios» (Marcos 10:27), debemos recordar que no hemos de esperar tomar de su poder de obrar milagros sin oración explícita.

Por eso Jesús se vuelve al ciego y le pregunta: «¿Qué quieres que te haga?».

El hombre no espera para responder. Conoce su necesidad. Cree que está hablando con el esperado Mesías de Israel. Y por eso dice sencillamente: «Señor, que reciba la vista».

¡Que tengamos nosotros también la visión espiritual de aquel hombre al que antes llamaban el mendigo ciego de Jericó!

GREG LAURIE

DÍA 195

LA VISTA MÁS HERMOSA

LUCAS 18:42
Jesús le dijo: Recíbela, tu fe te ha salvado.

Quizá fuera uno de esos días increíblemente hermosos. Sol brillante, cielo azul, sin demasiado calor. Pero para Bartimeo, uno de los conocidos mendigos de Jericó, hermoso no era una palabra que utilizara para describir sus días. Verá, Bartimeo no podía ver. Había nacido ciego. Lo que otros daban por sentado, Bartimeo ni siquiera lo conocía. Aunque en ese hermoso día, todo eso cambiaría. Un hombre compasivo que redefinió el significado de la hermosura, pasó por la ciudad.

Cuando Bartimeo oyó que Jesús pasaba, llamó: «¡Jesús, Hijo de David, ten misericordia de mí!» (ver Lucas 18:38). Luchando por ponerse de pie y andando a tientas hacia el rabí que visitaba la ciudad, Bartimeo sintió el toque de manos tibias sobre su arrugado rostro. Y luego, fue sanado. Ver los ojos de Jesús y la sonrisa de su rostro barbado no fue solamente lo primero que vio Bartimeo. Más bien, fue lo más hermoso que jamás haya podido ver.

GREG ASIMAKOUPOULOS

DÍA 196

VEREMOS

LUCAS 18:42 NVI
—¡Recibe la vista! —le dijo Jesús—. Tu fe te ha sanado.

Cuando el ciego suplicó ante Él,
Llevado a Jesús por manos amigas,
Oró por ver la luz del día,
Y el Salvador dijo: «Recibe la vista».

Enseguida vio los rayos placenteros
Que iluminaban el glorioso firmamento,
Y con paso firme y palabras de alabanza
Siguió al Maestro en su camino.

Míranos con compasión, Señor, te pedimos,
A nuestros ojos oprimidos por la noche moral,
Toca nuestros párpados oscurecidos y di
Las palabras de gracia «Recibe la vista».

Luego, a la luz del día, veremos,
Donde caminó el Hijo de Dios libre de pecado,
Y ayudados por la nueva fuerza que de ti viene,
Seguiremos adelante por el camino que Él anduvo.

WILLIAM CULLEN BRYANT

DÍA 197

UN SANADOR

JUAN 12:37
Pero a pesar de que había hecho tantas señales delante de ellos, no creían en él.

Es una lamentable posibilidad llevar el nombre de Cristo y aún así vivir una vida totalmente indigna de Dios. Y en algunos casos, los que se comportan de esta manera lo hacen deliberadamente. Quieren que se les llame cristianos para poder infiltrarse en nuestras filas, causando todos los problemas que puedan. Como perros rabiosos, muerden cuando menos lo esperamos, pero cuando uno ha sido mordido la sanación es lenta y dolorosa, y no todos se recuperan.

De hecho, hay solamente un sanador de este y todo otro tipo de heridas físicas o espirituales. Es aquel que no tuvo principio y, sin embargo, nació en la tierra, el que es Dios; y aún así también hombre, quien ganó la vida con la muerte, el Hijo de María y también Hijo de Dios. Quien sufrió una vez, pero ya no sufre más: Jesucristo, nuestro Señor.

IGNACIO DE ANTIOQUIA

DÍA 198

EL ACTO FINAL

LUCAS 22:49-51
Viendo los que estaban con él lo que había de acontecer, le dijeron:
Señor, ¿heriremos a espada? Y uno de ellos hirió a un siervo
del sumo sacerdote, y le cortó la oreja derecha.
Entonces respondiendo Jesús, dijo: Basta ya; dejad.
Y tocando su oreja, le sanó.

Los discípulos que tienen las «dos espadas» (22:38) reaccionan creyendo que ha llegado la hora de usar la fuerza. (El versículo 49 no tienen contraparte en Mateo o Marcos, y es insertado aquí por Lucas para vincular los versículos 35-38 al acto de golpear al esclavo.) Uno de ellos (Juan 18:19 nos dice que fue Simón Pedro), atacó al sirviente del sumo sacerdote (o sacerdote principal) y le cortó la oreja derecha. Solamente Lucas observa que es la oreja derecha, y solamente Lucas nos dice que Jesús sanó la herida del hombre. (¿Vemos aquí el interés médico de Lucas?) Vemos el acto final de sanación de Jesús, y es una ironía que quien fue sanado fuese uno de los que se disponían a arrestarlo.

CRAIG A. EVANS

Oportunidades para el arrepentimiento

LUCAS 22:51
*Entonces respondiendo Jesús, dijo: Basta ya; dejad.
Y tocando su oreja, le sanó.*

Cuando los discípulos vieron lo que estaba sucediendo, supusieron que Jesús quería que pelearan. Después de todo, les había dicho que llevaran espadas (Lucas 22:36) y habían traído dos (v. 38). Pedro con su espada golpeó la cabeza del sirviente del sumo sacerdote, y le cortó la oreja derecha. Jesús les dijo a los discípulos que no pelearan. Sin embargo, sanó la oreja del sirviente.

Luego reprendió a quienes venían a arrestarle. La multitud incluía a los sacerdotes principales, los ancianos y a los oficiales de la guardia del templo. No eran oficiales menores: la conspiración llegaba hasta el nivel más alto. Jesús les preguntó por qué habían venido con espadas y garrotes. «¿He estado liderando una rebelión?», preguntó. «Me han visto todos los días en el templo. ¿Por qué no me arrestaron entonces?»

Aún en este momento de gran tribulación, el Salvador del mundo les dio a sus enemigos nuevas oportunidades para el arrepentimiento, reprendiéndoles, sanándoles y advirtiéndoles que escaparan de la ira venidera.

R. C. SPROUL

DÍA 200

Clamamos a ti

SALMO 147:3
*El sana a los quebrantados de corazón,
y venda sus heridas.*

Querido Señor, cuyos amorosos ojos pueden ver
cada una de las atribuladas mentes, por fuera
y por dentro. Traemos ante ti nuestra semana de vida,
sucia, desgastada y manchada por el pecado.

Traemos la amargura del corazón,
nuestro odio y falta de caridad.
Ayúdanos a elegir la parte mejor,
a aprender a amar, querido Señor, como tú.

Traemos nuestra necesidad de pan diario,
el miedo que torna el corazón en piedra.
Clamamos a ti, levanta nuestra cabeza
y muéstranos que no estamos solos…

Señor, haznos puros, enriquece nuestra vida
con amor celestial por siempre.
Danos la fuerza de enfrentar la pelea
y de servirte mejor que antes.

EDWIN GILBERT

DÍA 201

DON EXTRAÑO, DE VERAS

2 CORINTIOS 12:7
*Y para que la grandeza de las revelaciones no me exaltase
desmedidamente, me fue dado un aguijón en mi carne,
un mensajero de Satanás que me abofetee,
para que no me enaltezca sobremanera.*

¡Don extraño de veras! un aguijón en la carne,
para clavarse hasta el fondo,
para causar perpetua sensación de dolor
¡Don extraño!, dado, sin embargo, para ganancia.

No querido, pero que vino para quedarse,
sin poder quitarlo siquiera orando.
Vino a llenar el lugar planeado por Dios,
para enriquecer con gracia una vida.

Las espinas de gracia de Dios, oh, ¡qué formas adoptan!
¡Qué dolor agudo y punzante causan!
Y, sin embargo, enviadas son con amor,
y siempre para bendición.

Y así, sea cual sea la espina,
de Dios acéptala, de buena gana.
Sabiendo que Cristo, su vida, el poder,
te dará más para pasar tu hora…

J. DANSON SMITH

Esto también es milagro

1 Pedro 2:24
*Quien llevó él mismo nuestros pecados en su cuerpo
sobre el madero, para que nosotros, estando muertos a los pecados,
vivamos a la justicia; y por cuya herida fuisteis sanados.*

Esta tarde fui a un hospital local para visitar a una persona mayor de la congregación que sufre de lo que aparenta ser cáncer terminal. Sentado junto a su cama, la anciana me habló de su confianza en Jesús y me contó que hace muchos años cuando estaba gravemente enferma uno de los ex vicarios había orado por ella. Inesperadamente, la mujer había sanado.

Me pidió que volviera a orar, e impuse sobre ella mis manos y me concentré en el poder sanador de la Santa Trinidad para ella. Debo decir que esta vez me sorprenderá mucho que se recupere físicamente, y no me sorprenderá para nada si fallece en unos días. Aún así, fue bueno sostener su mano y urgirla con amor a «seguir mirando hacia delante», porque ha de suceder una de ambas cosas. Contra toda posibilidad, podría haber un nuevo surgimiento de vida en este mundo: un milagro. O, si va hacia la muerte y pasa a través de la muerte con su confianza en Jesús, habrá un surgimiento de vida espiritual para ella en la eternidad. Esto también es un milagro.

Roy Lawrence

DÍA 203

NINGUNA ORACIÓN SE DESPERDICIA

SANTIAGO 5:15

Y la oración de fe salvará al enfermo, y el Señor lo levantará; y si hubiere cometido pecados, le serán perdonados.

Las Escrituras nos dicen que «la oración de fe salvará al enfermo» (Santiago 5:15). Sin embargo, todos podemos sin duda recordar muchas ocasiones en que oramos por sanación y no ocurrió. ¿Quiere decir esto que Jesús no está escuchando? ¿Que tu fe es demasiado débil? ¿Que tu oración no ha sido lo suficientemente ferviente? No lo creo, pero sí creo que no tiene fruto intentar encontrar respuesta a por qué algunos son sanados y otros no.

Gran parte de lo que sucede en nuestro viaje terrenal seguirá siendo un misterio hasta que lleguemos a la vida de resurrección.

No creo que jamás podamos decir una oración que se desperdicie. Aunque la oración no cambie una situación y no nos dé el milagro que pedimos, nos cambia a nosotros. A través de la oración, nos volvemos más atentos a la presencia de Dios. A través de la oración, encontramos recursos internos y fuerza que no sabíamos que teníamos. Con la oración, ya no estamos enfrentando el dolor y la pena a solas: Dios está junto a nosotros, renovando nuestro espíritu, restaurando nuestra alma, ayudándonos a cargar el peso que se vuelve demasiado pesado como para que podamos continuar llevándolo solos.

RON DELBENE CON MARY Y HERB MONTGOMERY

DÍA 204

HEMOS VENIDO

ISAÍAS 53:5
Mas él herido fue por nuestras rebeliones, molido por nuestros pecados; el castigo de nuestra paz fue sobre él, y por su llaga fuimos nosotros curados.

Oh, Cristo, sanador, hemos venido
a orar por la salud, para rogar por nuestros amigos.
¿Cómo podríamos no ser restaurados,
cuando nos alcanza el amor que nunca acaba?

De toda dolencia que la carne soporta,
nuestros cuerpos claman ser librados.
Sin embargo, en nuestros corazones confesamos
que la salud es nuestra necesidad más grande.

En conflictos que destruyen nuestra salud
reconocemos la enfermedad del mundo.
Nueva vida común declara nuestras dolencias,
¿No hay cura, oh Cristo, para ellas?

Otórganos que todos, uno solo en la fe,
en unión contigo encontremos
la salud que nos enriquece
y que alcance a toda la humanidad.

FRED PRATT GREEN

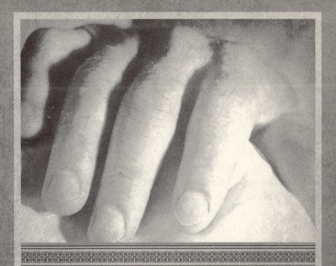

LOS MILAGROS DE JESÚS SOBRE LOS ESPÍRITUS MALIGNOS

—

«Mas si por el dedo de Dios echo yo fuera los demonios, ciertamente el reino de Dios ha llegado a vosotros.»
LUCAS 11:20

LOS MILAGROS DE JESÚS SOBRE LOS ESPÍRITUS MALIGNOS

C. S. Lewis y otros nos recuerdan que cometemos doble error si ignoramos la realidad del mal o si quedamos fascinados ante ella. De alguna manera, nuestra época se las ha arreglado para combinar los errores, glorificando al mal por su valor de entretenimiento mientras mantenemos que no es más que un fragmento molesto en nuestra imaginación. Sin embargo, el mal es más que los efectos especiales de una película. Mientras declaramos que la gente es «básicamente buena», muy a menudo nos asombra el mal que cometen. Nuestros esfuerzos por reducir y rebautizar el mal utilizando términos como errores, malos entendidos o errores de criterio, terminan expuestos como frenéticos esfuerzos de negación. El mal es una realidad obstinada.

La posibilidad de seres espirituales creados que han elegido el mal no es más extraña que el conocimiento de que hay seres físicos que han decidido lo mismo. Jesús habló con los espíritus del mal. Ellos reconocieron su identidad mucho antes de que muchos humanos supieran quién era Él. En esta sección, meditaremos sobre algunos de estos encuentros.

Día 205

Sanar las mentes

MATEO 12:22
Entonces fue traído a él un endemoniado, ciego y mudo; y le sanó, de tal manera que el ciego y mudo veía y hablaba.

A quienes habían visto las manifestaciones de un desorden epiléptico o mental que hacía que la persona fuera violentamente destructiva, no les parecía antinatural pensar que estaba poseído por «un demonio». De hecho, quienes hayamos estado en presencia de alguien violentamente insano, y lo hayamos mirado a los ojos, estaríamos de acuerdo en que parecería que un poder del mal está poseyendo al paciente. Parece que Jesús en muchos casos pudo llegar al centro de la tormenta de la perturbación y resolverla con amor de autoridad. No sabemos ni siquiera hoy hasta qué punto la mente afecta al cuerpo (o el cuerpo a la mente) y en qué medida están influenciados por el poder espiritual o por la oración de intercesión por ejemplo. Sí sabemos cómo «curar» ciertas enfermedades con bastante precisión, pero lo que hacemos en realidad es quitar los obstáculos que impiden la capacidad natural para sanarse que tiene el cuerpo y la mente humana. No me parece para nada irracional que un hombre de concentrado poder espiritual sea capaz de quitar estos obstáculos instantáneamente.

J. B. PHILLIPS

Día 206

El colmo de la risa

MATEO 12:24
Mas los fariseos, al oírlo, decían: Este no echa fuera los demonios sino por Beelzebú, príncipe de los demonios.

Obviamente, Jesús tenía que responder ante esta acusación que podría fácilmente impactar en el ignorante, pero ¿cómo lo haría? Nuevamente lo encontramos usando la estrategia de la risa. «Y si yo echo fuera los demonios por Beelzebú, ¿por quién los echan vuestros hijos?» (Mateo 12:27). La risa se vuelve hacia los críticos, porque todo quien lo escucha sabrá que la sutil pregunta no tiene respuesta posible. O no los echan, en cuyo caso se verán tontos, o –lo más probable– es que si afirman ser eficaces en este esfuerzo ya han sugerido –por implicancia– que también están poseídos. La pregunta de Cristo significa en realidad: «¿Mediante qué agencia demoníaca obran ustedes sus milagros?». Es fácil ver que la pregunta con humor es mucho más efectiva de lo que habría sido una discusión seria sobre los demonios. Los críticos más severos de Cristo no podían enfrentar el ridículo, porque la seriedad era su punto más fuerte.

Elton Trueblood

Día 207

Trajo a Dios

Mateo 12:28

Pero si yo por el Espíritu de Dios echo fuera los demonios, ciertamente ha llegado a vosotros el reino de Dios.

Al llegar entre los hombres no intentó probar la existencia de Dios, sino que lo trajo consigo. Vivía en Dios, y quienes veían su rostro no podían dudar de Dios. No discutía, como Sócrates, sobre la inmortalidad del alma: resucitaba a los muertos. No especulaba sobre la Trinidad de Dios, sino que dijo: «Pero si yo por el Espíritu de Dios echo fuera los demonios, ciertamente ha llegado a vosotros el reino de Dios». Aquí la Trinidad «Yo», «Espíritu de Dios», «Dios», no era algo sobre lo que se podía especular, sino la fuerza que obraba redención, que echaba fuera los demonios, y traía el Reino.

E. Stanley Jones

Día 208

Su reino ha llegado

Lucas 11:20

Mas si por el dedo de Dios echo yo fuera los demonios, ciertamente el reino de Dios ha llegado a vosotros.

Con la encarnación de Jesucristo, el poder sobre las fuerzas demoníacas es clave de la llegada del nuevo reino y el establecimiento de un nuevo orden.

Mientras gran parte de la oposición a este nuevo reino de Cristo era humana –de parte de sacerdotes, escribas, la tradición y las instituciones– Jesús veía con claridad que los poderes ocultos estaban detrás de esta oposición, y desenmascaró abiertamente a los demoníacos que representaban los fracasos de la sociedad marginal y las limitaciones del humanismo religioso.

Viendo esos poderes como eje de su oposición, Jesús dijo: «Mas si por el dedo de Dios echo yo fuera los demonios, ciertamente el reino de Dios ha llegado a vosotros». Mirando hacia las generaciones futuras, Jesús predijo que sus seguidores, si creían, podrían hacer señales más grandes que las que había obrado Él. Pablo, anticipando la consumación del reino, lo describe como un tiempo en que todas las fuerzas ocultas serán desarmadas por Cristo y se verá que la tierra pertenece a Dios.

Os Guinness

DÍA 209

SU MANERA DE OBRAR

LUCAS 11:20
*Pero si expulso a los demonios con el poder de Dios, eso significa
que ha llegado a ustedes el reino de Dios.*

Los que objetan a la forma en que se obraron milagros en el pasado tienen al menos una cosa para decir en cuanto a su punto de vista: los milagros no son algo extra, algo agregado a la revelación para acreditarla. Son parte de la revelación. Vemos el Reino de Dios en el hecho de que hay poderes potentes en operación (Lucas 11:20). No son dispositivos a los que debió recurrir Dios cuando no podía hacer lo que deseaba con medios normales, sino parte de su plan. Lo que llamamos «milagro» es su forma de obrar. Cuando tenemos la entrada de un ser de orden diferente a la esfera de la vida humana, hemos de esperar ver sucesos que no pueden explicarse según las leyes que gobiernan la conducta humana. Y estos sucesos forman parte de la evidencia que indica que dicha entrada, de hecho, ha ocurrido.

LEON MORRIS

DÍA 210

NADIE FUERA DE SU ALCANCE

LUCAS 8:26-27
*Navegaron hasta la región de los gadarenos, que está al otro
lado del lago, frente a Galilea. Al desembarcar Jesús,
un endemoniado que venía del pueblo le salió al encuentro.
Hacía mucho tiempo que este hombre no se vestía;
tampoco vivía en una casa sino en los sepulcros.*

Lo demoníaco era un hombre maldito, olvidado y solo. Jesús peleó contra una tormenta en el mar y remó siete millas y media a la región del maldito.

«El otro lado» estaba fuera de la zona de comodidad de los discípulos. Pero Jesús enfrentó a este hombre loco en su propio terreno, en un área donde la gente no se vestía, ni se veía, hablaba o actuaba ni pensaba como los judíos. Los gadarenos eran la cloaca de la depravación humana. Era un lugar de decadencia moral y ética. Era un lugar donde el pecado hacía estragos y la muerte impregnaba con su hedor las vestimentas de las personas. Sin embargo, Jesús fue allí para enfrentar al endemoniado.

La siguiente vez que sienta que estoy fuera del alcance de Jesús o que vea personas a mi alrededor que creo que están fuera de su alcance, recordaré lo que hizo para poder salvar a un endemoniado de la destrucción. Si estuvo dispuesto a hacerlo entonces, lo estará ahora. No importa cuán bajo hayamos caído o cuán desesperados estemos, Jesús está dispuesto y preparado para venir a nosotros.

RICK EZELL

DÍA 211

DESTRUCCIÓN DE LOS DEMONIOS

MATEO 8:28-29

Dos endemoniados le salieron al encuentro de entre los sepulcros. Eran tan violentos que nadie se atrevía a pasar por aquel camino. De pronto le gritaron: —¿Por qué te entrometes, Hijo de Dios? ¿Has venido aquí a atormentarnos antes del tiempo señalado?

Los dos endemoniados que le gritaban a Jesús cuando Él desembarcó en la orilla sudeste del lago vivían una vida de soledad, porque como nos dice solamente Mateo, eran considerados tan peligrosos que ningún ser humano se atrevía a acercarse al cementerio que ellos habitaban (v. 28).

Sin embargo, cuando vieron a Jesús supieron instintivamente que estaban frente a alguien que no era una persona común, sino el Hijo de Dios, que tenía poder para destruirlos. Por consiguiente, los que imponían terror en el corazón de los demás ahora eran víctimas del miedo... Aunque si había llegado el momento de exorcizarlos pidieron que no quedaran sin cuerpo, sino que querían ser reencarnados en la piara de cerdos que estaba a cierta distancia de allí. El favor les fue otorgado, aunque fue para destrucción de los demonios.

Comentario del Nuevo Testamento de Tyndale

—Mateo

Día 212

Jesús da esperanza

Lucas 8:29 NVI

Se había apoderado de él muchas veces y, aunque le sujetaban los pies y las manos con cadenas y lo mantenían bajo custodia, rompía las cadenas y el demonio lo arrastraba a lugares solitarios.

Este individuo peligroso que inspiraba miedo nos da una imagen del objetivo supremo de Satanás: su «producto terminado». Solamente podemos imaginar los pasos que llevan a este estado, pero aquí vemos «el paquete entero»: pecado, Satanás y la muerte trabajando juntos. El poder de Satanás estaba tan entrelazado con la vida de este hombre que la mayoría de los que lo observaban no podían ver el alma que sufría dentro de él. Al mirarlo, solamente veían a un loco, maníaco suicida que vagaba entre los sepulcros.

El objetivo de Satanás era destruir a este hombre.

¿Qué hizo Jesús por el hombre? Lo buscó en su siniestro y lúgubre lugar, y le ofreció esperanza.

Jesús sigue ocupado en este asunto de cambiar a las personas. Me entusiasma ver a algunos cristianos y saber lo diferentes que son hoy con respecto a cómo eran antes.

Ninguno de nosotros tiene poder para vencer a Satanás por nuestras propias fuerzas. Tampoco podemos contar con la sociedad para que nos brinde la ayuda que necesitamos. Pero si llamamos a Jesús, Él sí vendrá y nos transformará, no importa cuántos y qué tipo de «demonios» nos atormenten.

Greg Laurie

Día 213

Les llegó la hora

Mateo 8:29, 31

Y clamaron diciendo: ¿Qué tienes con nosotros, Jesús, Hijo de Dios? ¿Has venido acá para atormentarnos antes de tiempo?... Y los demonios le rogaron diciendo: Si nos echas fuera, permítenos ir a aquel hato de cerdos.

Los espíritus del mal eran sensibles al Cristo que había venido a desposeerlos, y sabían que había llegado su hora, la hora en que debían abandonar los cuerpos de estos dos hombres. Porque cuando viene Cristo, que es más fuerte que el hombre y con armadura más fuerte, todos han de rendirse ante Él. No podían contra el poder de Cristo. Y aquí podemos observar que aunque el diablo es un enemigo, está encadenado. No puede lastimar a un pobre cerdo hasta tanto le sea otorgado el poder desde arriba, y del mismo modo podemos ver la malicia del diablo, que prefiere herir a un pobre cerdo en lugar de no herir a nadie. El diablo podría destruir a cada alma si tuviera el poder, pero Cristo, con su poder, se lo impide.

George Whitefield

DÍA 214

EL DESEO DE LOS DEMONIOS

MATEO 8:30-31

*Estaba paciendo lejos de ellos un hato de muchos cerdos.
Y los demonios le rogaron diciendo: Si nos echas fuera,
permítenos ir a aquel hato de cerdos.*

El espíritu demoníaco parece querer seguir habitando las vidas de los seres humanos. ¿A qué otra cosa podemos atribuir los paroxismos de pasión, las terribles crueldades y los actos inhumanos de los hombres? Hay solamente un diablo, pero muchos demonios. Solamente un príncipe del poder de las tinieblas, pero muchos emisarios. Escucha y presta atención, para que no abras la puerta de tu naturaleza al espíritu del mal y así evitar que te posea. Observa y ora, y confía tu alma a las manos de Cristo. Él es más fuerte que el hombre fuerte.

Observa que el demonio está decidido a destruir. Si no puede destruir las almas de los hombres, destruirá a los cerdos. Es la marca del mal. Siempre es destructivo, en tanto el Espíritu de Dios es constructivo y construye a partir de las ruinas de la obra de Satanás, un nuevo cielo y una nueva tierra, tanto en el alma como en el universo.

La ciudad entera le pedía a Jesús que se fuera porque los hombres cuentan sus ganancias más valiosas que su presencia. El mismo espíritu gobierna el mundo comercial de hoy. Tengamos cuidado ¿Qué ganará el mundo si perdemos nuestras almas?

F. B. MEYER

DÍA 215

SUBLIME PODER

MARCOS 5:8-13
Porque le decía: Sal de este hombre, espíritu inmundo.
Y le preguntó: ¿Cómo te llamas? Y respondió diciendo:
Legión me llamo; porque somos muchos.

Puedes ver a los discípulos, alarmados y asustados, aunque sin querer dejar a Jesús solo en presencia de este monstruo. No debieran haberse preocupado ni temido por su Maestro. Porque con voz de inconfundible autoridad Jesús dice: «Sal de este hombre», de inmediato, el hombre loco cambia. Los músculos tensos de sus brazos se relajan. Deja caer las piedras sangrientas que tenía en las manos. La mirada de locura abandona su rostro, y la razón, la mirada de la humanidad, la del hombre creado a imagen de Dios, la reemplaza. Con un suspiro de inmenso alivio y liberación cuando los demonios salen de él, se rinde a los pies de Jesús. Uno de los discípulos le limpia la sangre del rostro con un lienzo, y otro toma un manto y cubre su cuerpo desnudo. Allí está, a los pies de Jesús, vestido, con la mente sana ¡Poderoso, hermoso, sublime ejemplo del poder de Jesús para restaurar y redimir al alma humana!

CLARENCE EDWARD MACARTNEY

DÍA 216

ACÉRCAME A TI

LUCAS 8:35
*Y salieron a ver lo que había sucedido; y vinieron a Jesús,
y hallaron al hombre de quien habían salido los demonios,
sentado a los pies de Jesús, vestido, y en su cabal juicio;
y tuvieron miedo.*

Se ocultaba entre las lápidas por las noches. Durante el día, esquivaba a los visitantes y permanecía en las sombras. Considerado peligroso por quienes lo conocían, este hombre misterioso estaba atado con cadenas de hierro. Pero los eslabones no podían mantenerlo atado. Porque los rompía, como rasgaba sus ropas. Aunque lograba quitarse los grilletes, no era libre. Era rehén de los demonios. Es decir, hasta el día en que Jesús entró al cementerio y consolidó su futuro.

Entonces, Jesús echó a los demonios. La siguiente imagen que tenemos es la del hombre sentado calmo y sano a los pies su Salvador.

Quizá puedas identificarte. ¿Puedes recordar un tiempo en que tu corazón estaba lejos de ser libre aunque hicieras alarde de un espíritu independiente? ¿Puedes recordar el momento en que viste el vacío en tu vida y gritaste a Jesús para que te acercara a Él? ¿Necesitas eso hoy? Vuélvete a Él. Jesús promete limpiarte y vestirte en su rectitud y justicia. Deja que Él te acerque a sí, con sus amorosos brazos.

GREG ASIMAKOUPOULOS

PASIÓN POR CONTAR

LUCAS 8:38-39

Y el hombre de quien habían salido los demonios le rogaba que le dejase estar con él; pero Jesús le despidió, diciendo: Vuélvete a tu casa, y cuenta cuán grandes cosas ha hecho Dios contigo. Y él se fue, publicando por toda la ciudad cuán grandes cosas había hecho Jesús con él.

Un hombre despreciable vivía entre las sepulturas y se cortaba con piedras. Cada vez que intentaban atarlo, rompía sus ataduras y corría otra vez hacia las tumbas o al desierto, dondequiera que le llevaran los demonios (Lucas 8:29).

No es de extrañar que le invadiera la gratitud cuando Jesús lo libró de la dominación de los demonios. El hombre sanado cayó y rogó a su nuevo Salvador que le permitiese ir con él. Nada le importaba más. Jesús lo había restaurado, y él entendía ahora que su vida le pertenecía, en plenitud y salud. Conocía el horror de la existencia de la que Jesús le había salvado, y por eso le entusiasmaba la oportunidad de un nuevo comienzo.

Cuando reconoces el pecado y la desesperanza de la que Jesús te salvó con su inigualable gracia, tienes el mismo profundo y permanente aprecio. Amas a tu Salvador porque Él te amó primero y te da una vida nueva que no puedes obtener por tu cuenta ¿Tiene pasión por contarles a los demás lo que él ha hecho por ti? No puedes mantenerte en silencio cuando sientes la plenitud de su amor.

CHARLES STANLEY

DÍA 218

CUENTA TU HISTORIA

MARCOS 5:19 BLS
Pero Jesús le dijo:
—Vuelve a tu casa y cuéntales a tu familia y a tus
amigos todo lo que Dios ha hecho por ti,
y lo bueno que ha sido contigo.

La Biblia nos cuenta la historia de un hombre agradecido por lo que Jesús hizo por él, que inmediatamente fue a contarles a los demás su experiencia. Las Escrituras no mencionan su nombre, pero podría representar a cualquiera de nosotros. No había ayuda humana para él y, sin embargo, Jesús le dio la libertad. El hombre estaba tan agradecido que rogó a Jesús que le permitiera ir con Él, pero Jesús lo envió a su casa para contar lo que había sucedido. Así que el hombre les contó a todos las grandes cosas que Jesús había hecho por él y la gente se asombraba ante su historia (Marcos 5:1-20).

¿Cuál es tu historia de salvación? ¿Puedes resumirla en tres minutos y estar listo para contarla en cualquier momento? El apóstol Pedro aconseja: «Estad siempre preparados para presentar ante todo el que os demande razón de la esperanza que hay en vosotros» (1 Pedro 3:15).

Si alguien te pregunta acerca de tu fe, ¿qué le dirías de la esperanza que tienes?

CAROL CHAFFEE FIELDING

DÍA 219

SIN NEUTRALIDAD

MATEO 9:32-34
Mientras salían ellos, he aquí, le trajeron un mudo, endemoniado. Y echado fuera el demonio, el mudo habló; y la gente se maravillaba, y decía: Nunca se ha visto cosa semejante en Israel. Pero los fariseos decían: Por el príncipe de los demonios echa fuera los demonios.

Hay algunos pasajes que muestran mejor que este la imposibilidad de una actitud neutral ante Jesús.

Las multitudes miraban a Jesús con asombro, porque eran simples personas con un lastimoso sentido de la necesidad, y veían que en Jesús su necesidad podía satisfacerse de la manera más asombrosa. Jesús siempre aparecerá maravilloso ante el hombre que siente necesidad, y cuanto más profundo el sentido de la necesidad tanto más maravilloso se verá Jesús.

Los fariseos veían a Jesús como alguien que estaba en legión con todos los poderes del mal. No negaban sus poderes maravillosos, pero los atribuían a su complicidad con el príncipe de los demonios.

El hombre con sentido de la necesidad siempre verá maravillas en Jesucristo. El hombre con hábitos arraigados que no quiere cambiar, el que es tan orgulloso que no puede entregarse, el que está tan ciego por sus prejuicios que no puede ver siempre lo resentirá, odiará e intentará eliminarlo.

WILLIAM BARCLAY

Día 220

Aferrarse

MATEO 15:22

Y he aquí una mujer cananea que había salido de aquella región clamaba, diciéndole: ¡Señor, Hijo de David, ten misericordia de mí! Mi hija es gravemente atormentada por un demonio.

Primero, Jesús parece no prestar atención a su agonía, e ignora su pedido de alivio. No le presta oídos, ni ojos ni palabra alguna. El silencio, profundo y escalofriante, es lo que recibe su apasionado clamor. Pero la mujer no se descorazona, ni se va. Sigue, se aferra…

Este último grito la hizo ganar, y su hija fue sanada en ese mismo momento. Con esperanza, sin cansarse, con urgencia, la mujer permanece junto al maestro, insistiendo y orando hasta recibir respuesta. ¡Qué caso importuno, de sinceridad, de persistencia, promovido e impulsado por condiciones que podrían haber desalentado a cualquiera que no tuviese un alma heroica, constante…

La respuesta a la oración está condicionada por la cantidad de fe que va con la petición. Para probar esto, Él demora la respuesta. El que ora superficialmente se calla cuando la respuesta se demora. Pero el hombre de oración se aferra y persiste, persiste. El Señor reconoce y honra esta fe, y le da una respuesta rica y abundante a su oración que, importuna, evidencia fe.

M. BOUNDS

Día 221

Ella creyó y vino

MATEO 15:24

El respondiendo, dijo: No soy enviado sino a las ovejas perdidas de la casa de Israel.

Nuestra pobre amiga golpeada por la palabra del Señor sintió en secreto el sostén con sólo ver su persona. ¿Qué puede hacer una palabra, comparada con la persona de Jesús, el Amigo del Pecador? Ella cree en Él, más que en su forma de hablar. El dice que no ha sido enviado y, sin embargo, aquí está. Dice que no es enviado sino a las ovejas perdidas de la casa de Israel y, sin embargo, *aquí está...* Ella parece decirse a sí misma: «Enviado o no, aquí está. Ha venido entre los de Tiro y Sidón, y yo he venido hasta él, y por eso no será apartado de mí por su comisión. No entiendo su idioma, pero entiendo la expresión de su rostro y entiendo sus modos. Sí entiendo la atracción de su bendita persona. Puedo ver la compasión que habita en el Hijo de David. Estoy segura de que tiene todo el poder que se le otorgó para sanar a mi hija y aquí está él. No sé de su comisión, pero sí lo conozco a él y seguiré rogándole». Así que vino a Jesús, allí mismo ¿Por qué no habrías de hacerlo tú también?

Charles Haddon Spurgeon

Día 222

Palabras duras aunque llenas de gracia

Mateo 15:26

Respondiendo él, dijo: No está bien tomar el pan de los hijos, y echarlo a los perrillos.

El Señor había estado en un banquete de bodas donde se había acabado el vino. No había más y Él hizo vino nuevo. Fue un acto de gracia, pero no es de eso que hablaré ahora. Lo hizo, pero no fue con la intención de hacerlo. No quería hacerlo. Fue porque su madre le insistió, y para agradar a su madre lo hizo. Por supuesto, si hubiera sido algo malo no lo habría hecho ni para conformar a su madre, ni a nadie más. Su momento no había llegado. Él no tenía intención de iniciarlo, pero como ella se lo pidió y Él podía hacerlo, lo hizo, y allí está la gracia de nuestro Señor Jesucristo.

Sí, y algunas de sus palabras más duras están llenas de gracia. A veces, por el bien de los demás, inflingía dolor aun en aquellos a quienes les hablaba, pero ¡oh! cómo se entregaba a sí mismo luego: «No está bien tomar el pan de los hijos y echarlo a los perros». Sin embargo, no vemos cómo se veía cuando lo dijo.

GEORGE MACDONALD

DÍA 223

CON UN DEJO DE HUMOR

MATEO 15:27-28

Ella dijo: Sí, Señor; pero aun los perrillos comen de las migajas que caen de la mesa de sus amos. Entonces respondiendo Jesús, dijo: Oh mujer, grande es tu fe; hágase contigo como quieres. Y su hija fue sanada desde aquella hora.

¿Estaría Jesús reprimiendo la risa? ¿Podía ser que él y la mujer estuvieran intercambiando expresiones de humor? ¿Es un intercambio en el que la gracia ilimitada de Dios se destaca? ¿Podría agradarle tanto a Jesús que alguien no estuviera orgulloso del sistema religioso, ni de una herencia religiosa y no pudiera resistirse a bromear?

Él sabe que sí puede sanar a la hija. Sabe que no está atado por un plan. Conoce el corazón bueno de la mujer. Así que decide usar un poco de humor con una mujer fiel. En esencia, lo que dijeron es:

«Ahora, sabes que a Dios solamente le importan los judíos», dice con una sonrisa.

Ella entiende el humor y retruca: «Tu pan es tan preciso que me conformaré con las migajas». En un espíritu de exuberancia, Jesús dice: «¡Jamás vi tal fe! Tu hija está sanada».

Esta historia no retrata a un Dios despectivo. Nos muestra a un Dios dispuesto que se deleita en un buscador sincero.

¿No te alegra que así sea?

Max Lucado

Día 224

Grandes pensamientos de Cristo

Mateo 15:27 NVI
—Sí, Señor; pero hasta los perros comen las migajas
que caen de la mesa de sus amos.

Ella quería que echara al demonio que poseía a su hija. Era algo muy importante para esta mujer. Sin embargo, tenía tan alta estima de Cristo que dijo: «Esto no es nada para Él, es tan sólo una migaja que Cristo puede darme». Este es el camino real del consuelo. Los grandes pensamientos de tu pecado solamente te llevarán a la desolación, pero los grandes pensamientos de Cristo te llevarán al refugio de la paz. «Mis pecados son muchos, pero no es nada para Jesús quitarlos todos. El peso de mi culpa me oprime como el pie de un gigante que aplasta a un gusano, pero no hay más que un grano de polvo para Él, porque Él ya ha cargado su maldición sobre su propio cuerpo en el madero. Será algo pequeño para Él darme plena remisión, aunque para mí recibirlo será de infinita bendición». La mujer abre su alma necesitada, esperando grandes cosas de Jesús, y Él la llena con su amor. Querido lector, haz lo mismo. *Ella ganó la victoria al creer en Él.*

Charles Haddon Spurgeon

SALVADOR DE TODOS

MARCOS 7:29-30

Entonces le dijo: Por esta palabra, ve; el demonio ha salido de tu hija. Y cuando llegó ella a su casa, halló que el demonio había salido, y a la hija acostada en la cama.

La mujer sonrió triunfante porque creía, más allá de toda razón o evidencia, en el poder de Jesús para vencer al mal y en su disposición para dar los mejores dones de Dios tanto a gentiles como a judíos. Él pronunció las palabras que ella tanto deseaba escuchar: «El espíritu malo ha dejado a tu hija».

La mujer griega corrió a casa y encontró a su hija, en calma, acostada en la cama. El demonio la había dejado, y su tormento había terminado. Como el hijo del oficial de Capernaum y el criado del centurión, la niña fue librada de su aflicción por alguien a quien jamás vio, alguien para quien la distancia no era barrera para el ejercicio de su poder sanador. El aspecto más notable de su sanación fue que ella, una gentil, fue sanada por un judío. La sanación simbolizaba, como la venida de los sabios al pesebre de Jesús, la extensión del reino de Cristo a todas las naciones. El antiguo molde en el que los hombres intentaban contener el poder salvador de Dios solamente para Israel, había sido roto.

ALICE PARMELEE

DÍA 226

DESCENDER AL VALLE

LUCAS 9:37-38
*Al día siguiente, cuando descendieron del monte,
una gran multitud les salió al encuentro. Y he aquí,
un hombre de la multitud clamó diciendo: Maestro,
te ruego que veas a mi hijo, pues es el único que tengo.*

La sanación del niño epiléptico está definitivamente ligada con la Transfiguración. Rafael en su gran pintura de la Transfiguración ha captado esta conexión, poniendo ambas escenas en un mismo lienzo. La escena de gloria sobre el Monte revela la maravilla y belleza del mundo de Dios, donde el pecado y la muerte no tienen lugar. La escena de maldad debajo revela lo terrible del sufrimiento de la humanidad, donde el hombre está sujeto a males que no puede vencer. Si Cristo, como Pedro sugiere (v. 33), hubiera permanecido en el Monte de gloria, la escena de abajo habría permanecido sin cambios. Tuvo que dejar las alturas, descender una vez más a los valle de la necesidad humana y volver a confrontar la incredulidad y estupidez de sus propios seguidores (v. 45-50), las fuerzas del mal que tenían al hombre en su poder, el rechazo de su pueblo, la ceguera de los líderes religiosos, la burla de los poderes del imperio mundial. Todo esto, fue llevado a su foco central sobre la cruz.

DONALD G. MILLER

DÍA 227

Falta de oración

Lucas 9:40 NVI
*Ya les rogué a tus discípulos que lo expulsaran,
pero no pudieron.*

¿Cuál era la dificultad de estos hombres? Habían sido laxos en el cultivo de su fe mediante la oración y como consecuencia, su confianza fracasó. No confiaron en Dios, ni en Cristo ni en la autenticidad de su misión, ni en la suya propia. Así ha sucedido muchas veces, en muchas de las crisis de la iglesia de Dios. El fracaso proviene de la falta de confianza o la fe débil, y a su vez, la falta de oración. Muchos fracasos en los esfuerzos de reavivamiento tienen origen en la misma causa. La fe no se había nutrido ni fortalecido por la oración. La negligencia en el atrio interior es la solución a la mayoría de los fracasos espirituales. Y esto vale para nuestras luchas personales con el diablo, como sucedió cuando avanzamos en nuestro intento por echar demonios. Estar mucho tiempo de rodillas en comunión privada con Dios es la única garantía que tendremos de que Él esté con nosotros tanto en nuestras luchas personales como en nuestros esfuerzos por convertir a los pecadores.

M. Bounds

DÍA 228

Duras realidades

Mateo 17:17 NVI
*—¡Ah, generación incrédula y perversa! —respondió Jesús—.
¿Hasta cuándo tendré que estar con ustedes? ¿Hasta cuándo
tendré que soportarlos? Tráiganme acá al muchacho.*

En este incidente, los apóstoles caen desde la cumbre más alta a la dura realidad de la vida cotidiana. ¿No sucede lo mismo con nosotros? Un hombre se echa a los pies de Jesús implorando ayuda para su hijo. ¡Sus discípulos no han podido curarlo! Jesús tiene una palabra singularmente severa que se aplica tanto a sus discípulos como a nosotros. Acusa a sus contemporáneos de ser «generación incrédula y perversa». No oculta el hecho de que le cuesta soportarlos. La impotencia de los discípulos muestra qué pequeña es su fe. ¿Qué es la fe para Jesús? No es una sencilla creencia de credo, sino la seguridad de que para Dios todo es posible, la seguridad de que Él da lo que promete y ordena. La fe es un poder que «mueve montañas». Mover montañas es saber que no hay carga tan pesada como para que Dios no pueda ayudarnos a llevarla, ni problema tan insoluble que Él no pueda resolverlo. Si Jesús acusó a sus primeros discípulos de ser incrédulos, ¿qué pensará hoy de nosotros? ¡Qué paciencia ha de tener para seguir tolerándonos!

Suzanne de Dietrich

Día 229

Las cosas como son en realidad

Marcos 9:22
Muchas veces le echa en el fuego y en el agua, para matarle; pero si puedes hacer algo, ten misericordia de nosotros, y ayúdanos.

Después de cada momento de exaltación, bajamos con prisa y vemos las cosas como son en realidad, donde no hay nada bello, poético ni exultante. La altura de la montaña se mide según la miseria del valle y, sin embargo, es en el valle donde debemos vivir para gloria de Dios. Vemos su gloria sobre la montaña, pero nunca vivimos para su gloria allí. Es en el lugar de la humillación donde encontramos nuestro verdadero valor para Dios, donde se revela nuestra fidelidad.

Cuando estabas en la cima de la montaña podías creerlo todo, pero ¿qué pasó cuando enfrentaste los hechos del valle? Puedes ser capaz de dar testimonio de tu santificación, pero ¿qué hay de las cosas que ahora mismo son humillación para ti? La última vez que estuviste en la montaña con Dios viste que todo el poder del cielo y la tierra le pertenecen a Jesús. ¿Serás escéptico ahora simplemente porque estás en el valle de la humillación?

OSWALD CHAMBERS

DÍA 230

CREENCIA Y DESCREENCIA

MARCOS 9:23-24
*Jesús le dijo: Si puedes creer, al que cree todo le es posible.
E inmediatamente el padre del muchacho clamó y dijo:
Creo; ayuda mi incredulidad.*

El padre del niño le contó la triste historia de la condición de su hijo y la imposibilidad de los discípulos con respecto a ayudarle. Entonces, el Señor vio cuál era el problema real. El hombre estaba intentando obtener ayuda y los discípulos intentaban brindársela, todo sin fe en el Dios que podía hacerlo.

Jesús pidió ver al muchacho. Cuando lo trajeron, su padre dijo: «Si puedes hacer algo, ten misericordia de nosotros y ayúdame». Cuando el padre dijo eso, estaba haciendo lo que hacen muchas personas cuando están en problemas. Saben que Dios puede hacer lo que sea, pero piensan que no lo hará, así que en realidad están culpando a Dios por permitir que sucedan las cosas. Así, el problema de ese hombre no era con Jesús o con sus discípulos, sino con su propia incredulidad. No estaba seguro de que Jesús quisiera ayudarle.

Entonces, Jesús le dijo simplemente: «...al que cree todo le es posible». El hombre sabía que Jesús tenía razón, y le pidió que le ayudara con su problema de incredulidad. Entonces, cuando el Señor sanó a su hijo supo que Jesús podía y quería ayudar a todo quien confíe plenamente en Él.

RALPH N. WALTER

DÍA 231

SI PUEDES

MARCOS 9:23 NVI
[Y Jesús le dijo]: —*¿Cómo que si puedo?*
Para el que cree, todo es posible.

Había un «si» en la pregunta, pero el padre tembloroso había puesto este «si» en el lugar equivocado. Jesucristo, entonces, sin reprenderlo por el «si», con toda bondad lo pone en la posición correcta. «En realidad», parecía decir, «no debiera haber un 'si' en cuanto a mi poder o mi voluntad. El 'si' está en otra parte. *Si puedes creer*, 'para el que cree todo es posible'».

Aquí hay una lección que debemos aprender. Nosotros, al igual que este hombre, a menudo vemos que hay un «si» en alguna parte, y continuamente nos equivocamos al ponerlo en el lugar incorrecto. «Si Jesús puede ayudarme», «si Jesús puede darme gracia para vencer a la tentación», «si Él puede otorgarme el perdón», «si Él puede hacer que yo tenga éxito». No: si tú puedes creer, Jesús puede y quiere. Has colocado mal tu «si». Si puedes confiar, todas las cosas son posibles para Cristo, y así todas las cosas serán posibles para ti. Alma mía, ¿puedes creer en tu Señor está noche?

CHARLES HADDON SPURGEON

DÍA 232

FE Y DUDA

MARCOS 9:24
E inmediatamente el padre del muchacho clamó y dijo:
Creo; ayuda mi incredulidad.

Esta es una condición común al corazón de los hombres, donde coexisten la fe y la incredulidad. Cuando pensamos en las cosas importantes de la vida, en nuestro deber y nuestro destino y salvación, hablarán la voz de la fe y la voz de la duda. Así que la fe y la incredulidad pelean entre sí en el alma del hombre. Pero lo que era cierto en el padre desesperado que le dijo a Jesús: «Señor, creo. Ayuda mi incredulidad», es cierto también en nosotros: tenemos el poder y la capacidad de voluntad para elegir el lado de la fe en contra del lado de la incredulidad. Y cuando tomamos esa decisión podemos contar con la ayuda y comprensión de Dios. Este padre, sin duda, atribulado y un tanto asombrado por lo que Jesús le había dicho, y poniendo su confianza en Jesús, decidió dejarse guiar por su fe y no por su incredulidad. Confesó su fe, y toda duda que quedara en él le pidió a Cristo que la venciera.

CLARENCE EDWARD MACARTNEY

DÍA 233

EXIGENCIAS DE RUTINA

LUCAS 9:42

Y mientras se acercaba el muchacho, el demonio le derribó y le sacudió con violencia; pero Jesús reprendió al espíritu inmundo, y sanó al muchacho, y se lo devolvió a su padre.

Estaba listo para enfrentar la cruz y listo para enfrentar el problema común cuando llegara. Es característico en la naturaleza humana que podamos enfrentar los momentos de crisis en la vida con honor y dignidad. Sin embargo, dejamos que las exigencias comunes de todos los días nos irriten. Podemos enfrentar los duros golpes de la vida con cierto heroísmo, y permitimos que las pequeñas molestias nos enojen. Muchos hombres pueden enfrentar grandes desastres o pérdidas con serenidad y pierden los estribos si el tren llega tarde o la comida está mal cocinada. Lo sorprendente en Jesús fue que pudiera enfrentar serenamente la crisis con la misma calma que enfrentaba las emergencias cotidianas de la vida. La razón era que no dejaba a Dios solamente para los momentos de crisis como hacemos muchos de nosotros. Caminaba los senderos diarios de la vida junto a Él.

WILLIAM BARCLAY

DÍA 234

SU AUTORIDAD

MARCOS 9:28

Cuando él entró en casa, sus discípulos le preguntaron aparte: ¿Por qué nosotros no pudimos echarle fuera?

Los ministerios de Jesús, la predicación, la enseñanza, los consejos y la sanación parecían tomar fuerza los unos de los otros. Por ejemplo, la sanación del muchacho epiléptico llevó a un seminario cerrado con los discípulos. El sermón de Jesús en la sinagoga produjo un debate con los escribas, y su consejo al joven gobernante dio lugar a una parábola sobre el peligro de las riquezas. A medida que su estilo equilibrado renovaba su espíritu, sus ministerios complementarios aumentaban su *autoridad*. Jesús podía volar alto en el plano de las ideas. Sin embargo, también podía clavar la verdad con martillo pragmático. Como vivía junto a la necesidad humana, su proclamación de la verdad siempre tenía un toque personal en el que los hombres y las mujeres se veían a sí mismos. En oposición al pedante mensaje de los escribas y fariseos, Jesús ganaba vitalidad y autoridad adicional con su versatilidad. No es de extrañar que la gente dijese: «¡Jamás hombre alguno ha hablado como este hombre!» (Juan 7:46).

DAVID L. MCKENNA

DÍA 235

¿QUÉ HAY ENTRE TÚ Y JESÚS?

MARCOS 9:29
*Y les dijo: Este género con nada puede salir,
sino con oración y ayuno.*

Podemos seguir indefensos y sin poder para siempre, como estaban los discípulos en esta situación, si intentamos hacer la obra de Dios sin concentrarnos en su poder, siguiendo en cambio las ideas que tomamos de nuestra propia naturaleza. Podemos deshonrar e insultar a Dios justamente con nuestra ansiedad de servirle sin conocerlo.

Cuando estés frente a frente con una situación difícil y nada suceda exteriormente, podrás saber que la libertad y liberación serán otorgadas a causa de tu continua concentración en Jesucristo. Tu deber en el servicio y el ministerio es ver que no haya nada entre Jesús y tú. ¿Hay algo entre tú y Jesús en este momento? Si éste es el caso, debes vencerlo no ignorándolo como molestia o irritación o pasándolo por alto, sino enfrentándolo y presentándolo ante Jesucristo. Entonces, justamente ese problema y todo lo que hayas estado haciendo en conexión con él, glorificarán a Jesucristo de manera que jamás imaginarías hasta que le veas cara a cara.

OSWALD CHAMBERS

DÍA 236

DEBES PEDIR

MATEO 17:21
Pero este género no sale sino con oración y ayuno.

Este maestro divino de la oración se entrega para dejar en claro que Dios responde a la oración con seguridad, con certeza, de forma inevitable. Es deber del hijo pedir, e insistir, y el padre está obligado a responder, y a dar lo que le pide. En la enseñanza de Cristo, la oración no es una actuación estéril y vana, no es un rito y una forma, sino un pedido de respuesta, un ruego por ganar, la búsqueda de la gran bondad de Dios. Es una lección para tener aquello que pedimos, encontrar aquello que buscamos, entrar por la puerta a la que llamamos.

Tenemos una ocasión notable cuando Jesús desciende del Monte de la Transfiguración. Encuentra a sus discípulos derrotados, humillados y confundidos en presencia de sus enemigos.

Su fe no había sido cultivada con la oración. Fracasaron en la oración antes de fracasar en su capacidad de hacer su obra. Fracasaron en la fe porque habían fracasado en la oración. Esa única cosa necesaria para hacer la obra de Dios era la oración. La obra que Dios nos envía a hacer no se puede realizar sin oración.

E. M. BOUNDS

DÍA 237

EL AMOR EN ACCIÓN

MARCOS 16:9

Habiendo, pues, resucitado Jesús por la mañana, el primer día de la semana, apareció primeramente a María Magdalena, de quien había echado siete demonios.

María Magdalena ha sido mencionada antes en este Evangelio como una de las mujeres presentes delante de la cruz y junto a la sepultura (15:40, 47; 16:01). Marcos les recuerda a sus lectores la razón de su devoción a Jesús: Él había echado siete demonios de María Magdalena (ver también Lucas 8:2). Los detalles de esa sanación en particular no están registrados en ninguno de los Evangelios, aunque diversos relatos de cuando Jesús echó demonios muestran el extremo horror de la posesión demoníaca. Fue ante esta mujer devota y llena de dolor que Jesús apareció por primera vez después de la Resurrección.

No sabemos por qué María fue elegida para verle primero, pero ese dato debiera ser alentador. Ella era una pecadora, una mujer con un pasado oscuro. Sin embargo, su simple fe, coraje y amor la hacen digna, no solamente por su fe sencilla, sino por su amor en acción.

Comentario de la Biblia del Diario Vivir – Marcos

Día 238

Milagro de gracia

Marcos 16:9 NVI

Cuando Jesús resucitó en la madrugada del primer día de la semana, se apareció primero a María Magdalena, de la que había expulsado siete demonios.

María de Magdala *había sido víctima de un mal terrible*. Estaba poseída no por un solo demonio, sino por siete. Estos horrendos habitantes le causaban mucho dolor y contaminación al débil cuerpo en el que se habían alojado. La mujer estaba en una situación horrible y desesperada. No había poder humano que pudiese liberarla de ellos. Sin embargo, Jesús cuando pasó, sin que se le pidiera y probablemente con resistencia de parte de la pobre endemoniada, pronunció la palabra de poder y María de Magdala se convirtió en trofeo del poder sanador de Jesús. Los siete demonios la abandonaron y nunca volvieron, echados por el Señor de todas las cosas ¡Qué bendita liberación! ¡Qué cambio feliz! Del delirio al deleite, de la desesperación a la paz, ¡del infierno al cielo! La gracia la encontró inútil y la hizo útil, echó a sus demonios y le dio lugar para ver a los ángeles, la libró de Satanás y la unió para siempre al Señor Jesús. ¡Seamos nosotros también milagros de gracia como ella!

Charles Haddon Spurgeon

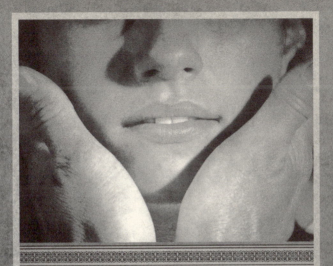

LOS MILAGROS DE JESÚS SOBRE LA MUERTE

—*Yo soy la resurrección y la vida.
El que cree en mí vivirá,
aunque muera.*
Juan 11:25 NVI

LOS MILAGROS DE JESÚS SOBRE LA MUERTE

En comparación con sus otros milagros, Jesús resucitó a pocas personas de entre los muertos. Solamente se describen tres en detalle: dos personas jóvenes y Lázaro. Este pequeño grupo representa a cientos de personas cada día que no han vivido aún sus vidas plenamente. No era propósito de Jesús revertir los efectos de la Caída. Las personas mueren, sí. Estas tres que acabamos de mencionar eventualmente murieron otra vez. Pero sus resurrecciones temporarias demostraron que la muerte no era final. A través de ellos, Jesús nos muestra que la muerte puede ser, y será, derrotada.

Estos milagros que derrotaron a la muerte también tenían otros objetivos. Brindaban asombrosas lecciones en cuanto a la extensión de la voluntad de Jesús por glorificar a su Padre. Por ejemplo, se arriesgó a ofender a sus queridos amigos María, Marta y Lázaro, al desilusionarlos para darles un don aún mayor. Y en todo, Dios recibía gloria. Por fe, tu propia muerte le dará a Jesús otra oportunidad más de glorificar a Dios. Ten esta posibilidad en mente cuando medites en estos casos del poder de Jesús por sobre la muerte.

DÍA 239

Prepararse para la eternidad

ROMANOS 8:38-39
*Por lo cual estoy seguro de que ni la muerte, ni la vida,
ni ángeles, ni principados, ni potestades, ni lo presente,
ni lo por venir, ni lo alto, ni lo profundo, ni ninguna
otra cosa creada nos podrá separar del amor de Dios,
que es en Cristo Jesús Señor nuestro.*

Sea cual fuere el mundo que te presente la muerte, la mejor preparación posible es trabajar por el mayor bien del mundo en el que vives. Sea cual sea el cambio que traiga la muerte, quien ha pasado su vida intentando hacer de este mundo un lugar mejor, siempre estará preparado para otro mundo.

Vive en este mundo, encuentra la tarea más amada aquí, deja que el amor a Dios y a tu prójimo sea el principio que motive tu existencia, y luego cuando llegue la muerte y te lleve donde te lleve estarás preparado. Al rasgar el velo que oculta los secretos del mundo invisible, ese llamado que te convoca a regiones desconocidas, no tienes que despertar en tu pecho desolación ni perturbación, porque en el universo de Dios no podrás ir donde el amor, la verdad y la devoción no valgan nada, ni donde el alma llena de fe inconmovible en el progreso y la identificación de su propia felicidad con el triunfo final de la bondad sean abandonadas.

JOHN CAIRD

Día 240

Recibieron otra vida

Lucas 7:12

*Cuando llegó cerca de la puerta de la ciudad,
he aquí que llevaban a enterrar a un difunto,
hijo único de su madre, la cual era viuda;
y había con ella mucha gente de la ciudad.*

No existe dimensión de terror en el mundo que lo detenga. Él camina a la puerta del sepulcro, el sótano sellado de la casa de su Padre, y llama al que ha estado cuatro días muerto. Reprende a los que están de duelo, detiene el funeral, y devuelve a los hijos a los brazos de sus padres. El más rudo de los sirvientes no lo hace pestañear, ninguno es tan arrogante como para desobedecer su palabra. Se duerme en medio de la tormenta que amenaza con tragarse su barca. ¡Escucha cómo en esa misma ocasión reprende a sus discípulos! ¡Los niños tiemblan ante una ráfaga de viento en la casa! ¡Los pequeños de Dios sienten miedo a la tormenta! Escúchale ordenar al mar turbulento a la calma.

George MacDonald

Día 241

No llores

Lucas 7:13

Y cuando el Señor la vio, se compadeció de ella, y le dijo: No llores.

¿Recuerdas a la viuda de Naín, que tenía un solo hijo que cuando murió ella fue a darle sepultura (Lucas 7: 11-17)? Jesús se encontró con la procesión del funeral y tocó el féretro donde yacía el muerto. Para los judíos que estaban allí, era absolutamente increíble esto. Jesús se había contaminado al tocar un cadáver. Sin embargo, su toque resucitó al joven. Cuando Jesús vio a la viuda por primera vez, ella estaba de duelo. (Después de todo era su único hijo y ella ahora estaría desvalida.) Jesús le dijo simplemente: «No llores». ¿Qué nos dice esto del corazón de Jesús? Que le importaban las mujeres. Le importa esta viuda y le importa el hijo muerto. Tocó a los muertos y resucitaron. Jesús era vida. Era resurrección.

Jill Briscoe

Día 242

Él entiende

Lucas 7:14
*Y acercándose, tocó el féretro;
y los que lo llevaban se detuvieron.
Y dijo: Joven, a ti te digo, levántate.*

La compasión es otra lección importante que Jesús nos enseñó. A menudo, rompió la tradición y no le importaba el *status quo*. Uno de los ejemplos más grandes de esto se encuentra en Lucas 7: 11-15, cuando Jesús detuvo una procesión fúnebre y habló con la mujer que acababa de perder a su único hijo. Que una viuda judía perdiera a su hijo era algo devastador porque perdía su único sostén. Ya no tenía esposo ni hijo. Pero Jesús se compadeció por esta mujer que sufría, detuvo la procesión del funeral y tocó al muchacho muerto. Era algo inaudito en las costumbres judías porque los judíos temían contaminarse si tocaban un cadáver. Sin embargo, Jesús le dijo al muchacho muerto que se levantara, y el muchacho se levantó, habló, y fue restaurado a su madre. Jesús entiende tu dolor. Quizá hayas perdido un hijo, quizá hayas tenido un aborto espontáneo, quizá seas estéril, quizá tengas una enfermedad grave y te hayan dicho que no te queda mucho tiempo de vida. Sea cual sea el problema, Jesús entiende tu dolor. Sus brazos están abiertos y Él quiere tocarte con su compasión, su misericordia y su gracia.

DAVID HAGER

DÍA 243

LA VIO

LUCAS 7:15
Entonces se incorporó el que había muerto,
y comenzó a hablar. Y lo dio a su madre.

Lo que más resalta en mi percepción de este encuentro de Jesús con la viuda es que «la vio» (Lucas 7:13). Esta mujer nunca pidió ayuda, no mostró fe ni buscaba milagro. Sin embargo, Jesús vio su tristeza, su dolor y su pena. No la pasó por alto como solemos hacer nosotros. Realmente la vio.

Jesús no solamente vio a la viuda de Naín, sino que «se compadeció de ella» (Lucas 7:13). No solamente reconoció que estaba sufriendo, sino que sufrió con ella. Una mujer de dolores se encuentra con el varón de dolores.

Dios te ve y se compadece de ti. Cuando sufres, Él sufre. Cuando tienes dolor, Él siente dolor. Su amor por nosotros lo conmueve.

Ese día en Naín, Jesús se cruzó en el camino de una procesión fúnebre. Al hacerlo, resucitó al único hijo de una madre. Pero el milagro no era para el muchacho, sino para la madre. Jesús resucita a un muerto, no para captar la atención sobre sí mismo, sino por mostrar compasión hacia esta mujer.

RICK EZELL

DÍA 244

¿El último recurso?

MATEO 9:18
*Mientras él les decía estas cosas, vino un hombre principal
y se postró ante él, diciendo: Mi hija acaba de morir;
mas ven y pon tu mano sobre ella, y vivirá.*

Es obvio que un hombre como este solamente vendría a Jesús como último recurso. Sería uno de los judíos más estrictamente ortodoxos que vería a Jesús como hereje peligroso, y fue solamente cuando todo lo demás fracasó que en desesperación recurrió a Jesús. Jesús podría bien haberle dicho: «Cuando todo iba bien querías matarme, pero ahora que las cosas van mal está pidiendo mi ayuda». Y bien podría haberse negado a ayudar a un hombre que viniera de esa manera. Pero no sentía rencor, porque aquí había un hombre en necesidad, y lo único que Jesús deseaba ir a ayudar. El orgullo herido y el espíritu sin perdón no tienen lugar en la mente de Jesús.

Ese día en Capernaum, Jesús rescató a una joven judía de las garras de la muerte.

WILLIAM BARCLAY

DÍA 245

Serenidad

MARCOS 5:40
*Y se burlaban de él. Mas él, echando fuera a todos,
tomó al padre y a la madre de la niña,
y a los que estaban con él,
y entró donde estaba la niña.*

Existe el contraste aquí entre la *desesperación sin restricción* de los deudos y la *serenidad* de Jesús. Estaban llorando, gimiendo y rasgándose las vestiduras, tirándose de los cabellos en muestra de aflicción, en tanto Él se mantenía calmado, tranquilo, sereno y con dominio propio.

¿Por qué esta diferencia? Debido a la perfecta confianza de Jesús en Dios. El peor desastre humano puede enfrentarse con coraje y dignidad cuando estamos con Dios. Se burlaron de Él porque pensaban que su esperanza no tenía fundamento y que su calma era un error. Sin embargo, el gran hecho de la vida cristiana es que lo que se ve imposible con los hombres es posible con Dios. Lo que para la naturaleza humana es demasiado bueno como para ser cierto se convierte en bendita verdad cuando Dios está allí. Se burlaron de Él, pero su risa ha de haberse tornado en asombro cuando vieron lo que Dios puede hacer. No hay nada que no podamos enfrentar, no hay nada que no podamos conquistar –ni siquiera la muerte– cuando lo enfrentamos y conquistamos en el amor de Dios que es en Cristo Jesús nuestro Señor.

William Barclay

Día 246

Cree solamente

Lucas 8:50
Oyéndolo Jesús, le respondió:
No temas; cree solamente, y será salva.

¿Cree solamente qué cosa? ¡Estaba muerta, y todo había acabado! Solamente cree que el Todopoderoso sigue junto a ti, Jairo. Cree solamente lo que tu corazón sintió cuando viste en sus ojos por primera vez que Él iría contigo. Cree solamente en la oscuridad lo que Él te dijo en la luz hace solo unos minutos. Cree solamente que Él todo lo puede, porque nada le es demasiado difícil. Y creyendo al punto de lo más amargo, Jairo descubrió que el deleite de la certeza había sido oscurecido por la demora, la desesperanza y la desilusión, que se convirtieron en el amanecer y la culminación del deseo, cuando su hija le fue devuelta sana y hambrienta.

Él nos pone a prueba para que podamos confiar en Él. Espera para que podamos conocer su gracia. Se demora para que aprendamos con Jairo, María y Marta que, si creemos, veremos la gloria de Dios no solamente en el cielo, ¡sino aquí mismo, y ahora!

Él se levanta y viene con nosotros.

V. RAYMOND EDMAN

DÍA 247

¡DESPIERTA!

MARCOS 5:41
Y tomando la mano de la niña, le dijo:
Talita cumi; que traducido es:
Niña, a ti te digo, levántate.

«Talita cumi» era una expresión en arameo que la niña habría comprendido bien. Era su lengua madre, y creo que podría traducirse como «Ovejita, vamos, levántate». Es lo que Él le dijo, y es dulce, cariñoso. Encontramos que nuestro Señor resucitó a una niña, que resucitó a un joven con el vigor del hombre en la flor de su edad (el hijo de la viuda de Naín), y luego a un ciudadano probablemente mayor, un hombre maduro, Lázaro. Los resucitó a todos del mismo modo ¡hablándoles!

Creo que la niña representa a todos los niños, aquellos que todavía no han alcanzado la edad de la responsabilidad. Y le dijo con todo amor: «Ovejita, despierta». Sé que en este momento estoy hablándole a muchos que han perdido a sus niñitos. Cuando perdimos a nuestro primer hijo, ¡fue algo tan triste! Es maravilloso para mí saber que aunque ella ha estado en su presencia durante muchos años ya, un día Él le hablará nuevamente estas palabras: «Ovejita, levántate».

J. VERNON MCGEE

DÍA 248

UNA PUERTA ABIERTA

MARCOS 5:41-42 NVI
La tomó de la mano y le dijo: —Talita cum (que significa: Niña, a ti te digo, ¡levántate!). La niña, que tenía doce años, se levantó en seguida y comenzó a andar. Ante este hecho todos se llenaron de asombro.

En arameo, *Talita cum* significa «Niña, ¡levántate!». Esto sucedió en la casa del hombre. Había mucho dolor, como sucede cuando muere un niño. Y justamente ese era uno de los usos de los funerales, por cierto, al citar lo que se dice cuando las personas protestan diciendo que son una forma morbosa de aferrarse al pasado y que hay que celebrar la vida en lugar de llorar la muerte, y cosas por el estilo. Celebremos la vida por supuesto, pero enfrentemos la muerte de esa vida.

La niña estaba muerta, pero cuando Jesús llegó, dijo que estaba dormida solamente. Lo mismo dijo cuando su amigo Lázaro murió. La muerte no es más permanente que el sueño, es lo que aparentemente quiso decir. Y esto no significa que tomara la muerte a la ligera. Cuando se enteró de la muerte de Lázaro, lloró, y es difícil imaginar que hiciera algo diferente en este caso. Pero si la muerte cierra una puerta, parece decir Jesús, está abriendo otra. *Talita cum.*

FREDERICK BUECHNER

DÍA 249

SU OFERTA SUPREMA

JUAN 11:1, 3-4
Estaba entonces enfermo uno llamado Lázaro, de Betania, la aldea de María y de Marta su hermana... Enviaron, pues, las hermanas para decir a Jesús: Señor, he aquí el que amas está enfermo. Oyéndolo Jesús, dijo: Esta enfermedad no es para muerte, sino para la gloria de Dios, para que el Hijo de Dios sea glorificado por ella.

Los milagros son imágenes de los que Jesús ofrece hacer en el corazón humano. Cuando abre los ojos de Bartimeo, el mendigo ciego, está ofreciendo una imagen de la nueva visión que nos ofrece a todos. Al sanar a los paralíticos, nos da la imagen del nuevo poder que pone a disposición de quienes entregan su vida en sus manos. Al convertir el agua en vino, muestra cómo puede cambiar el tedio de la vida y convertirlo en una vida de ocho octanos. Al alimentar a la multitud, muestra que anhela ser el pan que satisface el corazón del creyente. Al resucitar a Lázaro de entre los muertos, está señalando su ofrecimiento supremo: dar vida nueva y eterna a todos los que se entreguen a Él y confíen en Él. Esa es una de las razones principales por las que Jesús obró milagros. Quería demostrar de manera concreta, ante la imaginación de sus contemporáneos (y sus sucesores) la revolución espiritual que anhelaba producir en sus vidas.

MICHAEL GREEN

DÍA 250

SU SILENCIO

JUAN 11:6
*Cuando oyó, pues, que estaba enfermo, se quedó
dos días más en el lugar donde estaba.*

¿Te ha confiado Dios su silencio, un silencio con gran significado? Los silencios de Dios en realidad son sus respuestas. ¡Piensa en esos días de absoluto silencio en el hogar de Betania! ¿Hay que algo comparable con esos días en tu vida? ¿Puede Dios confiar en ti de esa manera o sigues pidiéndole una respuesta visible? Dios te dará las bendiciones que pides si te niegas a ir a más allá sin ellas, pero su silencio es una señal de que te está trayendo un entendimiento de Él aún más maravilloso. ¿Estás en pena ante Dios por qué no has tenido una respuesta audible? Cuando no puedes oír a Dios, encontrarás que Él te ha confiado con la forma más íntima posible, con absoluto silencio. No es un silencio de desesperación, sino de placer porque vio que eras capaz de recibir una revelación aún más grande. Si Dios te ha dado un silencio, entonces alábale porque te está llevando hacia las fuentes de sus propósitos.

OSWALD CHAMBERS

DÍA 251

LA RESPUESTA MÁS GRANDIOSA

JUAN 11:6 NVI
*A pesar de eso, cuando oyó que Lázaro estaba enfermo,
se quedó dos días más donde se encontraba.*

Yes que el silencio de Dios era en sí mismo una respuesta. No decimos meramente que no hay respuesta audible en el clamor de Betania. Se establece claramente que la ausencia de una respuesta audible era en sí misma la respuesta al clamor, porque fue *cuando el Señor oyó* que Lázaro estaba enfermo que *decidió* quedarse en dos días más donde se encontraba. Muchas veces he oído el silencio exterior. Cien veces he enviado al cielo aspiraciones cuya única respuesta pareció ser el eco de mi propia voz, y he gritado en la noche de mi desesperación: «*¿Por qué estás tan lejos de ayudarme?*» Sin embargo, nunca pensé que la aparente lejanía fuera en verdad la cercanía de Dios. Que el mismo silencio fuera una respuesta.

Jesús le dio a esa familia de Betania la respuesta más grandiosa. No es que hubieran pedido *demasiado*, sino *demasiado poco*. Habían pedido solamente la vida de Lázaro. Recibirían la vida de Lázaro y también la revelación de la vida eterna.

GEORGE MATHESON

Día 252

Una obra verdaderamente divina

Juan 11:14-15
*Entonces Jesús les dijo claramente: Lázaro ha muerto;
y me alegro por vosotros, de no haber estado allí,
para que creáis; mas vamos a él.*

Su poder habría sido exhibido de manera menos ilustre si hubiera brindado asistencia instantánea a Lázaro. Porque cuanto más cerca están las obras de Dios del curso natural de las cosas, tanto menos se valoran y tanto menos ilustremente se exhibe su gloria. Esto es lo que vivimos a diario, porque si Dios extiende inmediatamente su mano no percibimos su asistencia. Por eso, para que la resurrección de Lázaro se percibiera y reconociera como obra verdaderamente divina de parte de los discípulos, debe demorarse para que no se relacione en nada con un remedio humano.

La bondad paternal de Dios hacia nosotros está representada aquí en la persona de Cristo. Cuando Dios nos permite sentir dolor sobrecogedor y languidecer a causa de la pena, sepamos que de esta manera promueve nuestra salvación. En tales momentos, sin duda, gemimos y estamos perplejos y apenados, pero el Señor se regocija ante nuestro beneficio y nos exhibe doblemente su bondad respecto de esto.

JUAN CALVINO

DÍA 253

ESPERA POR ÉL

JUAN 11:14-15

Entonces Jesús les dijo claramente: Lázaro ha muerto; y me alegro por vosotros, de no haber estado allí, para que creáis; mas vamos a él.

El caso de Lázaro fue un ejemplo en el que hubo demora, donde la fe de dos mujeres buenas fue puesta a prueba: Lázaro estaba gravemente enfermo y sus hermanas enviaron por Jesús. Pero, sin razón aparente, nuestro Señor demoró en ir a aliviar a su amigo enfermo. El ruego era urgente y conmovedor: «Señor, aquel a quien amas tanto está enfermo», pero el maestro no se mueve y el sincero pedido de las mujeres parece caer en oídos sordos. ¡Qué prueba para la fe! Además la tardanza de nuestro Señor, pareció traer un desastre sin esperanza. Mientras Jesús se demoraba, Lázaro murió.

Sin embargo, la demora de Jesús se ejerció por un bien mayor. Finalmente, va hacia la casa de Betania.

No temas, creyente tentado y puesto a prueba. Jesús *vendrá* si ejerces la paciencia y te aferras a tu fe. Su demora servirá para hacer que su venida sea de mayor bendición. Sigue orando. Sigue esperando. No puedes dejar de hacerlo. Si Cristo se demora, espera por Él. Él vendrá y no habrá demora cuando decida que ha llegado el momento.

E. M. BOUNDS

Día 254

La mejor respuesta

Juan 11:25 NVI
[Jesús le dijo]: Yo soy la resurrección y la vida.
El que cree en mí vivirá, aunque muera.

De pie junto a la sepultura de su hermano, María y Marta lloraban la pérdida. Marta cuestionó los tiempos de Jesús: «Si hubieras estado aquí, mi hermano no habría muerto», dijo Marta. Sin embargo, Jesús nunca llega tarde. Con toda bondad le recordó a Marta su gran poder e ilimitado amor: «Yo soy la resurrección y la vida», dijo. Luego llamó a Lázaro, el muerto, y le ordenó que se levantara. Y Lázaro se levantó todavía envuelto en la mortaja.

¿Qué pérdida amenaza con estropear tu vida? De pie entre las sepulturas, ¿qué preguntas o exigencias tienes para el Señor? Recuerda: Jesús nunca llega tarde. En su infinito entendimiento, tiempos perfectos y profundo interés por ti oirá tu ruego, responderá a tu oración y traerá vida. Mientras tanto, sigue reposando en su soberanía y confiando en su amor.

Dave Veerman

Día 255

Él nunca llega tarde

Juan 11:25-26 NVI
—Yo soy la resurrección y la vida. El que cree en mí vivirá,
aunque muera; y todo el que vive y cree en mí
no morirá jamás. ¿Crees esto?

Algunas oraciones son seguidas de silencio porque están equivocadas, y otras porque son más grandes de lo que podemos entender. Jesús permaneció donde estaba, una demora positiva porque amaba a Marta y María. ¿Recibieron a Lázaro de vuelta? Recibieron infinitamente más. Conocieron la más grande verdad que jamás haya conocido cualquier mortal: que Jesucristo es la resurrección y la vida. Para algunos de nosotros, será un momento maravilloso estar ante Dios y encontrar que las oraciones nuestras de hace mucho tiempo, y que imaginamos que nunca fueron respondidas, han recibido la respuesta más asombrosa, y que el silencio de Dios fue la señal de su respuesta.

Oswald Chambers

Día 256

¿Crees esto?

Juan 11:26 NVI
«¿Crees esto?»

Marta creía en el poder disponible para Jesucristo. Veía que si Él hubiera estado allí podría haber sanado a su hermano. También creía que Jesús tenía especial intimidad con Dios y que lo que pidiera de Dios, Dios lo haría. Pero ella necesitaba una intimidad personal más cercana como Jesús.

¿Está haciendo el Señor lo mismo contigo? ¿Está enseñándote Jesús a tener intimidad personal con Él? Permite que Jesús te haga entender esto: «¿crees esto?» ¿Estás enfrentando un área de dudas en tu vida? ¿Has llegado, como Marta, a una encrucijada donde las circunstancias difíciles hacen que tu teología se convierta en una creencia muy personal? Esto sucede solamente cuando un problema personal nos hace ver conscientemente nuestra necesidad personal.

Entonces, cuando estoy cara a cara con Jesucristo y Él me dice: «¿crees esto?», encuentro que la fe es tan natural como respirar. Y quedó atónito cuando veo lo tonto que fui al no confiar en Él más temprano.

Oswald Chambers

Día 257

A SU IMAGEN

Juan 11:26
¿Crees esto?

Le está preguntando a Marta y a todos nosotros si realmente creemos que Él es capaz de darnos una expectativa segura y certera, que sepamos en nuestro pensamiento y nuestras emociones, en los «huesos», digamos, que su muerte y resurrección nos dará en el futuro cuerpos cambiados sobre los que la muerte no tiene poder alguno. Cristo murió para darnos una victoria que tiene un aspecto futuro que conoceremos un día y hará historia. *Esa* victoria es la que destruirá a la muerte. Los cuerpos, esos mismos cuerpos, se levantarán de entre los muertos como lo hizo el cuerpo de Cristo después de su resurrección. Él, que nos creó a su imagen, vino en un cuerpo como el nuestro, murió por nosotros y resucitó por nosotros. Esa forma resucitada nos muestra cómo seremos nosotros en la eternidad, a imagen de Cristo resucitado.

Edith Schaeffer

Día 258

JESÚS LLORA

Juan 11:35
Jesús lloró.

A lo largo de los siglos, los cristianos han atesorado este asombroso pasaje que demuestra el poder de Jesús sobre la vida y la muerte. Pero al enfocarnos en el dramático milagro de la resurrección de Lázaro, ¿hemos pasado por algo la importancia de las lágrimas de Jesús?

Durante más de treinta años, Él caminó sobre esta tierra, saboreando las alegrías y tragedias de la vida cotidiana, común. Con el tiempo, su profundo amor lo llevaría a pagar el precio supremo, sacrificando su propia vida en la cruz para salvarnos de nuestros pecados.

Las lágrimas de Jesús muestran que siente lo mismo que nosotros. Así como sucede con nuestras propias lágrimas, las suyas brotaron cuando ya no pudo contener la arrolladora ola de pena y tristeza. Las gotas que recorrieron sus mejillas revelan que puede entender nuestros sueños truncados, nuestras esperanzas desvanecidas y las muchas penas que provienen de enfrentar la vida y la pérdida.

Jesús entiende, y el Salvador que resucitó a Lázaro un día nos resucitará a nosotros.

STEVE Y LOIS RABEY

DÍA 259

¡SAL!

JUAN 11:39

Dijo Jesús: Quitad la piedra. Marta, la hermana del que había muerto, le dijo: Señor, hiede ya, porque es de cuatro días.

Lo que Jesús hizo con Lázaro está dispuesto a hacerlo con nosotros. Es bueno saberlo, porque lo que Marta dijo de Lázaro podrá decirse de nosotros también: «Señor, hiede ya, porque es de cuatro días» (Juan 11:39). Marta estaba hablando por todos nosotros. La raza humana está muerta, y hiede. Hemos estado muertos y sepultados durante mucho tiempo. No necesitamos que alguien nos corrija o arregle. Necesitamos que alguien nos resucite. En la mugre y la pena de lo que llamamos vida, hay muerte, y hemos estado en ella durante tanto tiempo que ya nos acostumbramos al hedor. Sin embargo, Cristo no se acostumbró.

Y Cristo no puede soportar la idea de que sus hijos se pudran en el cementerio. Así que viene y nos llama a que salgamos. Somos el cadáver, y él es el que llama a los cadáveres. Somos los muertos, y Él es el resucitador de muertos. Nuestra tarea no consiste en levantarnos, sino en admitir que estamos muertos. Los únicos que permanecen en la tumba son aquellos que no creen estar allí.

Max Lucado

Día 260

Fiel a su promesa

Juan 11:40
*Jesús le dijo: ¿No te he dicho que si crees,
verás la gloria de Dios?*

Y aunque María y Marta solían pasar bastante tiempo con Jesús, les costaba creerle cuando dijo que la enfermedad de su hermano Lázaro «no era para muerte». ¿Quién podría culpar a María y Marta, realmente? Cuando Lázaro murió, la situación se veía imposible, oscura. ¿Cómo podría Jesús ser fiel a su palabra de que la enfermedad no era para muerte, si Lázaro ya había muerto?

Bueno, es posible que conozcas el resto de la historia. Jesús resucitó a Lázaro de entre los muertos, y como siempre, fue fiel a su promesa.

Sí, Dios sigue obrando milagros hoy, liberando a personas de las ataduras en que están. Sana cuerpos, sana vidas, sana hogares. Quizá hayas vivido algún tipo de sanación física o emocional o conozcas a alguien que la haya vivido. Sea lo que sea que vivamos como milagro moderno, no hay milagro que se compare al milagro de salvación que obra Jesús cada día cuando perdona a las personas y las sana de la enfermedad espiritual del pecado.

Derek Webb

DÍA 261

PARA QUE CREAN

JUAN 11:41-42

*Entonces quitaron la piedra de donde había sido puesto el muerto.
Y Jesús, alzando los ojos a lo alto, dijo:
«Padre, gracias te doy por haberme oído.
Yo sabía que siempre me oyes;
pero lo dije por causa de la multitud que está alrededor,
para que crean que tú me has enviado».*

No hay otro pasaje en que Jesús haya orado pensando en un público, como un actor de Shakespeare que se vuelve hacia el público para hablar en un aparte. En este momento, Jesús parecía estar al tanto de su identidad dual, simultáneamente Aquel que bajó del cielo y el Hijo del Hombre nacido en la tierra.

La oración pública, en voz alta, los gestos, todo esto tiene la marca de una batalla espiritual que se está librando. Jesús estaba mostrándonos algo, obrando una «señal» a la vista de todos, y aquí, como en ninguna otra parte, reconoció el estado intermedio de la creación de Dios. Jesús sabía, claro está, que Lázaro ahora estaba sano y contento, mejor en todo sentido por haberse despojado de su traje de mortal.

En ese momento, Jesús mismo estaba entre dos mundos. El hecho de que su propia muerte también acabara en resurrección no hacía que tuviera menos miedo al dolor. Era humano y tenía que pasar por el Gólgota para llegar al otro lado.

PHILIP YANCEY

DÍA 262

Te doy gracias

Juan 11:41-42
Entonces quitaron la piedra de donde había sido puesto el muerto.
Y Jesús, alzando los ojos a lo alto, dijo:
Padre, gracias te doy por haberme oído.
Yo sabía que siempre me oyes; pero lo dije
por causa de la multitud que está alrededor,
para que crean que tú me has enviado.

Hay muchas cosas notables en la resurrección de Lázaro obrada por Cristo (Juan 11:41): que oró a Dios antes de hacerlo, que lo hizo por Dios, y agradeció a Dios que le hubiera escuchado y le dijera que sabía que siempre lo escuchaba. Cuando hablaba con Dios, lo llamaba Padre y le decía que hablaba con él para esto: que quienes estaban allí, cuando vieran que lo que se le pedía a Dios era otorgado en algo tan extraordinario, pudieran creer que Dios le había enviado. Ahora, ¿podemos imaginar que Dios escucharía a un impostor? ¿O que podría ordenar o soportar que algo tan extraordinario se hiciera inmediatamente como consecuencia del pedido y la acción de un impostor tan sinvergüenza que se atrevía a llamarle Padre, que le decía que siempre lo escuchaba, y que le decía que al hablar de esto tenía por intención que los demás vieran que en verdad daba testimonio de su misión y autoridad haciendo esto según su pedido y de tan extraordinaria manera?

JONATHAN EDWARDS

Día 263

Vivo

Juan 11:43
Y habiendo dicho esto, clamó a gran voz: ¡Lázaro, ven fuera!

Después de un momento cuando incliné mi cabeza
y el mundo se dio vuelta para estar en posición correcta,
y salí, para ver que el viejo camino resplandecía de blanco,
caminé los caminos y oí lo que decían todos los hombres,
bosques de lenguas como hojas de otoño que no han caído
no indeseables, sino livianos y extraños,
viejos enigmas y nuevos credos no con desprecio,
sino suavemente como sonríen los hombres ante lo muerto.
Los sabios tienen un centenar de mapas que dar
que trazan su serpenteante cosmos como un árbol,
resuenan razones que filtran por coladores,
que guardan la arena y liberan el oro.
Y todas estas cosas son menos que el polvo para mí.
Porque mi nombre es Lázaro y vivo.

G.K. Chesterton

Día 264

¿Dónde estuviste?

Juan 11:44
Y el que había muerto salió, atadas las manos
y los pies con vendas, y el rostro envuelto en un sudario.
Jesús les dijo: Desatadle, y dejadle ir.

Cuando Lázaro salió de su cueva mortuoria,
y a casa de María regresó,
¿se preguntó si anhelaba
oírla llorar junto a su sepultura?

«¿Dónde estuve, hermano, estos cuatro días?»
No hay registro de respuesta,
que diga lo que es morir
para agregar alabanza a la alabanza.

De cada casa los vecinos llegaron,
de alegre sonido las calles se llenaron.
Solemne alegría coronó
la sien morada del Olivo.

¡Vean al hombre resucitado por Cristo!
El resto nunca se reveló.
No lo contó o algo hubo
que selló los labios de ese Evangelista.

Alfred, Lord Tennyson

DÍA 265

Derrotar el poder de la muerte

Mateo 27:52-53

Y se abrieron los sepulcros, y muchos cuerpos de santos que habían dormido, se levantaron; y saliendo de los sepulcros, después de la resurrección de él, vinieron a la santa ciudad, y aparecieron a muchos.

En las Escrituras, los terremotos simbolizaban las poderosas obras de Dios (ver Jueces 5:4; 1 Reyes 19:11; Salmo 114:7-8; Isaías 29:6; Joel 3:16; Nahum 1:5-6; Mateo 28:2; Hechos 16:26; Apocalipsis 6:12, 8:5). La apertura de las sepulturas y la resurrección de las personas revelaban que, mediante la muerte de Jesús, se había derrotado el poder de la muerte. Si esto sucedió al momento de la muerte de Jesús, o cuando Él resucitó (porque las personas no fueron a la ciudad hasta después de la resurrección de Jesús), la resurrección de Jesús y la de todos estos santos inauguró la nueva era de la salvación, el comienzo de los «últimos días» (ver también Ezequiel 37:1-14 y Daniel 12:2 para encontrar la expectativa judía de la resurrección del cuerpo).

COMENTARIO DE LA BIBLIA DEL DIARIO VIVIR – MATEO

DÍA 266

NO OLVIDEN

JUAN 14:11
De otra manera, creedme por las mismas obras.

¿Cómo podrían los discípulos olvidar, o si no lo habían olvidado, *cómo podían pasar por alto tan fácilmente los milagros* que habían visto de primera mano?

Jesús había convertido el agua en vino.

Había devuelto la movilidad a un hombre paralizado durante treinta y ocho años.

Había sanado al hijo del oficial del rey sin siquiera ir a verlo.

Había alimentado a cinco mil personas hasta saciarlas, con solamente cinco panes y dos peces.

Había caminado sobre el agua en el Mar de Galilea.

Había dado la vista en un hombre que había nacido ciego.

Había resucitado a Lázaro de entre los muertos.

¡Y son solamente los milagros que Juan podía mencionar, como en una lista mental, en ese momento! Había tantos otros. Los discípulos habrán perdido la cuenta. La lista seguía y seguía ¿Cómo podrían haber racionalizado que los milagros eran otra cosa, y no la prueba de que Jesús era Dios con ellos? Y si Jesús era Dios con ellos, por cierto había que creer en su Palabra.

ANNE GRAHAM LOTZ

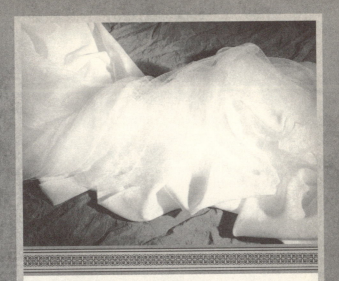

LA MILAGROSA RESURRECCIÓN DE JESÚS

Porque yo vivo, vosotros también viviréis.
Juan 14:19

LA MILAGROSA RESURRECCIÓN DE JESÚS

Como sucede con todos los milagros de Cristo, la resurrección no es un fin, sino un medio. Jesús no resucitó de entre los muertos para demostrar que podía hacerlo. Resucitó para destacar todas las demás promesas que hizo. Resucitó de entre los muertos para derrotar a la muerte y a Satanás. Murió en la cruz para obtener nuestro perdón, pero dejó la tumba para personalmente garantizar nuestro perdón. Resucitó para darnos un preludio de la vida eterna.

La resurrección de Jesús ubica al cristianismo en una categoría única. Sin la resurrección corpórea de Jesús, sus seguidores serían solamente otro gran grupo de creyentes en un sistema más o menos religioso. Sin la resurrección, el cristianismo es nada más que una religión importante. Sin embargo, con un Señor resucitado, el cristianismo es una relación sobrenatural entre el Hijo de Dios y quienes confían en Él. Los que rechazan la resurrección de Jesús quedan con poco más que la desesperanza de sus propios esfuerzos para merecer beneficios eternos. La elección infinitamente mejor implica el conocimiento lleno de esperanza de que porque Jesús vive, también podemos vivir nosotros.

Día 267

El gran milagro

1 Corintios 15:20
Mas ahora Cristo ha resucitado de los muertos;
primicias de los que durmieron es hecho.

Estamos hablando de la resurrección de Jesús. No hablamos de que «sobrevivió» a la muerte de alguna forma vaga. No hablamos de que apareció su «espíritu». No estamos hablando, por cierto, simplemente de su continua influencia en el mundo. Estamos hablando de la resurrección de su cuerpo muerto, de su victoria personal sobre la muerte, de una tumba vacía, no porque el cuerpo se hubiera disuelto, sino porque gloriosamente volvió a vivir. Usamos la palabra «resurrección», en su acepción normal en el diccionario: «restauración a la vida».

El Señor Jesús obró muchos milagros. Los Evangelios registran en detalle una buena cantidad. Muchos tienen que ver con enfermedades de diversos tipos o casos de posesión demoníaca. En dichos fenómenos, la muerte echa su sombra por delante y el toque de vida de Cristo elimina parte de esa sombra. Pero en su resurrección Cristo fue sujeto y objeto del más grande milagro, y no trató con los síntomas de la sujeción humana a la muerte, sino con la muerte misma.

Geoffrey W. Grogan

DÍA 268

PUERTA A LA VIDA

1 CORINTIOS 15:20 NVI
*Lo cierto es que Cristo ha sido levantado de entre los muertos,
como primicias de los que murieron.*

¿Por qué es tan importante que creamos en la resurrección? La imagen que nos da Pablo es la de los primeros frutos de una cosecha, la promesa de lo que ha de venir. Él es el primer fruto de la cosecha de almas de Dios, y nosotros somos el resto de la cosecha.

Pablo dice que la esperanza de la resurrección es la razón por la que está dispuesto a pasar intenso sufrimiento por Cristo ¿Cuál sería el punto, pregunta, si Cristo no estuviese verdaderamente vivo? El mayor problema de la vida es la muerte. Gastamos miles de millones de dólares intentando posponer el mal día que ninguno de nosotros podrá evitar, del que nadie puede escapar. Pero para el cristiano, la piedra de la tumba ha sido corrida. ¡Está vacía! La muerte para el cristiano es la puerta de entrada a la vida. Cristo ha ido delante para decirnos que hay un nuevo mundo que nos espera y que podemos enfrentar la tumba con la mayor confianza en esa promesa.

JILL BRISCOE

DÍA 269

PRIMEROS FRUTOS

1 CORINTIOS 15:23
*Pero cada uno en su debido orden: Cristo, las primicias;
luego los que son de Cristo, en su venida.*

En verdad, es de acuerdo a la naturaleza del Dios invisible que ha de hacerse conocer ante nosotros por medio de sus obras, y quienes dudan de la resurrección del Señor porque hoy no lo ven con sus ojos, también podrían negar las leyes de la naturaleza misma. Basan su incredulidad porque faltan milagros, pero cuando los milagros gritan y prueban el hecho de manera tan clara, ¿por qué niegan deliberadamente la vida resucitada que se mostró de manera tan manifiesta? Y aún si sus facultades mentales fueran defectuosas, de seguro sus ojos pueden darles innegable prueba del poder y la deidad de Cristo. El ciego no puede ver el sol, pero sabe que brilla por el calor que le da. De manera similar, que quienes están todavía en la ceguera de la incredulidad, reconozcan la deidad de Cristo y la resurrección que Él produjo a partir de su poder manifiesto en otras personas.

Es Él quien ha destruido a la muerte, y que nos dio la gracia de la incorrupción con la promesa de la resurrección, habiendo resucitado su propio cuerpo como primicia, como primer fruto, mostrándolo mediante la señal de la cruz como monumento a su victoria sobre la muerte y su corrupción.

ATANASIO

DÍA 270

¿CÓMO PODEMOS SABER?

MARCOS 10:34
*Y le escarnecerán, le azotarán, y escupirán en él,
y le matarán; mas al tercer día resucitará.*

¿Cómo podemos *saber* que Jesús resucitó? Antes de que ocurriera cualquiera de estos eventos, Jesús hizo no menos de diez predicciones específicas sobre su muerte y resurrección, y todas se cumplieron.

Hasta los más críticos están de acuerdo en que Jesús fue crucificado y muerto por los romanos y que la ubicación de su tumba era de público conocimiento. Nadie puede negar lógicamente que una piedra circular de dos toneladas cubría la entrada a la sepultura. Un guardia militar romano vigilaba que nadie robara el cuerpo. Pero casi todos están de acuerdo, los críticos incluidos, en que la tumba fue hallada vacía el domingo por la mañana.

Hay numerosas apariciones de Cristo resucitado después de su muerte. Apareció ante muchas personas diferentes: ante los discípulos, que al principio no le creyeron, ante una multitud de 500 personas y ante individuos elegidos. Apareció ante ellos en diferentes formas, lugares y circunstancias. Estas apariciones eventualmente hicieron que la gente creyera, a pesar del escepticismo, como lo revelan los relatos.

JOHN ANKERBERG Y JOHN WELDON

DÍA 271

¡VENGAN Y CELEBREN!

MATEO 28:6
No está aquí, pues ha resucitado, como dijo.
Venid, ved el lugar donde fue puesto el Señor.

Las dos palabras más emocionantes son: «Ha resucitado». El ángel junto a la tumba vacía de Jesús les dijo estas palabras a las mujeres que vinieron a ungir el cuerpo muerto de Jesús. Les preguntó por qué estaban buscando en una tumba a alguien que estaba vivo. ¡Jesús ya no estaba allí! ¡Está vivo! ¡Resucitó! Vive para siempre.

Seguramente esos tres días en que Jesús estuvo en la tumba fueron días oscuros. Jesús había muerto y con É parecían haberse esfumado los sueños y las esperanzas de muchos. Las mujeres que vinieron a bañar su cuerpo con aceites perfumados seguramente creyeron que la historia había acabado. Quizá unos pocos entre los seguidores de Cristo recordaban sus palabras: «Tres días después, resucitaré» (ver

Marcos 10:34). Sin embargo, la mayoría parecía haber perdido el significado de estas palabras.

Cuando Jesús se presentó ante sus seguidores después de su resurrección ¡se llenaron de gozo! ¿Puedes imaginarlo? Servimos a un Salvador que murió y resucitó. Porque Él vive, nosotros también viviremos para siempre ¡Ven! ¡Ven a celebrar la resurrección de nuestro Señor!

DEBBIE CARSTEN

DÍA 272

EL AMOR ES LA LECCIÓN

LUCAS 24:6
No está aquí, sino que ha resucitado.

Muy glorioso Señor de la vida que en este día
Triunfaste por sobre la muerte y el pecado,
Y habiendo derrotado al infierno eliminaste
El cautiverio para que podamos triunfar los cautivos.
Este gozoso día, querido Señor, con gozo comienza
Y otórganos que nosotros, por quienes moriste,
Estando con tu querida sangre limpios de pecado,
Podamos vivir por siempre en felicidad.
Y que tu amor valoremos en mucho,
Y que otros te amen por la misma razón,
Y que por tu nombre, habiendo pagado alto precio por todos,
Con amor guardemos los unos a los otros.
Haz que amemos, querido amor, como debemos.
El amor es la lección que el Señor nos enseñó.

EDMUND SPENSER

Día 273

ÉL VIVE

Marcos 16:6

*Mas él les dijo: No os asustéis; buscáis a Jesús nazareno,
el que fue crucificado; ha resucitado, no está aquí;
mirad el lugar en donde le pusieron.*

Desesperanzada y apenada, una mujer joven se acercó a una sepultura nueva en la oscuridad de la madrugada. Su corazón estaba partido y le dolía el cuerpo. Y por una buena razón. A su mejor amigo le habían ejecutado el día anterior, y no había dormido en toda la noche. Dolor, horror, miedo. En su mente, podía ver a Jesús mirándola con amor. También podía verle convulsionando en la cruz, sangrando y luchando por respirar. Vio cómo bajaban su cuerpo inerte. Pero esta serie de recuerdos de los hechos que había presenciado fue interrumpida por una voz: «No está aquí el que buscan. ¡Ha resucitado!». Al levantar la vista, vio no solamente al destellante mensajero que pronunció las palabras, sino que además vio que la sepultura, antes sellada, estaba abierta ¡Era un milagro! ¡Más de lo que podría haber imaginado! Corrió para decirles a sus amigos lo que había visto y oído, y se oyó repitiendo tres palabras, una y otra vez: «¡Mi Redentor vive!».

Greg Asimakoupoulos

DÍA 274

CON GOZO

MATEO 28:8

*Entonces ellas, saliendo del sepulcro con temor y gran gozo,
fueron corriendo a dar las nuevas a sus discípulos.
Y mientras iban a dar las nuevas a los discípulos.*

¿Qué ha sucedido para que celebremos con gozo tan irreprimible, sea en Washington, San Francisco, Seúl o Sydney? Para empezar, que Cristo vino. Visitó el planeta tierra, como un meteoro venido del espacio exterior que golpea con impacto tal que el mundo nunca volvió a ser el mismo de antes. Pero eso fue solamente el comienzo. Cuando lo peor que deba enfrentar nuestro mundo –la muerte– se produjo en Él, resucitó de entre los muertos. Sí, la partió en dos, la corrió a un lado, y ahora el universo entero ya no será como antes nunca más. Donde había una celda claustrofóbica y sellada, hay un hoyo abierto para la libertad que se abrió con la resurrección. Estos dos eventos, la crucifixión y la resurrección de Jesús, lo han cambiado todo.

REBECCA MANLEY PIPPERT

DÍA 275

NO MUY BUENOS EN ESTO DE CREER

JUAN 20:6, 8-10

*Luego llegó Simón Pedro tras él, y entró en el sepulcro, y vio
los lienzos puestos allí... Entonces entró también el otro discípulo,
que había venido primero al sepulcro; y vio, y creyó. Porque aún no
habían entendido la Escritura, que era necesario que él resucitase
de los muertos. Y volvieron los discípulos a los suyos.*

No sabemos exactamente qué sucedió cuando Jesús dejó la sepultura en que lo habían puesto. Sí sabemos que nunca lo reconocieron de vista, ni por su voz, ni al partir el pan o al comer el pescado. Cuando las mujeres les dijeron a los hombres que un ángel les había dicho que Jesús había resucitado, nadie les creyó. Cuando Pedro y Juan vieron la tumba vacía con sus propios ojos se apartaron nada más, no gritaron a voz en cuello al resto de los discípulos y sus amigos, contándoles lo sucedido. La mayoría del tiempo, nosotros los seres humanos no somos muy buenos creyentes.

MADELEINE L'ENGLE

DÍA 276

COMUNIÓN CON NOSOTROS

JUAN 20:16
*Jesús le dijo: ¡María! Volviéndose ella, le dijo:
¡Raboni! (que quiere decir, Maestro).*

La resurrección significa que son abolidas las limitaciones de espacio y tiempo. No necesitamos nacer de nuevo como los palestinos del siglo primero para encontrar a Cristo, porque el Cristo resucitado nos encuentra y nos llama, sea cual sea nuestra situación. Cristo rompe las barreras históricas y culturales —y también la barrera de la muerte misma— precisamente porque resucitó y está vivo. Para el hombre, la muerte significa cortar relaciones porque ya no ve a quienes conocía y amaba. En el caso de Jesús, encontramos que su muerte tuvo el efecto exactamente contrario a causa de la resurrección: lo restauró para estar en comunión con quienes Él amaba (un buen ejemplo es María Magdalena), y abrió la posibilidad de comunión con quienes (digamos) jamás había conocido como nosotros.

ALISTER MCGRATH

La prueba

Hechos 17:30-31

Pero Dios, habiendo pasado por alto los tiempos de esta ignorancia, ahora manda a todos los hombres en todo lugar, que se arrepientan; por cuanto ha establecido un día en el cual juzgará al mundo con justicia, por aquel varón a quien designó, dando fe a todos con haberle levantado de los muertos.

A la luz de esto, es posible que queramos pensar en la bien conocida «apuesta» de Blas Pascal, el eminente matemático (el lenguaje informático Pascal lleva su nombre), físico y genio, que es básicamente un argumento de lógica de autoconservación. Dios existe o no existe, y es necesario que apostemos a favor o en contra de Él. Si apostamos en su favor y no existe, no hay nada que perder. Si apostamos a favor de Él y sí existe, hay ganancia infinita. Si apuesto en contra de Él y no existe, no hay pérdida ni ganancia. Pero si apuesto en su contra y sí existe, la pérdida es infinita. Hay una única hipótesis en la que estoy expuesto a perderlo todo. La sabiduría, por eso, me indica apostar a aquello que asegure toda ganancia o, en el peor de los casos, ninguna pérdida.

John Ankerberg y John Weldon

Razón de nuestra esperanza

Romanos 5:10-11

Porque si siendo enemigos, fuimos reconciliados con Dios por la muerte de su Hijo, mucho más, estando reconciliados, seremos salvos por su vida. Y no sólo esto, sino que también nos gloriamos en Dios por el Señor nuestro Jesucristo, por quien hemos recibido ahora la reconciliación.

La disposición de la esperanza tiene sus raíces en la verdad bíblica fundamental de que toda posibilidad de vida y su futuro están bajo el cuidado y la bondad de Dios. La reconciliación es una posibilidad para nosotros porque comienza y permanece arraigada en el amor de Dios hacia nosotros. La buena nueva de la fe cristiana es que el amor de Dios es constante e invencible. Esta es la noticia que se hace más claramente evidente en la resurrección de Jesús. La resurrección de Jesús (el mejor de todos los futuros posibles) es nuestra garantía suprema de esperanza. No podemos vivirla ni comprometernos con ella si no creemos que el amor de Dios por nosotros es un amor constante e invencible, es decir, a menos que creamos en la «gracia asombrosa». Aceptar el amor incondicional de Dios hacia nosotros es fundamental en el proceso de reconciliación en la vida y en el sacramento.

Richard M. Gula

DÍA 279

El fin de la muerte

ROMANOS 6:9
*Sabiendo que Cristo, habiendo resucitado de los muertos,
ya no muere; la muerte no se enseñorea más de él.*

Durante tres días, el cuerpo de Jesús se descompuso. No se mantenía igual, debes saberlo. Se descomponía. Sus mejillas se hundieron y su piel empalideció. Sin embargo, después de tres días ese proceso se revirtió. Hubo movimiento, en la profundidad de la tumba... y el Cristo vivo se levantó.

Y en el momento en que se levantó, todo cambió.

La resurrección es una llamada explosiva que anuncia a todo buscador sincero que es cosa segura creer. Es cosa segura creer en la justicia suprema. Es cosa segura creer en los cuerpos eternos. Es cosa segura creer en el cielo como hogar nuestro y en la tierra como su atrio de entrada. Es seguro creer en un tiempo en que las preguntas no nos mantendrán despiertos y el dolor no nos mantendrá oprimidos. Es cosa segura creer en sepulturas abiertas e interminables días y alabanza genuina.

Porque podemos aceptar la historia de la resurrección, es cosa segura aceptar el resto de la historia.

A causa de la resurrección, todo cambia.

MAX LUCADO

La clave

1 Corintios 6:14
*Y Dios, que levantó al Señor, también a nosotros
nos levantará con su poder.*

El plan íntegro del futuro tiene su clave en la resurrección. A menos que Cristo resucitara de entre los muertos, no podría haber reino ni retorno del Rey. Cuando los discípulos estaban en el lugar desde donde Jesús dejó esta tierra, llamado el lugar de la Ascensión, los ángeles les aseguraron que el Cristo de la resurrección sería el Cristo del retorno en gloria: «Varones galileos, ¿por qué estáis mirando al cielo? Este mismo Jesús, que ha sido tomado de vosotros al cielo, así vendrá como le habéis visto ir al cielo» (Hechos 1:11).

La resurrección es un evento que nos prepara y nos confirma ese evento futuro en que Él regresará otra vez.

Sí, Jesús está vivo.

Obviamente la resurrección física de Cristo es una parte esencial en el plan de Dios para salvarnos. ¿Te has entregado a este Cristo vivo?

Billy Graham

DÍA 281

UN SALVADOR VIVO

1 CORINTIOS 15:3-4
*Porque primeramente os he enseñado lo que asimismo recibí:
Que Cristo murió por nuestros pecados, conforme a las Escrituras;
y que fue sepultado, y que resucitó al tercer día,
conforme a las Escrituras.*

Durante el transcurso de la historia humana, este mundo ha sido testigo de algunos eventos importantes y maravillosos, pero el día más glorioso que el mundo conoció fue el día en que Jesús en Nazaret resucitó de entre los muertos.

El meollo del evangelio no es solamente que Cristo murió por nuestros pecados, sino que resucitó al tercer día según las Escrituras (1 Corintios 15:3-4). Fue muerto por nuestras ofensas y resucitó por nuestra justificación. Si Cristo hubiera permanecido en la tumba, habría sido ésta la sepultura de toda esperanza. Pero la resurrección es verdad y prueba muchas cosas. Prueba que Jesús era el Hijo de Dios. Prueba que su propiciación del pecado fue completa, suficiente y aceptable. Prueba que las palabras que Jesús son ciertas y que podemos confiar en ellas. Prueba que hay resurrección para nosotros también. Hoy adoramos a un Salvador que vive. Hace falta un Salvador como éste para salvarnos cuando estamos perdidos, para consolarnos cuando sufrimos, para fortalecernos cuando estamos débiles, y para llevarnos al cielo cuando morimos.

PHILIP W. COMFORT Y WENDELL C. HAWLEY

Jesús derrotó a la muerte

1 Corintios 15:55
¿Dónde está, oh muerte, tu aguijón?
¿Dónde, oh sepulcro, tu victoria?

¿Qué cosa podría haber producido una iglesia como esa? ¿Un Cristo muerto? El efecto no habría estado en armonía con la causa. Después de la batalla de Waterloo, se envió un mensaje que decía: «Wellington derrot…». La neblina lo cubrió todo en ese momento, e Inglaterra se sumió en la pena. Luego, la neblina se levantó y llegó el mensaje completo: «Wellington derrotó a Napoleón». La pena se convirtió en alegría. La noticia se transmitió desde una colina llamada Calvario: «Jesús derrot…», y durante tres días la neblina lo cubrió todo. Los días más tristes de la historia humana. Entonces en la mañana de Pascua, la neblina se levantó y el mundo recibió el mensaje completo: «Jesús derrotó a la muerte». Y el mundo nunca volvió a ser el mismo. Ni la muerte ha vuelto hacer lo mismo. «¿Dónde está, oh muerte, tu aguijón? ¿Dónde, oh sepulcro, tu victoria?» El día más negro de la tierra y el día más brillante de la tierra están separados solamente por tres días en el medio. Pero esos tres días dividen las eras. A un lado la duda y la desesperanza, y al otro la esperanza y la felicidad.

E. Stanley Jones

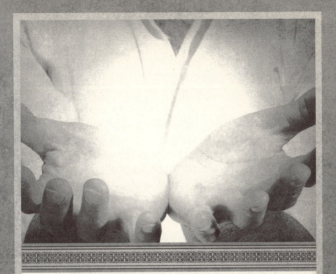

LOS MILAGROS DE JESÚS DESPUÉS DE SU RESURRECCIÓN

*Jesús le dijo: Porque me has visto…,
creíste; bienaventurados los que
no vieron, y creyeron*
JUAN 20:28-29

LOS MILAGROS DE JESÚS DESPUÉS DE SU RESURRECCIÓN

Los días que siguieron a la resurrección de Jesús, revelaron una nueva relación entre el Creador y su creación. Los efectos fueron casi inmediatos. Jesús dejó la sepultura, apareció ante varias personas, luego se unió a dos discípulos de camino a Emaús que interactuaban pacientemente con ellos hasta que se convencieron de que el Señor resucitado era su compañero de viaje. Más tarde, apareció ante los discípulos en una habitación con las puertas cerradas. Jesús ejerció una libertad mayor dentro su creación que la que había exhibido anteriormente. Sus milagros anteriores demostraban su señorío dentro de la creación. Sus milagros después de la resurrección demostraron su señorío sobre la creación.

Jesús no transformó el mundo —pasada la resurrección— en un lugar donde los milagros son algo del pasado. Simplemente destacó las milagrosas posibilidades en relación con la soberanía de Dios. A quienes insisten en una existencia predecible, Jesús hoy también les dice: «Lo que es imposible para los hombres, es posible para Dios» (Lucas inició 8:27). Los siguientes pensamientos nos ayudarán a apreciar el poder que Jesús puso a disposición de quienes confían en Él.

DÍA 283

CORAZONES QUE SUFREN

LUCAS 24:15-16
Sucedió que mientras hablaban y discutían entre sí, Jesús mismo se acercó, y caminaba con ellos. Mas los ojos de ellos estaban velados, para que no le conociesen.

Hay una línea muy delgada que una vez cruzada puede ser fatal. Es la línea que separa a la desilusión de la ira. Que separa al dolor del odio y a la amargura de la culpa. Si estás cerca de esa línea, déjame decirte: no la cruces. Da un paso atrás y pregunta lo siguiente: ¿Durante cuánto tiempo habré de pagar por mi desilusión? ¿Durante cuánto tiempo seguiré albergando mi dolor?

En algún momento, tendrás que seguir adelante. En algún momento, tendrás que sanar. En algún momento, tendrás que dejar que Jesús haga por ti lo que hizo por estos hombres.

¿Sabes lo que hizo? Primero, vino a ellos. No se sentó de brazos cruzados diciendo: «¿Por qué no pueden estos dos seguir con el programa?». No se quejó ante el ángel, diciendo: «¿Por qué no creen en la tumba vacía? ¿Por qué son tan difíciles de complacer?».

¿Qué hizo Jesús? Fue a su encuentro en el punto el dolor. Aunque la muerte había sido derrotada y el pecado anulado, Jesús no se retiró. El Señor resucitado una vez más se ha envuelto en carne, se ha vestido con ropas humanas y ha salido a buscar a los corazones que sufren.

MAX LUCADO

DÍA 284

EL CAMINO SOLITARIO

LUCAS 24:15
Sucedió que mientras hablaban y discutían entre sí, Jesús mismo se acercó, y caminaba con ellos.

Una noche de primavera... y dos hombres caminando por el camino a Emaús, entristecidos por la muerte de su maestro, se doblaron por la carga, cuando de repente *Otro* caminante se les une. Un *extraño* comienza a caminar con ellos, y hablan sinceramente de lo que hay en sus corazones, movidos por un tibio calor que les será al alma, y cuando llegan a Emaús no sienten ganas de separarse de él, por lo que le piden que se quede a comer con ellos. Y entonces Él parte el pan... y lo saben. Saben que es el Señor.

¡Oh, que Él nos acompañe en el Camino de Vida que andamos! Que su radiante luz ilumine nuestro camino de penas... y que venga a entibiar nuestro corazón, aliviar la pesada carga y caminar con nosotros como hace tanto tiempo anduvo el camino a Emaús.

Toma el camino... el camino solitario, con valentía, sin miedo, listo para el viaje cuando se esfumen las sombras del ocaso. Dios, cuyo amor es omnipresente, ¿nos fallará entonces? ¿Olvidaría el pacto que hizo con los hombres?

Patience Strong

Día 285

La conclusión equivocada

Lucas 24:21
*Pero nosotros esperábamos que él era el que había
de redimir a Israel; y ahora, además de todo esto,
hoy es ya el tercer día que esto ha acontecido.*

Cada uno de los hechos que los discípulos mencionaban era cierto. Sin embargo, las conclusiones que sacaban de dichos hechos eran equivocadas. Todo lo que tenga siquiera un atisbo de decepción espiritualmente está siempre equivocado. ¿Qué he estado esperando o confiando que Dios haría? ¿Es éste «el tercer día» y todavía no ha hecho lo que yo esperaba? ¿Es justificado entonces que sienta yo decepción y culpe a Dios? Cada vez que insistimos que Dios debiera darnos una respuesta a la oración estamos equivocando el camino. El propósito de la oración es que nos aferremos a Dios, y no a la respuesta.

Buscamos visiones del cielo, y eventos que sacuden la tierra para ver el poder de Dios. Y hasta el hecho de que sentimos decepción es prueba de que hacemos esto. Sin embargo, nunca nos damos cuenta de que todo el tiempo Dios está obrando en los eventos de nuestra vida cotidiana y en las personas que nos rodean. Si tan sólo obedecemos y cumplimos la tarea que Él ha puesto más cerca de nosotros, lo veremos. Una de las revelaciones más asombrosas de Dios nos llega cuando aprendemos que es en las cosas cotidianas de la vida que vemos la magnífica deidad de Jesucristo.

OSWALD CHAMBERS

DÍA 286

TENÍAMOS ESPERANZA

LUCAS 24:21
*«Pero nosotros esperábamos que él era el
que había de redimir a Israel.»*

«Nosotros esperábamos», le dicen los viajeros al Señor. «Nosotros esperábamos que las cosas fueran de esta manera...». Teníamos planes propios, pero ahora...

La Pascua nos desconcierta por completo, porque es el poder y el misterio de Dios que se apodera de nuestra frágil mortalidad y nuestras limitadas esperanzas. «¿Es que no ven?», les pregunta el compañero de viaje a quien no reconocen. ¿No ven que tenía que ser de esa manera? ¿No estaba escrito? ¿No es lo que dicen las Escrituras desde el principio hasta el final? ¿Es que no entienden que el Cristo tenía que sufrir y así entrar en su gloria? ¿Es que no entienden que no puede ser de otra manera? Deben dejar de lado sus pequeños planes porque los planes del Padre para ustedes son impensablemente más grandes y más maravillosos. Deben dar el salto hacia las manos [de Dios], decir un «sí» incondicional y nacer de nuevo. El amor [de Dios] excede todo lo que merecen y hasta desean.

MARÍA BOULDING

DÍA 287

¿CUÁNDO CREERÁN?

LUCAS 24:25
*Entonces él les dijo: ¡Oh insensatos,
y tardos de corazón para creer todo lo
que los profetas han dicho!*

¿De que manera trató Jesucristo la necedad de los dos discípulos camino a Emaús? Esta es insensatez de otro tipo: la estupidez de almas sencillas, sinceras y honestas que se habían cegado a causa de su dolor o su punto de vista personal.

Jesús les dijo: «*¡Oh insensatos, y tardos de corazón para creer todo lo que los profetas han dicho!*» (Lucas 24:25). Aquí la palabra *insensatos* podría traducirse como: «Hijitos míos, ¿cuando creerán lo que han dicho los profetas?» Esta insensatez es totalmente diferente, es una insensatez que Jesús trata con mucha paciencia, pero con firmeza. Es una insensatez que obnubila el entendimiento de la Palabra de Dios a causa del dolor personal, de la pena por la perplejidad.

¿Te está diciendo Jesús: «¿Hijo mío, cuando creerás en lo que te digo?»? ¿Hay algún problema en particular en tu vida que ha hecho que tu corazón sea lento para creer? No permitas que la insensatez crezca. Busca lo que dice la Palabra de Dios con respecto a ello.

¡Se necesita tanto que haya gente deseosa de buscar en la Biblia y aprender lo que Dios les está diciendo!

OSWALD CHAMBERS

DÍA 288

LA MUERTE ERA INELUDIBLE

LUCAS 24:26
¿No era necesario que el Cristo padeciera estas cosas, y que entrara en su gloria?

La Biblia nos enseña que en la muerte de Cristo está el triunfo sobre Satanás. También enseña que su muerte era necesaria. Era para ganar algo que no podía ganarse de otra manera. Esto repele la idea de que el Señor estaba indefenso ante las autoridades judías que se habían unido en su contra. Los enemigos encajaban con su plan. Su muerte era algo ineludible, casi un deber.

Jesús tenía que morir. Lo impulsaban no las circunstancias, sino la falta de otra manera de hacer lo que había venido a hacer. Toda voz que buscara desviarlo de su curso era para Jesús la voz que Satanás mismo.

Cuando preguntamos qué era lo que hacía tan necesaria esa muerte, la Biblia no escatima palabras. Murió *para redimir a las personas y para perdonar los pecados.* Y como según hemos visto, su muerte era ineludible, llegamos a la conclusión de que no había otra forma en la que podía redimir y perdonar.

JOHN WHITE

Declarar lo que Dios ha hecho

Lucas 24:31,33
*Entonces les fueron abiertos los ojos, y le reconocieron;
mas él se desapareció de su vista... Y levantándose
en la misma hora, volvieron a Jerusalén.*

Llegados los dos discípulos a Emaús, y después de que descansaran durante la cena, el misterioso forastero que tan atractivo les había parecido en el camino tomó el pan y lo partió, y se dio a conocer ante ellos. Habían insistido en que se quedara con ellos porque ya era tarde, pero ahora aunque era mucho más tarde, el amor que sentían era una lámpara que iluminaba sus pies, y les daba alas. Olvidaron la oscuridad, desapareció el cansancio, e inmediatamente volvieron las siete millas para contar la maravillosa noticia de un Señor resucitado que se les había aparecido en el camino. Alcanzaron a los cristianos en Jerusalén y fueron recibidos con una explosión de gozosas noticias antes de poder contar su relato. Estos primeros cristianos ardían por hablar de la resurrección de Cristo y proclamar lo que sabían del Señor. Con felicidad, compartieron sus experiencias. También nosotros debemos dar testimonio con respecto a Jesús, levantarnos y marchar al lugar del deber, y allí declarar las grandes cosas que Dios ha mostrado a nuestra alma.

Charles Haddon Spurgeon

DÍA 290

TRAS PUERTAS CERRADAS

JUAN 20:19
*Cuando llegó la noche de aquel mismo día,
el primero de la semana, estando las puertas cerradas
en el lugar donde los discípulos estaban reunidos
por miedo de los judíos, vino Jesús, y puesto en medio,
les dijo: Paz a vosotros.*

El anuncio de María (Juan 20:18) habrá dejado atónitos a los discípulos. Más tarde, la noticia de que el Señor estaba vivo vino de dos viajeros que sin saberlo habían pasado el día caminando con Jesús a Emaús (Lucas 24:15-16). Confundidos, fascinados, dudosos, y temerosos, los discípulos permanecieron juntos esperando soportar la espera en un mismo lugar. Esperaban amontonados tras puertas cerradas cuando Jesús apareció ante todos ellos.

No hay en realidad lugar seguro en el mundo sin Jesús, pero su presencia convierte al lugar más peligroso en uno soportable. Cuando Jesús apareció ante sus discípulos en esta ocasión les dejó cinco dones: (1) su propia presencia; (2) su paz; (3) una misión: «les envío»; (4) un compañero, el Espíritu Santo; y (5) un mensaje de perdón.

No importa qué te haya pedido Dios que hagas, recuerda: (1) tu autoridad viene de Dios, y (2) Jesús ha demostrado de palabra y acción cómo cumplir la tarea que te ha dado. Así como el Padre envió a su Hijo, Jesús envía a sus seguidores... y a ti.

COMENTARIO DE LA BIBLIA DEL DIARIO VIVIR – JUAN

DÍA 291

EL PRIMER Y MEJOR MISIONERO

JUAN 20:21
*Entonces Jesús les dijo otra vez: Paz a vosotros.
Como me envió el Padre, así también yo os envío.*

Dios tuvo un Hijo y lo envió a ser misionero. La misión de Jesús era la de ir en un viaje transcultural para hablar de Dios a todas las personas que encontrara. Dejó su hogar y familia, viajó largas distancias y se identificó con la gente. Aprendió su idioma, comió su comida, vistió sus ropas y soportó sus enfermedades. Vivió entre los más pobres en las aldeas más ignotas, y entendió las profundas necesidades de la comunidad.

A los ojos del mundo, fracasó en su misión, y fue crucificado por causar problemas. Pero a los ojos de Dios, su misión fue gloriosamente cumplida y volvió a casa, y tuvo maravillosa bienvenida y grande recompensa. Pagó el precio más alto que pueda pagar un misionero: entregar su vida por su Dios en el extranjero, el campo de misión. Pero al igual que otros humildes siervos que lo siguieron, vive eternamente en el cielo, rodeado de sus conversos. ¡Jesús fue el primer y mejor misionero!

JILL BRISCOE

DÍA 292

FE CON SIGNIFICADO

JUAN 20:27
*Luego dijo a Tomás: Pon aquí tu dedo, y mira mis manos;
y acerca tu mano, y métela en mi costado;
y no seas incrédulo, sino creyente.*

Jesús aparece otra vez y se vuelve inmediatamente hacia Tomás. En lugar de condenar, la aparición tenía intención de enfrentar directamente su duda. Parafraseando a Jesús: «Mete tu dedo, toca mi mano y pon tu mano en mi costado. Y cuando termines, deja de lado toda duda acerca de quién y qué es espiritualmente real para tu vida. Quiero que veas que lo que te dije es verdad. Soy quien dije ser: el camino y la verdad y la vida».

Y Tomás creyó…

Pero Jesús le dijo algo intrigante a Tomás: «Porque me has visto, Tomás, creíste; bienaventurados los que no vieron, y creyeron» (Juan 20:29). Este versículo lleva a muchos a ver la duda de Tomás bajo una luz negativa. Sin embargo, tal vez no es tanto para Tomás, sino para aclarar la naturaleza de la fe con significado. Dios podía inspirar el argumento concluyente más racional para su existencia. Podía aparecer en toda su gloria y dejar atónito al mundo para que espontáneamente lo adorara. Sin embargo, Dios busca relacionarse con personas libres que eligen inclinarse ante Él en amor y devoción no obligados.

James Emery White

Día 293

La esperanza no es en vano

Juan 20:27
«No seas incrédulo, sino creyente.»

Puede llegar un momento en que haya poco que tenga sentido, y el mal y el caos parezcan ganar. Serán tiempos en que sentiremos desesperanza y confusión, en que no veremos siquiera una pequeña luz. Y la lección de las heridas de Jesús es la de seguir, ser pacientes y confiar en Dios, aun cuando no veamos razón para hacerlo. Él nos ayudará. Quizá no quite el sufrimiento, pero caminará con nosotros mientras dure. Y eso solamente tiene el poder de transformarnos. ¿Cómo podemos estar seguros? Porque el gozo de la resurrección fue precedido por la agonía del Viernes Santo. Hay un Dios amoroso que puede sostenernos, darnos la capacidad de soportar y moldearnos para ser mejores que antes. La cruz nos prepara para los tiempos difíciles. La resurrección prueba que Dios es más grande que el mal, y nos da confianza y esperanza en tiempos de oscuridad. Porque las heridas del Cristo resucitado nos muestran que nuestra esperanza no es en vano.

REBECCA MANLEY PIPPERT

DÍA 294

EL QUE DUDABA

JUAN 20:28
Entonces Tomás respondió y le dijo:
¡Señor mío, y Dios mío!

Tomás, también, dudaba y necesitaba fe. Aún después de que sus mejores amigos volvieran de la tumba vacía y describieran lo que habían visto, Tomás se negaba a creer. Fue sólo cuando Jesús apareció ante los discípulos e invitó a Tomás a tocar sus heridas y satisfacer sus dudas que Tomás encontró la fe que le hacía falta.

«Pon aquí tu dedo, y mira mis manos; y acerca tu mano, y métela en mi costado; y no seas incrédulo, sino creyente. Entonces Tomás respondió y le dijo: ¡Señor mío, y Dios mío!» (Juan 20:24-28).

La Biblia invita a cualquiera de nosotros que carezca de fe a orar en las palabras del padre que dudaba: «Sí, creo. Ayúdame en mi incredulidad».

Es una oración que a Dios le deleita responder. La fe es un don que Él anhela dar. Dios sabe lo que nos hace falta y lo que necesitamos. Nos creó tal como somos y en nuestro carácter está la materia prima que utilizará para convertirnos en aquello que podemos llegar a ser.

CLAIRE CLONINGER

DÍA 295

VER NO ES CREER

JUAN 20:28-29

*Entonces Tomás respondió y le dijo: ¡Señor mío,
y Dios mío! Jesús le dijo: Porque me has visto,
Tomás, creíste; bienaventurados los que no vieron,
y creyeron.*

Ver nunca es creer: interpretamos lo que vemos a la luz de aquello en lo que creemos. La fe es confianza en Dios antes de ver que surge Dios, y por eso la naturaleza de la fe tiene que ser puesta a prueba. Decir: «Oh, sí, creo que Dios triunfará», puede ser una creencia untada con fraseología religiosa, pero cuando uno enfrenta las cosas, es diferente decir: «Creo que Dios vencerá». La prueba para nuestra fe nos da una buena cuenta bancaria en los lugares celestiales, y cuando llegue la siguiente prueba nuestra riqueza allí nos sostendrá. Si tenemos confianza en Dios más allá de los horizontes terrenales, veremos la mentira en el corazón del miedo, y nuestra fe vencerá en cada detalle. Jesús dijo que los hombres siempre hemos de orar, sin «claudicar». «No mires el horizonte inmediato y no tomes lo que ves y oyes como verdad. Son cosas presentes. La realidad está más allá, con Dios».

OSWALD CHAMBERS

DÍA 296

VOY DE PESCA

JUAN 21:3

*Simón Pedro les dijo: Voy a pescar. Ellos le dijeron:
Vamos nosotros también contigo*

Algunos intérpretes encuentran difícil imaginar que los discípulos, después de dos memorables encuentros con Jesús en Judea y habiendo oído su mandamiento de ir al mundo, desperdiciaran el tiempo yendo de pesca en Galilea ¡No estoy tan seguro de esto! Porque hace falta tiempo para encajar las piezas en el rompecabezas de la vida de una persona, en especial si el camino del discipulado tiene libertad. Pedro ha vivido la victoria de Cristo y está feliz de ese hecho verdadero. Pero tropezó al negar a Jesús. Toma tiempo resolver los sentimientos de depresión que resultan de una derrota moral como la negación. ¿Qué puede hacer Pedro? En su opinión, mirándose a sí mismo, ha sido desacreditado.

Tiene sentido para mí lo que Pedro está haciendo, porque sería lo que tú y yo haríamos con los sentimientos encontrados. Regresa a aquello que mejor sabe, donde mejor se siente. Quizá no sea un gran hombre de fe, pero sí es pescador. Creo que un Pedro deprimido decide ir a pescar, y así como los discípulos habían acompañado a Tomás en su batalla por la fe, ahora acompañan a Pedro en su dificultad, en su solitaria batalla.

Earl F. Palmer

Día 297

El mismo milagro

Juan 21:6
El les dijo: Echad la red a la derecha de la barca, y hallaréis.
Entonces la echaron, y ya no la podían sacar,
por la gran cantidad de peces.

Los discípulos, cansados como estaban, respondieron a la obvia autoridad en la voz y echaron sus redes a la derecha de la barca ¡y ocurrió un milagro! Esto remite a Lucas 5:1-11, otra ocasión en que Pedro y los otros discípulos estaban pescando sin éxito. Jesús les dio la orden de ir mar adentro. Pedro, aunque dudoso, siguió las órdenes de Jesús. Cuando obedecieron ¡ocurrió un milagro! Cuando Pedro vio el primer milagro, «cayó de rodillas ante Jesús, diciendo: Apártate de mí, Señor, porque soy hombre pecador» (Lucas 5:8). Reconoció más allá del poder de Jesús una santidad que no formaba parte de su propia vida.

En esta ocasión, Pedro es otra vez un personaje central. Jesús se identifica por su inesperado y aparentemente inútil pedido. Si el pedido no les dio una pista, los resultados inequívocamente señalaban el poder de su Señor. Juan y Pedro reconocieron que Jesús estaba detrás de la asombrosa pesca.

COMENTARIO DE LA BIBLIA DEL DIARIO VIVIR – JUAN

DÍA 298

¡ES EL SEÑOR!

JUAN 21:7
Entonces aquel discípulo a quien Jesús amaba dijo a Pedro:
¡Es el Señor!

La última vez que los discípulos habían comido con Jesús fue en la Última Cena, justo antes de su muerte. Pero ahora estaban en la orilla del lago con el Señor resucitado, y Él preparó la primera comida de su nueva vida juntos.

En todo el Evangelio de Juan, el autor registra sus propias palabras solamente dos veces. La primera vez es cuando Jesús dijo que uno de los discípulos le traicionaría, y Juan dijo: «¿Yo soy?». Sabía, como lo sé yo también, que era plenamente capaz de traicionar al Señor cualquier día. Y la segunda vez que registra sus propias palabras fue en esta ocasión. Cuando vieron que el hombre en la orilla no era otro más que el Señor resucitado, fue Juan el que afirmó lo obvio: «¡Es el Señor!».

La moraleja de esta historia: Mantén los ojos, los oídos y el corazón abiertos a la verdad. ¿Quién sabe cuándo, en un momento de incertidumbre o derrota, puedas oír que un extraño te llama del otro lado del mar, diciendo: «Echa tus redes del otro lado»? Y lo que era un día de lucha infructuosa, se convierte en un día de risa y lágrimas de gozo.

PAUL S. WILLIAMS

DÍA 299

¿QUÉ HACE FALTA?

MATEO 28:16-17
Pero los once discípulos se fueron a Galilea,
al monte donde Jesús les había ordenado.
Y cuando le vieron, le adoraron;
pero algunos dudaban.

Les dije que nos reuniéramos en este monte en particular. Después de que habían estado allí durante un rato, aparecí ante ellos. Algunos de los discípulos para este momento estaban acostumbrándose a mi nuevo poder y reaccionaron con éxtasis al verme. Pero había otros que todavía dudaban si era yo en verdad. Seguían pensando que era un fantasma. Los críticos que retratan a mis hombres como ingenuos y tontos están muy alejados de la verdad. Mis discípulos tuvieron que luchar todo el tiempo.

Mientras cenábamos, les pregunté sobre su fe. Les hablé de su obstinada negativa a creerme, a creer en las Escrituras y a las mujeres que habían visto a los ángeles. Eran como los hombres y mujeres modernos que no pueden creer en milagros. Les pregunté qué haría falta para que me creyeran. Los profetas les habían dicho lo que sucedería. Yo mismo se los había dicho, y todo había ocurrido exactamente como lo habíamos predicho. Ahora estaba sentado con ellos. Podían tocarme otra vez, como habíamos anunciado. Quería saber qué haría falta para que confiaran en mí.

Dejé que pensaran en esto.

Andrew G. Hodges

Día 300

Su Espíritu Santo

Hechos 1:2-3

Después de haber dado mandamientos por el Espíritu Santo a los apóstoles que había escogido; a quienes también, después de haber padecido, se presentó vivo con muchas pruebas indubitables, apareciéndoseles durante cuarenta días y hablándoles acerca del reino de Dios.

Desde los primeros días de su ministerio, era evidente que el Espíritu Santo tendría un papel importante en lo que diría y haría Jesús.

Y todo lo que hizo Cristo, lo logró por el poder y la energía del Espíritu (ver Hechos 1:1-2). Por ejemplo, los muchos milagros de Jesús y la reacción de la gente ante ellos demostraba que su ministerio tenía poder sobrenatural (ver Mateo 8:23-27 y la forma en que los discípulos reaccionaron cuando calmó la tormenta). Sus opositores (más notablemente los fariseos), por otra parte, no reconocían el rol del Espíritu en el ministerio de Jesús. De hecho, sorprendentemente los fariseos llegaron a la conclusión de que a Jesús le daba poder Satanás. Sus acusaciones blasfemas hicieron que Jesús fuera firme y se explayara en una declaración pública defendiendo sus acciones y declarara al Espíritu como su verdadera fuente de poder (ver Mateo 12:22-33).

John MacArthur

DÍA 301

Motivados a creer

Hechos 1:3 NVI
Después de padecer la muerte se les presentó dándoles muchas pruebas convincentes de que estaba vivo. Durante cuarenta días se les apareció y les habló acerca del reino de Dios.

Sin embargo, el corazón de la cuestión es, sin duda: «Después de padecer la muerte se les presentó dándoles muchas pruebas» (1:3). Estas experiencias, por misteriosas que fueran, no eran producto de la febril imaginación de los discípulos. Estos hombres no se engañaban a sí mismos. Toda la evidencia señala al hecho de que nunca habían imaginado que sucedería algo así. Se mostraban extremadamente reticentes a creerse los unos a los otros, o a creer en su percepción cuando sí sucedió. El gran hecho de la Resurrección, que les encontramos proclamando a lo largo del resto de Hechos, no fue invento suyo. Habían sido motivados, impulsados a creer contra toda lógica y sentido común, contra toda experiencia de la raza humana. Únicamente la verdadera aparición del Señor Resucitado puede fundamentar su fe.

Albert C. Winn

DÍA 302

Fuego nuevo

Hechos 1:8
Pero cuando venga el Espíritu Santo sobre ustedes, recibirán poder.

Los discípulos habían pasado por una montaña rusa emocional. Habían visto a Jesús sanar a los enfermos, resucitar a los muertos, morir en una cruz, resucitar de entre los muertos y ascender al cielo para dejarles luego con la orden de seguir su obra. Ahora, se esperaba que fueran a todas las naciones, predicando el evangelio ¿Cómo podrían cumplir esta tarea? ¿Cómo podría Dios haber dejado tal responsabilidad en sus inexpertas manos? Podía hacerlo porque sabía que cuando el Espíritu Santo descendiera sobre ellos, podían cambiar el mundo. Así que Dios hizo descender al Espíritu, y el mundo jamás volvió a ser igual.

¿Te sientes débil? ¿Incapaz de correr la carrera que tienes por delante? Ya tienes el Espíritu Santo, pero a veces necesitas encenderte con fuego nuevo, y a veces necesitas refrescarte con poder que se te envía como lluvia para el alma. ¡Pídele a Dios que lo envíe! Cuando lo pidas, Él derramará su poder y renovación para ayudarte a hacer lo que te haya llamado a hacer, sin importar cuán débil te sientas hoy.

CAROL CHAFFEE FIELDING

DÍA 303

ÉL VOLVERÁ

HECHOS 1:9-10
*Y habiendo dicho estas cosas, viéndolo ellos, fue alzado,
y le recibió una nube que le ocultó de sus ojos.
Y estando ellos con los ojos puestos en el cielo,
entre tanto que él se iba, he aquí se pusieron junto
a ellos dos varones con vestiduras blancas*

¿Por qué quedaron los discípulos mirando el cielo?... Habrán estado entristecidos por su repentina desaparición y esperaban con ansias que descendiera. O quizá estaban confundidos y no sabían qué hacer.

Cualquiera haya sido su pensamiento o motivo, sin embargo, hubo dos ángeles («dos varones con vestiduras blancas») que les hablaron. Podían dejar de mirar *hacia arriba* y comenzar a mirar al mundo *que les rodeaba*, a la gente en necesidad. Podían dejar de esperar y comenzar a cumplir la comisión de Cristo. Podían dejar de preguntarse y comenzar a vivir con la seguridad de que Jesús volvería, como lo había prometido.

Aunque han pasado casi dos mil años desde ese dramático evento, el mensaje de los ángeles sigue vigente: Jesús retornará, con seguridad. Esa verdad debiera seguir motivando a los creyentes. De hecho, cada día que pasa nos brinda un día más para trabajar por Cristo y su reino.

Sigue esperando, trabajando, amando, compartiendo la Buena Nueva y viviendo por el Salvador. Él volverá.

Dave Veerman

DÍA 304

LA CORONACIÓN DE JESÚS

Lucas 24:50-52

Y los sacó fuera hasta Betania, y alzando sus manos, los bendijo.
Y aconteció que bendiciéndolos, se separó de ellos,
y fue llevado arriba al cielo. Ellos, después de haberle
adorado, volvieron a Jerusalén con gran gozo.

Podríamos esperar que los discípulos estuvieran tristes ante la partida de Jesús, sin embargo, leemos que «después de haberle adorado volvieron a Jerusalén con gran gozo» (v. 52). ¿Estaban felices porque se había ido? Sí, porque ahora sabían por qué había tenido que irse. Significaba que iba al cielo para sentarse a la diestra de Dios Padre. Significaba que pronto enviaría al Espíritu Santo, como primer acto de su gobierno para darles el poder de llevar la buena nueva a todas partes. Sabían estas cosas porque Jesús había «abierto su entendimiento para que comprendiesen las Escrituras» (v. 45).

Aunque la Ascensión fue el glorioso clímax de la primera venida de Jesús, hay todavía un evento más glorioso por suceder. Lucas nos dice al comienzo de la segunda parte de su obra en dos volúmenes: «Este mismo Jesús, que ha sido tomado de vosotros al cielo, así vendrá como le habéis visto ir al cielo» (Hechos 1:11).

Ese día su reinado se hará totalmente visible para todos los hombres, aún para quienes lo negaron.

R. C. SPROUL

DÍA 305

SEÑOR DE SEÑORES

LUCAS 24:51
*Y aconteció que bendiciéndolos, se separó de ellos,
y fue llevado arriba al cielo.*

La transfiguración se completó en el monte de la Ascensión. Si Jesús hubiera ido al cielo directamente desde el Monte de la Transfiguración, habría ido solo. No habría habido nada más que una gloriosa figura. Sin embargo, Jesús le volvió la espalda a la gloria y bajó de la montaña para identificarse con la humanidad en quebranto.

La Ascensión es el cumplimiento completo de la transfiguración. Nuestro Señor retornó a su gloria original, pero no simplemente como Hijo de Dios: retornó a su padre también como Hijo del Hombre. Ahora hay libertad de acceso para cualquiera directamente hasta el mismo trono de Dios a causa de la Ascensión del Hijo del Hombre. Como Hijo del Hombre, Jesucristo deliberadamente limita su omnipotencia, omnipresencia y omnisciencia. Pero ahora son suyas en absoluto y pleno poder. Como el Hijo del Hombre, Jesucristo ahora tiene todo el poder junto al trono de Dios. Desde el momento de su Ascensión es el Rey de reyes y Señor de señores.

OSWALD CHAMBERS

DÍA 306

ES MEJOR QUE ME VAYA

MARCOS 16:19
*Y el Señor, después que les habló,
fue recibido arriba en el cielo,
y se sentó a la diestra de Dios.*

Parece que ese día a los amigos de Jesús les resultaba más fácil creer en la Ascensión que en la Resurrección. Quizás aceptar la maravilla de la resurrección de Jesús expandía su capacidad de creer. Quizá les parecía que Jesús había sido llevado al cielo.

Comoquiera que haya sucedido la Ascensión, lo que sí sabemos es que Jesús no quería que sus amigos lo detuvieran. Ellos estaban tan entusiasmados con el cuerpo de la Resurrección, una vez que reconocieron que era el Señor, que querían conservarlo con ellos para siempre. Sin embargo, Él les dijo en términos muy claros que era mejor que se fuese. Les enviaría el Espíritu Santo. Esa era la promesa. Se iría, y luego el Consolador vendría.

Reiteró que era mejor que se fuera, que solamente entonces les enviaría al Consolador, el Espíritu Santo, la Tercera Persona de la Trinidad, la Persona que más nos cuesta entender.

MADELEINE L'ENGLE

LOS SEGUIDORES DE JESÚS OBRAN MILAGROS EN SU NOMBRE

El Señor, el cual daba testimonio a la palabra de su gracia, concediendo que se hiciesen por las manos de ellos señales y prodigios.
HECHOS 14:3

LOS SEGUIDORES DE JESÚS OBRAN MILAGROS EN SU NOMBRE

Casi de la misma manera en que dieron el uso de milagros demostrado por Jesús, sus seguidores mostraban notable reticencia a recurrir a señales milagrosas como forma de autenticar su mensaje. Muchos de los milagros que acompañaron a los apóstoles parecen haber sido iniciados por Dios en lugar de por los mensajeros. De hecho, algunos milagros asombraban a los apóstoles tanto como a los que les observaban. Los discípulos estaban asombrados de que «aun los demonios se nos sujetan en tu nombre» (Lucas 17). Cuando el Espíritu Santo descendió sobre el pequeño grupo de leales seguidores de Jesús, recibieron el poder de valientemente cumplir la misión que Él les había dado. Y cuando salieron, pusieron al mundo cabeza abajo (Hechos 17:6).

En el poder del nombre de Jesús, los apóstoles fueron capaces de echar el cimiento de la primera iglesia. Los milagros autenticaban un mensaje que todavía no había sido escrito como lo tenemos hoy: la Biblia. Al leer sobre los milagros que hicieron los seguidores de Jesús, piensa en el poder del nombre de Jesús en tu propia vida.

Aprender haciendo

Marcos 6:6-7
Y estaba asombrado de la incredulidad de ellos.
Y recorría las aldeas de alrededor, enseñando.
Después llamó a los doce, y comenzó a enviarlos de dos en dos;
y les dio autoridad sobre los espíritus inmundos.

En el entrenamiento de los doce discípulos, hubo un momento en que Jesús decidió que era tiempo de enviarlos en una misión. Los discípulos todavía no eran predicadores o maestros pulidos. De hecho, ni siquiera entendían del todo el tema, como demuestra su total sorpresa cuando Jesús fue crucificado y el asombro aún mayor cuando resucitó de entre los muertos, ¡a pesar del hecho de que les había estado diciendo durante todo su entrenamiento que esto sucedería! Y, por cierto, no siempre sabían a la perfección aquello que habían sido llamados a hacer para echar espíritus inmundos, como tampoco sabían del todo enfrentar los problemas que surgían dentro de su propia comunidad, ¡pero Jesús los envió de todas maneras!

Así que con un sentido de misión, urgencia, dependencia, aprehensión, y expectativa, salieron. Con incertidumbre en la mente, sin preparación en sus propias fuerzas, fueron en obediencia a Jesús y dependiendo de Él. Fueron una bendición y fueron bendecidos. Ministrando mientras andaban, aprendían a medida que trabajaban. Los métodos de enseñanza de Dios no han cambiado.

Stuart Briscoe

Día 308

Dar de gracia

Mateo 10:5, 8

*A estos doce envió Jesús, y les dio instrucciones, diciendo:
…Sanad enfermos, limpiad leprosos, resucitad muertos,
echad fuera demonios; de gracia recibisteis,
dad de gracia.*

Dondequiera que fuesen debían proclamar: el reino de los cielos está cerca. Predicaban para establecer la fe; el reino para animar la esperanza; el cielo para inspirar el amor por las cosas celestiales y el desprecio por las cosas terrenales; que está cerca para que los hombres puedan prepararse sin demora. Cristo les dio poder para obrar milagros y así confirmar su doctrina. Esto no es necesario ahora que el reino de Dios ha venido. Mostraba que la intención de la doctrina que predicaban era sanar almas, resucitar a los que estaban muertos en pecado. Al proclamar de gracia el evangelio de las sanación y salvación de las almas de los hombres debemos por sobre todas las cosas evitar la apariencia del espíritu de un simple contratado.

Matthew Henry

Día 309

Les dio autoridad

Marcos 6:13

*Y echaban fuera muchos demonios, y ungían con aceite
a muchos enfermos, y los sanaban.*

Jesús les dio a sus discípulos autoridad para echar demonios (Marcos 3:15), como así también el poder de sanar a los enfermos. Echar a los demonios extendía el ministerio personal de Jesús que consistía en confrontar el poder de Satanás y destruirlo. A medida que los discípulos recorrían Galilea, estarían anunciando la llegada del reino de Dios con su predicación y sanación. Si hubieran predicado, solamente las personas podrían haber pensado que el reino era solamente espiritual. Por otro lado, si a los discípulos se les hubiera dado solamente el poder de echar demonios y sanar a los enfermos, sin la predicación, las personas no se habrían dado cuenta de la importancia espiritual de su misión. La mayoría de los que les escuchaban esperaban la llegada del reino de Dios y el Mesías para que trajera riqueza y poder a su nación; preferían los beneficios materiales antes que el discernimiento espiritual. Sin embargo, la verdad de Jesús es que es Dios y hombre al mismo tiempo, espiritual y físico. Y la salvación que ofrece es tanto para el alma como para el cuerpo.

COMENTARIO DE LA BIBLIA DEL DIARIO VIVIR – MARCOS

DÍA 310

EN SU NOMBRE

LUCAS 10:17-19
Volvieron los setenta con gozo, diciendo: Señor,
aun los demonios se nos sujetan en tu nombre.
Y les dijo: Yo veía a Satanás caer del cielo como un rayo.
He aquí os doy potestad de hollar serpientes y escorpiones,
y sobre toda fuerza del enemigo, y nada os dañará.

El regreso de los setenta a Jesús es la ocasión para una de las experiencias más exaltadas en toda su carrera. En su nombre, habían sido conquistados demonios (v. 17). En esto, Jesús vio una promesa del ministerio entero de su Iglesia, por medio del cual la proclamación de futura su victoria sobre Satanás sería proclamada a los confines de la tierra. Con la autoridad dada por Jesús, la Iglesia tendría un poder que sus enemigos no podrían destruir (v.18-19).

Serpientes y escorpiones, símbolos de enemigos espirituales, que no debemos tomar literalmente. Aunque la iglesia puede regocijarse en sus logros a través del poder de Cristo, hay algo todavía más grande para regocijarnos: la misericordia de Dios a través de la cual los hombres encuentran la salvación.

DONALD G. MILLER

DÍA 311

CON DERECHO A REGOCIJARNOS

LUCAS 10:20
Pero no os regocijéis de que los espíritus se os sujetan, sino regocijaos de que vuestros nombres están escritos en los cielos.

Jesucristo está diciendo aquí: «No se regocijen por su exitoso servicio a mí, sino porque tienen una relación justa conmigo». La trampa en la que podemos caer en la obra cristiana es regocijarnos por el servicio exitoso, regocijarnos por el hecho de que Dios nos ha utilizado. Sin embargo, nunca seremos capaces de medir plenamente lo que Dios hará a través de nosotros cuando tenemos una relación justa con Jesucristo. Si mantenemos en justicia nuestra relación con Él, entonces no importa en qué circunstancias estemos o qué encontremos cada día, Él seguirá derramando «ríos de agua viva» a través de nosotros (Juan 7:38). Y es en verdad a través de su misericordia que Él no nos lo hace saber. Una vez tenemos una relación justa con Dios a través de la salvación y la santificación, debemos recordar que no importa cuáles sean las circunstancias, hemos sido puestos en ellas por Dios. Y Dios usa la reacción en nuestra vida ante nuestras circunstancias para cumplir su propósito, mientras «andamos en luz, como él está en luz» (1 Juan 1:7).

OSWALD CHAMBERS

DÍA 312

El aposento alto

Hechos 1:13
Y entrados, subieron al aposento alto.

Hoy, para nosotros el «aposento alto» es gran cosa. Sin embargo, en los tiempos de Jesús era solamente una habitación en una casa donde vivían algunos de los discípulos. ¡Piensa en esto! La promesa más preciosa de Dios, la promesa del Padre (Hechos 1: 4), se cumplió en uno de los lugares más comunes de la tierra: una casa. Esto pone al cristianismo en un molde distinto al de todas las demás religiones del mundo que ponen énfasis en lugares, ritos, ceremonias, entre otras cosas.

La cosa más liberadora que haya sucedido en la historia religiosa fue cuando Dios, en el poder de su Espíritu Santo, descendió sobre sus discípulos en una simple casa. En nuestros días, Dios puede ser encontrado en cualquier parte del mundo, siempre y cuando lo encontremos en Cristo. Él viene a todos, dondequiera que estén, cuando le entregan un corazón confiado.

Selwyn Hughes

DÍA 313

Desde el cielo

Hechos 2:2
Y de repente vino del cielo un estruendo como de un viento recio que soplaba, el cual llenó toda la casa donde estaban sentados.

En los tiempos del Nuevo Testamento, continúan sucediendo exactamente el mismo tipo de eventos. Por supuesto, la encarnación en la persona de Jesús es el caso más completo de «Dios con nosotros» o «Emanuel». El apóstol Juan era un muchacho y el compañero más cercano de Jesús, y se maravilla en su avanzada edad de que con sus sentidos físicos, sus oídos, ojos, y manos, hubieran conocido a la fuente de la vida misma, que era desde el comienzo de todas las cosas (1 Juan 1:1).

De allí la visión de Jesús interactuando con el reino envolvente día tras día. Su transfiguración y resurrección en presencia. Su Ascensión, la venida del espíritu con un sonido «desde el cielo», es decir, desde la atmósfera donde acababa de ir, que luego llenó la habitación donde los discípulos esperaban, descendiendo visiblemente sobre ellos como llamas de fuego. Todo esto le dio a la primera iglesia la impresión más fuerte posible de la realidad e inmediata presencia del reino de Cristo.

Dallas Willard

Día 314

Nace la iglesia

Hechos 2:2 NVI
De repente, vino del cielo un ruido como el de una violenta ráfaga de viento y llenó toda la casa donde estaban reunidos.

Puede haber sido el mismo aposento alto donde Jesús y sus discípulos habían compartido la última cena. Doce personas cabían más cómodamente que ciento veinte. Sin embargo, no se oyeron quejas. En cambio, los creyentes reunidos estaban dedicados a la oración apasionada.

Entonces llegó el misterioso sonido con la fuerza de una ráfaga de viento. Las llamas, «lenguas de fuego», de ignición espontánea sobre sus cabezas. Entonces, la presencia del Espíritu se mostró en lenguas extrañas y declaró «las maravillas de Dios» (Hechos 2:11).

Los que estaban en la calle y habían venido a Jerusalén para la fiesta de Pentecostés provenían de diversas naciones. Las palabras que oyeron eran en sus propios idiomas. Cuando el Espíritu Santo descendió sobre los discípulos, descendió la gloria de Dios. ¡Ese día nació la Iglesia!

Dios sigue ocupándose de obrar milagros y hacer crecer su iglesia. Al igual que los primeros creyentes, oremos porque descienda la gloria de Dios haciendo fuerte a su pueblo en su poder. ¡Oremos porque nos prepare para hacer un cambio en nuestro mundo por Él!

GREG ASIMAKOUPOULOS

DÍA 315

UNA NUEVA ERA

HECHOS 2:3
*Y se les aparecieron lenguas repartidas, como de fuego,
asentándose sobre cada uno de ellos.*

Si trazamos una línea a lo largo de las páginas del Nuevo Testamento, esa línea llegaría directamente a un Aposento Alto. Ese momento fue la línea divisoria en el desarrollo moral y espiritual de la humanidad. Marcaba una nueva era: la era del Espíritu Santo.

Del otro lado de esa línea divisoria, antes de Pentecostés, los discípulos habían tenido logros y lealtades espasmódicas. A veces, se regocijaban de que los espíritus malos estuvieran sujetos, y a veces tenían que preguntarse: «¿Por qué no pudimos echarlo?». A veces parecían estar dispuestos a morir con Jesús, y otras peleaban sobre quién tendría el primer lugar en su Reino. Simón Pedro había sacado la espada y le cortó la oreja al criado del sumo sacerdote, pero luego se echó atrás ante la mirada de una joven criada. Entonces llegó el día de Pentecostés. Hubo un refuerzo divino. Eran hombres nuevos haciendo una obra nueva, ya no espasmódica, sino estable.

¿De qué lado de esa línea divisoria estás? ¿Eres un cristiano prepentecostés, espasmódico e intermitente o un cristiano postpentecostés, dinámico y diferente?

Selwyn Hughes

Día 316

Palabras milagrosas

Hechos 2:4
*Y fueron todos llenos del Espíritu Santo,
y comenzaron a hablar en otras lenguas,
según el Espíritu les daba que hablasen.*

Dios inventó una manera de anunciarlo cuando dividió y separó las lenguas de los apóstoles para que pudieran esparcir entre todos los pueblos lo que les había sido entregado.

De esta manera, surge la multifacética bondad de Dios, porque una plaga y castigo al orgullo humano se había convertido en cuestión de bendición. De dónde vino la diversidad de lenguas, sino para que Dios pudiera llevar a la nada los consejos malvados e impíos de los humanos. Sin embargo, Dios les da a los apóstoles la diversidad de lenguas ahora para que puedan traer a casa, en bendita unidad, a la gente que tarda por aquí y por allí. Digo que esto se hizo por nuestro bien, no solamente porque su fruto nos llegó a todos, sino porque sabemos que el evangelio se hizo nuestro no por azar, sino por designio de Dios, quien por este mismo propósito dio a los apóstoles lenguas de fuego para que a ninguna nación le faltara la doctrina que debía llegarle.

Juan Calvino

DÍA 317

Palabras de alabanza

Hechos 2:7-8

Y estaban atónitos y maravillados, diciendo: Mirad, ¿no son galileos todos estos que hablan? ¿Cómo, pues, les oímos nosotros hablar cada uno en nuestra lengua en la que hemos nacido?

Fue una experiencia asombrosa para los que respondieron al sonido sobrenatural. Primero, la sorpresa del ruido inusual y luego absoluto asombro y perplejidad al oír y entender lo que algunos forasteros (los discípulos de Galilea) estaban diciendo (Hechos 2:7-8). Sin embargo, los discípulos no hablaban lenguas extrañas de manera orgullosa o para llamar la atención. En cambio, el relato del libro de los Hechos dice que la multitud estaba impresionada porque: «les oímos hablar en nuestras lenguas las maravillas de Dios» (v. 11).

Todo lo que sucedió en Jerusalén en ese importante día de Pentecostés fue orquestado por el Padre para dejar en claro que la venida del Espíritu estaba de acuerdo con los tiempos divinos. No importa lo increíbles que les parezca a nuestras mentes finitas los eventos de Pentecostés, y no importa cuánto nos esforcemos por encontrar una explicación humana, es ineludible el hecho de que todo el crédito le pertenece a Dios.

John MacArthur

DÍA 318

Tal gozo

Hechos 2:23

...a éste, entregado por el determinado consejo... prendisteis y matasteis crucificándole.

A pocos días de su muerte, los discípulos estaban acusando a los líderes de Jerusalén públicamente de haberle matado. ¿Por qué no podían estos líderes ir derecho a la tumba y señalar el cuerpo de Jesús? Esto habría resuelto todo su problema. No lo hicieron. ¿Por qué? Si se reitera la débil respuesta de que los discípulos robaron el cuerpo mientras los soldados dormían, entonces es fácil responder. Había quienes mostraban no tener fe, ¿no divulgarían el terrible secreto del robo para justificar el error? No ha habido a lo largo de los siglos ni siquiera un susurro que diga tal cosa. Además, ¿parecen estos discípulos hombres que guardarían un secreto tan terrible, que proclamarían un engaño, que vivirían según una mentira? ¿Parecen ladrones de cadáveres? Sus rudos rostros les habrían delatado, y el secreto de culpa se habría filtrado en su mensaje. Sin embargo, por el contrario, estos hombres son radiantes e irresistibles. Ríen aunque son perseguidos, cantan aunque están en prisión, y sonríen aunque van a la muerte. ¿Por qué cosa? ¿Un engaño? Bueno, los engaños no producen aleluyas, y el robo de cadáveres no produce vidas transformadas. Por el fruto se conoce el árbol.

E. Stanley Jones

Día 319

Las obras de sus seguidores

Hechos 2:43
Y sobrevino temor a toda persona; y muchas maravillas y señales eran hechas por los apóstoles.

Es cosa grande y muy preciada a la vista del Señor, amada, cuando todo el pueblo de Cristo trabaja unido en los mismos deberes y en todo rango y grado de ambos sexos cooperando hacia una misma intención. Qué maravilloso es cuando un propósito motiva a todos a alejarse del mal y hacer el bien. Qué excelente es cuando Dios es glorificado en la obra de sus seguidores y el Autor de la bondad es bendecido por la gratitud del corazón. Los hambrientos son alimentados, los desnudos son vestidos, se visita a los enfermos. La gente no busca su propio interés, sino «el de los demás» mientras aprovechan de la mejor manera sus propios medios para aliviar las penurias del prójimo. En tal comunidad, no hay desorden ni diversidad porque los miembros del cuerpo entero están de acuerdo en un mismo propósito: los caminos de Dios.

Porque la excelencia de la porción de cada persona es la gloria del cuerpo entero. Cuando somos todos guiados por el Espíritu de Dios, nos regocijamos no solamente por las cosas que hacemos nosotros, sino por las que hacen los demás.

León I

Día 320

¡Compártanlo!

Hechos 3:6
*Mas Pedro dijo: No tengo plata ni oro,
pero lo que tengo te doy; en el nombre de
Jesucristo de Nazaret, levántate y anda.*

Lucas, el médico, comienza su registro histórico de la iglesia apostólica con estas palabras: «Jesús comenzó a hacer y a enseñar».

Comenzó, pero su intención es que la iglesia, si ha de ser su Iglesia, continúe lo que Él empezó en el poder del mismo Espíritu que le dio a Él poder en su ministerio. Si hubieras estado con Pedro y Juan de camino a orar en el Templo ese día, ¿qué cosa habrías hecho? ¿Habrías puesto la mano en el bolsillo para sacar unas monedas, dándoselas al mendigo, y luego con grandeza y piedad habrías ido al Templo? ¿O te habrías atrevido a decir: «No tengo plata ni oro, pero lo que tengo te doy; en el nombre de Jesucristo de Nazaret, levántate y anda»? Estos son días de excitación para vivir y conocer a Jesucristo y su evangelio. ¡Tenerlo y compartirlo! Si no lo tienes, recíbelo ahora. Y si lo tienes, en nombre de Dios compártelo.

RICHARD C. HALVERSON

DÍA 321

GRANDIOSO NOMBRE

HECHOS 3:6 NVI
*—No tengo plata ni oro —declaró Pedro—,
pero lo que tengo te doy. En el nombre de
Jesucristo de Nazaret, ¡levántate y anda!*

Hay palabras que tienen la capacidad de asustarnos. Son palabras singulares con una fuerza poderosa. Palabras como cáncer, Parkinson, Alzheimer, divorcio. Estas palabras te quitan el aliento. Pueden hacer que abandones toda esperanza. Son palabras que inspiran temor, tristeza, dolor y, cuando se pronuncian, sentimos que la vida se nos derrumba.

Un día, Pedro y Juan encontraron a un mendigo paralítico cerca del templo en Jerusalén. El hombre, privado de movilidad, esperaba unas monedas. Pero lo que recibió fue mucho más de lo que jamás hubiera imaginado. Los discípulos confesaron que no tenían dinero para darle, pero expresaron su deseo de darle lo que tenían. Acercándose, levantaron al hombre «en el nombre de Jesucristo». Instantáneamente, el hombre sanó.

Qué grandioso es su nombre.

GREG ASIMAKOUPOULOS

DÍA 322

UN PODER MÁS GRANDE

HECHOS 8:6-7 NVI

*Al oír a Felipe y ver las señales milagrosas que realizaba,
mucha gente se reunía y todos prestaban atención a su mensaje.
De muchos endemoniados los espíritus malignos
salían dando alaridos, y un gran número de paralíticos
y cojos quedaban sanos.*

Los «alaridos» de estos espíritus revelaban su ira al encontrarse con un poder mayor al suyo. Los demonios jamás sienten agrado cuando se les manda dejar su habitación humana, pero no tienen más opción que la de someterse a la autoridad superior (ver Marcos 9:25-26).

Los demonios, o espíritus malos, están gobernados por Satanás. La mayoría de los estudiosos creen que son ángeles caídos que se unieron a Satanás en su rebelión contra Dios y que en algunos casos pueden causar que una persona sea muda, ciega, sorda o mentalmente insana. Los demonios también tientan a las personas al pecado. Aunque los demonios pueden ser poderosos, no son omnipotentes ni omniscientes, y no pueden estar en todas partes al mismo tiempo. Los demonios son reales y están activos, pero Jesús tiene autoridad sobre ellos, y les dio esta misma autoridad a sus seguidores. Aunque se le permite a Satanás obrar en el mundo, Dios está en completo control. Dios puede echar a los demonios y terminar su obra destructiva en la vida de las personas. Finalmente, Satanás y sus demonios serán echados al lago de fuego, y se acabará para siempre su obra de maldad en el mundo (Apocalipsis 20:10).

COMENTARIO DE LA BIBLIA DEL DIARIO VIVIR – HECHOS

DÍA 323

La prueba verdadera

HECHOS 9:17
*Fue entonces Ananías y entró en la casa,
y poniendo sobre él las manos, dijo: Hermano Saulo,
el Señor Jesús, que se te apareció en el camino por donde venías,
me ha enviado para que recibas la vista
y seas lleno del Espíritu Santo.*

Cuando Pablo recibió la vista, recibió también visión espiritual de la Persona de Jesucristo. Toda su vida y predicación a partir de ese punto estuvieron concentradas en Jesucristo, y nunca en algo más. Pablo nunca volvió a permitir que nada le atrajera la atención, ni en su mente ni en su alma, a excepción del rostro de Jesucristo.

Debemos aprender a mantener un alto grado de carácter en nuestra vida, aun en el nivel en que se nos ha revelado nuestra visión de Jesucristo.

La característica perdurable del hombre espiritual es la capacidad de entender correctamente el significado del Señor Jesucristo en su vida, y la capacidad de explicar a otros los propósitos de Dios. La pasión primordial de su vida es Jesucristo.

Nunca permitas que nada desvíe tu mirada de Jesucristo. Es la prueba verdadera de si eres espiritual o no. No ser espiritual significa que hay otras cosas que despiertan fascinación en ti.

OSWALD CHAMBERS

DÍA 324

JESUCRISTO TE SANA

HECHOS 9:32-34
Aconteció que Pedro, visitando a todos, vino también a los santos que habitaban en Lida. Y halló allí a uno que se llamaba Eneas, que hacía ocho años que estaba en cama, pues era paralítico. Y le dijo Pedro: Eneas, Jesucristo te sana; levántate, y haz tu cama. Y en seguida se levantó.

De hecho, los apóstoles jamás habrían intentado obrar milagros a menos que hubieran estado seguros primero de la voluntad de Dios, porque el efecto dependía de su voluntad. El Espíritu no les daba el poder de sanar a quien ellos quisieran. Cristo aplicó un límite a sus milagros, y quería que sus discípulos obraran únicamente aquellos que Él sabría que serían útiles. Pedro no dijo estas palabras sin pensar, porque habría estado poniéndose en riesgo de ridículo si no hubiera sabido ya que era voluntad de Dios. Quizá haya orado en privado. El Espíritu, que es el autor de todo milagro y obraba a través de Pedro, dirigía su lengua en esos momentos y estaba moviendo su corazón. Con estas palabras, Pedro mostraba simplemente que era solamente el ministro del milagro y que provenía del poder de Cristo, por eso adjudicaba toda alabanza a Cristo.

«Haz tu cama». Aumenta la gloria del milagro que el hombre tuviera la fuerza no solamente para levantarse, sino también para ocuparse de su cama.

JUAN CALVINO

DÍA 325

UN INSTRUMENTO MÁS GRANDE

HECHOS 9:40

*Entonces, sacando a todos, Pedro se puso de rodillas y oró;
y volviéndose al cuerpo, dijo: Tabita, levántate.
Y ella abrió los ojos, y al ver a Pedro, se incorporó.*

Algunos fanáticos sueñan que el alma humana es solamente aliento que se esfuma hasta que llega el día de la resurrección, y buscan probarlo con este pasaje. ¿Cuál era el motivo (preguntan) de volver a llamar el alma de Tabita a la prisión de su cuerpo, para que sufriera todavía más pena, si había sido recibida ya en el bendito reposo? ¡Como si Dios no tuviera derecho a pensar en su gloria en la muerte, así como en la vida! La verdadera felicidad de los creyentes es vivir y morir con Él, y cuando nos dedicamos a Él Cristo, es una bendición para nosotros tanto en la vida como en la muerte (Filipenses 1:20-21). Por eso no hay nada malo en que el Señor piense más en su propia gloria que en Tabita, aunque, como el interés del creyente siempre está conectado con la gloria de Dios, fue conveniente para ella que la volviese a la vida, para que pudiera ser un instrumento más grande de la bondad y el poder de Dios.

JUAN CALVINO

DÍA 326

AUTORIDAD DE CRISTO

HECHOS 13:9, 11

*Entonces Saulo, que también es Pablo, lleno del Espíritu Santo,
fijando en él los ojos… Ahora, pues, he aquí la mano del Señor
está contra ti, y serás ciego, y no verás el sol por algún tiempo.
E inmediatamente cayeron sobre él oscuridad y tinieblas.*

Quiero captar tu interés al hecho de que Pablo tenía el don de señales de un apóstol. Cuando fue a Pafos, no podía pedirles que se volvieran al Nuevo Testamento. No había Nuevo Testamento para que él pudiera predicarlo, o al que podían remitirse. Así que, ¿cómo reconocerían su autoridad? Por medio del don de señales. Hoy, el Nuevo Testamento está escrito. Se nos da una manera diferente de reconocer la autoridad: «Si alguno viene a vosotros, y no trae esta doctrina, no lo recibáis en casa, ni le digáis: ¡Bienvenido!» (2 Juan 1:10). Esta doctrina está en la Palabra de Dios, en el Nuevo Testamento.

Pablo recibió su autoridad del Señor Jesucristo. Domina absolutamente al hechicero con su mensaje del evangelio del Señor Jesús. Sergio Paulo llega a la luz. Ha estado en oscuridad espiritual, pero ahora cree y se maravilla ante la doctrina del Señor.

J. Vernon McGee

Día 327

El verdadero propósito de los milagros

Hechos 14:1,3

Aconteció en Iconio que... [Pablo y Bernabé] se detuvieron allí mucho tiempo, hablando con denuedo, confiados en el Señor, el cual daba testimonio a la palabra de su gracia, concediendo que se hiciesen por las manos de ellos señales y prodigios.

Esto nos muestra el verdadero propósito de los milagros. Principalmente son para mostrarnos el poder y la gracia de Dios, pero porque los interpretamos mal y perversamente, Dios jamás permite que sean separados de su Palabra, para que no se corrompan ni se abuse de ellos. Si en algún momento se obraron milagros aparte de su Palabra, fue rara vez, y poco fruto produjeron. La mayor parte del tiempo Dios ha obrado milagros para que el mundo lo conozca, no solamente en su persona o majestad, sino en su palabra. En este versículo, Lucas dice que el evangelio se confirma por medio de milagros, para que a través de la enseñanza de Pablo la gente llegara a la adoración pura de Dios.

Lucas dice que el Señor permitía que sus sirvientes obraran milagros. Así enseña que eran únicamente los que obedecían a Dios quienes eran sus ministros, y que era Dios quien obraba los milagros, usándolos como agente. Obra a través de las personas de manera tal que su gloria no sea oscurecida por el ministerio de éstas.

Juan Calvino

DÍA 328

Autoridad autenticada

Hechos 14:3 NVI

En todo caso, Pablo y Bernabé pasaron allí bastante tiempo, hablando valientemente en el nombre del Señor, quien confirmaba el mensaje de su gracia, haciendo señales y prodigios por medio de ellos.

En Hechos, las señales y milagros tienen un papel clave para reveler la obra de salvación en Cristo y proclamar el evangelio. Autenticaban la autoridad de los apóstoles y la autoridad de quienes estaban relacionados con ellos. Una «señal» (semeion), es un milagro mediante el cual Dios se muestra todopoderoso. Un «milagro» (teras) es un asombroso milagro que causa maravilla. En el Antiguo Testamento, la palabra «milagro» se refería a la acción redentora de Dios cuando Moisés sacó a los hebreos de Egipto (Deuteronomio 26:5-11). En la primera iglesia, estos grandes milagros hechos con el poder del Espíritu, mostraban la nueva obra redentora de Dios en Cristo.

Podríamos desear obrar un milagro que convenciera a todo el mundo de una vez por todas que Jesús es el Señor. Dios les dio a Pablo y Bernabé poder para orar grandes milagros y así confirmar que su mensaje era verdad, pero aún así la gente estaba dividida. No pases tu tiempo ni uses tu energía deseando milagros. Siembra tus semillas de la Buena Nueva en el mejor suelo que puedas encontrar, de la mejor manera que puedas, y deja la persuasión en manos del Espíritu Santo.

Comentario de la Biblia del Diario Vivir – Hechos

Día 329

Buscando manos para usar

Hechos 19:11-12

Y hacía Dios milagros extraordinarios por mano de Pablo, de tal manera que aun se llevaban a los enfermos los paños o delantales de su cuerpo, y las enfermedades se iban de ellos, y los espíritus malos salían.

A lo largo de este período, se obraban milagros maravillosos. El pañuelo era el que usaba el trabajador, atado a la cabeza para absorber la transpiración mientras trabajaba. El delantal era el cinturón o pechera que usaba el sirviente o el obrero. Es significativo que el texto no nos dice que Pablo hiciera estos milagros, sino que Dios los había hecho a través de las manos de Pablo. Dios, dijo alguien, está buscando por todas partes manos para usar. Quizá no podamos obrar milagros con nuestras manos, pero sin duda podemos dárselas a Dios para que Él pueda obrar a través de ella.

William Barclay

DÍA 330

Fueron consolados

Hechos 20:9-10

Eutico... cayó del tercer piso abajo, y fue levantado muerto. Entonces descendió Pablo y se echó sobre él, y abrazándole, dijo: No os alarméis, pues está vivo.

Pablo resucitó a este joven de entre los muertos. Recordarás que también Simón Pedro resucitó a Dorcas. Era un don que pertenecía a los apóstoles. Después de que se estableciera el canon de las Escrituras, el don de milagros ya no se manifestó. Desapareció de la iglesia. Cuando el médico Lucas escribe que «fueron grandemente consolados» quiere decir que estaban realmente emocionados de que este joven tan querido hubiera sido resucitado y les hubiese sido devuelto. Y ahora Pablo sigue predicando durante la noche y hasta el amanecer. ¡Qué reprimenda es esta para todos nosotros! En algunas iglesias, se oyen quejas si un pastor predica diez o hasta cinco minutos de más, extendiendo el horario habitual del servicio. Estos primeros creyentes permanecieron despiertos toda la noche, escuchando a Pablo. Sé que alguien diría: «Si yo pudiera escuchar a Pablo, también me quedaría toda la noche». Pablo probablemente no fue más que un humilde predicador del evangelio. Sabemos que Apolo era un hombre elocuente, pero no se nos dice esto de Pablo. Estos creyentes simplemente querían oír la Palabra de Dios. ¡Qué maravilloso es eso!

J. Vernon McGee

¡SACÚDETELO!

HECHOS 28:3-5
Entonces, habiendo recogido Pablo algunas ramas secas, las echó al fuego; y una víbora, huyendo del calor, se le prendió en la mano… Pero él, sacudiendo la víbora en el fuego, ningún daño padeció.

Cuando Pablo y sus compañeros de viaje naufragaron en la isla de Malta, él recogió ramas secas para encender un fuego y secarse. Entonces le mordió una víbora, alertada por las llamas. La Biblia nos dice que Pablo sencillamente sacudió la mano para quitarse la víbora de encima, y la echó al fuego. Tú y yo debiéramos hacer lo mismo, ¡también debiéramos ser valientes internamente, y sacudírnosla!

Sea lo que fuere que te esté molestando del pasado ¡sacúdetelo! Dios tiene un gran futuro planeado para ti. ¡Los sueños del futuro no tienen lugar para las mordeduras de serpiente del pasado!

Estoy intentando encender un fuego en ti, que jamás se apagará. Sacúdete y niégate a adquirir un espíritu de frialdad y muerte. Pelea contra esos pensamientos negativos que te mantienen atado. Jesús quiere sanarte. No quiere arreglarte por partes, sino que quiere arreglarte entero: tu cuerpo, tus emociones, tu boca, tu mente, tu actitud, tu voluntad y tu espíritu.

JOYCE MEYER

Canales de bendición

Hechos 28:8
Y aconteció que el padre de Publio estaba en cama, enfermo de fiebre y de disentería; y entró Pablo a verle, y después de haber orado, le impuso las manos, y le sanó.

Parece que en Malta el Jefe de la isla era alguien de jerarquía, y Publio bien puede haber sido el representante romano para esa parte de la isla. Su padre estaba enfermo, y Pablo pudo ejercer su don de sanación y darle alivio. Pero en el versículo 9 hay una posibilidad muy interesante. Ese versículo dice que el resto de la gente que estaba enferma vino, y *fueron sanadas*. La palabra utilizada es la que se usa para indicar que recibieron *atención médica*. Y hay estudiosos que dicen que esto puede significar no solamente que vinieron a Pablo, sino que también fueron a Lucas, quien era médico. Si es así, este pasaje nos da la primera imagen de lo que hoy es el *misionero médico*. Hay algo muy conmovedor aquí. Pablo podía ejercer el don de la sanación, sin embargo, él mismo debía soportar todo el tiempo una espina en la carne. Muchas personas han dado a otros un don que les ha sido negado a ellos. Es uno de los milagros de la gracia que estos hombres no se amarguen, sino que se contenten con ser canales de bendiciones que ellos mismos jamás han podido disfrutar.

William Barclay

LOS MILAGROS DE JESÚS EN TI

---

*De modo que si alguno está en Cristo,
nueva criatura es; las cosas viejas pasaron;
he aquí todas son hechas nuevas.*
2 CORINTIOS 5:17

LOS MILAGROS DE JESÚS EN TI

Como dejó en claro Jesús en sus observaciones que llevaron a la sanación del paralítico en Marcos 2, los milagros más grandes no se ven. Sanó al hombre de manera obvia para subrayar la verdad de su milagro más grande aún, el de darle a ese hombre el perdón. No «verás» el más grande milagro que Dios puede hacer por ti, al menos hasta la eternidad.

Dios no ha perdido la capacidad ni la voluntad de hacer milagros hoy, como los hacía en los tiempos de Jesús. Pero lamentablemente, muchas personas ven los milagros de manera muy similar a la que los veían algunos, que le decían a Jesús: «Muéstranos un milagro y entonces creeremos». Exigir que Dios se pruebe a sí mismo revela un profundo malentendido en cuanto a quién manda, y en cuanto a la desesperada condición de la humanidad ante Dios.

La promesa del perdón de Dios, destacada por el poder de la resurrección de Jesús, sigue siendo el más grande y el más humilde milagro de todos. Cada día, los que creemos debiéramos estar agradecidos por el milagro de la salvación y la milagrosa promesa de nuestra propia vida eterna. Más allá de eso, ¡todo otro milagro es un deleite inesperadamente agregado, que da gloria a Dios!

Día 333

Me has tocado

Salmo 34:8
Gustad, y ved que es bueno Jehová;
Dichoso el hombre que confía en él.

Tarde te amé, ¡belleza tan antigua y nueva!
¡Tarde te amé!
Estabas dentro de mí, pero yo estaba fuera.
Te buscaba aquí, echando mi feo ser sobre la belleza de tus criaturas.
Estabas conmigo, pero yo no estaba contigo.
Me llamaste, tu grito esfumó mi sordera.
Brillaste, y tu luz esfumó mi ceguera.
Esparciste tu perfume, lo aspiré, y ahora suspiro por ti.
Te he saboreado, y ahora siento hambre de ti.
Me has tocado, y ahora ardo con el deseo de tu paz.

San Agustín

Día 334

Brilla a través de nosotros

Mateo 5:14
Vosotros sois la luz del mundo; una ciudad asentada sobre
un monte no se puede esconder.

Querido Jesús:
Ayúdanos a esparcir tu fragancia dondequiera que vayamos.
Inunda nuestras almas con tu espíritu y tu vida.
Penetra y posee todo nuestro ser, tan completamente como para
    que nuestras vidas solamente puedan ser reflejo de la tuya.
Brilla a través de nosotros, y quédate en nosotros para que toda

alma con la que entremos en contacto pueda sentir tu presencia en nuestra alma.
Deja que miren hacia arriba y no nos vean ya, sino que vean sólo a Jesús.
Quédate con nosotros y entonces podremos brillar como brillas tú, brillar para ser luz para los demás.
La luz, oh, Jesús, será solamente de ti.
Y no nuestra.
Serás tú brillando a través de nosotros, sobre los de más.
Que te alabemos como más te gusta, brillando, iluminando a los que nos rodean…Amén.

MADRE TERESA

DÍA 335

MILAGRO QUE FLUYE

JUAN 4:10
Respondió Jesús y le dijo: Si conocieras el don de Dios, y quién es el que te dice: Dame de beber; tú le pedirías, y él te daría agua viva.

Al maravillarnos ante los milagros específicos de Jesús, a menudo dejamos de ver el mayor milagro en las vidas que Él transformó. Respondió a muchas necesidades, pero reiteradamente ofrecía el milagro más profundo de la vida eterna. Hasta usó el milagro de la sanación del paralítico en Marcos 2 para autenticar su mayor llamado, el de ser capaz de perdonar los pecados.

Jesús habló con una mujer aparentemente sana junto al pozo y, en la conversación, la mujer reveló la profundidad de su necesidad de sanación espiritual. Le prometió y le dio agua viva a su alma, que inmediatamente fluyó hacia la vida de sus vecinos. Fue transformada, de la vergüenza a la salvación, ansiosa por contarles a todos lo que Cristo había hecho por ella.

El milagro de Jesús del agua viva sigue surgiendo en vidas inesperadamente hoy, como sucedió siempre. Si los manantiales que rebosan a la vida eterna no fluyen de tu interior, Jesús sigue dispuesto a darte ese mismo milagro. Te invita a confiar en Él como lo hizo esa mujer junto al pozo, hace tanto tiempo. Ve y pídele agua viva. Él la da.

NEIL WILSON

DÍA 336

LA FUENTE DE VIDA QUE HABITA EN NOSOTROS

JUAN 7:38-39

El que cree en mí, como dice la Escritura, de su interior correrán ríos de agua viva. Esto dijo del Espíritu que habían de recibir los que creyesen en él.

El mayor peligro para toda ciudad en la antigüedad durante un sitio no era el enemigo que estaba afuera, sino la falta de recursos murallas adentro. Y la mayoría de las veces cuando un ejército como el de los asirios atacaba una ciudad amurallada como Jerusalén, simplemente rodeaban la ciudad y esperaban a que se acabara la comida y el agua. Entonces, cuando la gente estaba débil y desesperada, se podía tomar la ciudad casi sin pelear. Pero Ezequías se aseguró de que esto no sucediera en Jerusalén. Desvió un curso de agua que había fuera de las murallas para que llegara al interior.

Es interesante que Jesús a menudo hablara del Espíritu Santo como del agua viva que Dios da al creyente, y que constituye un recurso secreto y poderoso en tiempos de tribulación. Cuando tienes al Espíritu Santo viviendo dentro de ti, posees un recurso que puede darte vida en abundancia, por largo que sea el sitio del enemigo. El enemigo podrá acampar fuera de tu puerta durante un período de tiempo indefinido, y no te importará. El Espíritu Santo es la fuente de vida que habita en ti.

DAVID JEREMIAH

DÍA 337

LLAMADOS A SER SANTOS

JUAN 14:12

*De cierto, de cierto os digo: El que en mí cree,
las obras que yo hago, él las hará también;
y aun mayores hará, porque yo voy al Padre.*

Somos llamados a ser santos, nosotros que en nuestra humanidad siempre somos santos sin halos.

Somos llamados a ser lo que no somos. Nosotros, los que seguimos a Cristo, somos llamados a ofrecer a otros lo que aún no se ha cumplido en nosotros. Debemos enseñar lecciones de amor y vida, aunque todavía estamos aprendiéndolas. Debemos alentar en otros el dominio propio, aunque todavía ni siquiera nos entendemos a nosotros mismos. Hemos de testimoniar, nutrir y amonestar a otros en su peregrinaje espiritual aunque todavía estamos luchando con el propio. Se nos pide a los enfermos que sanemos a otros. Nosotros, que causamos conflicto, somos llamados por Cristo a hacer la paz. Quienes tenemos rincones oscuros aún no redimidos en el alma, somos enviados a bautizar. Nosotros, que necesitamos la Palabra, somos comisionados a proclamarla y predicarla. Poseídos por urgencias irracionales y motivos bajos, somos enviados a echar demonios. Somos llamados por Jesús a hacer lo que necesitamos, a ofrecer lo que nos hace falta a nosotros mismos.

DONALD J. SHELBY

DÍA 338

Visitados

JUAN 14:17
*El Espíritu de verdad, al cual el mundo no puede recibir,
porque no le ve, ni le conoce; pero vosotros le conocéis,
porque mora con vosotros, y estará en vosotros.*

Hemos sido visitados. Que estas palabras calen profundo en tu alma, porque no importa qué debas enfrentar, el Visitador está allí para traer un poder que puede fluir hacia ti ahora a causa de la visita que Él efectuó hace tanto tiempo. Porque verás, ¡Él en esa gran visita ya cumplió todo lo que podría exigir nuestra necesidad de hoy o de mañana! El Espíritu Santo ha venido a interpretar y encender en nosotros todo lo que está a nuestra disposición. A causa de la condescendencia de Cristo –su visita a nosotros– podemos no solamente sobrevivir a la tensión y el fracaso personal de la tribulación, sino que podemos ser restaurados a sus más altos propósitos para nosotros.

Dilo en voz alta.

Decláralo ahora: «¡Me has visitado! ¡Te alabo, Señor! Me maravillo ante tu amoroso propósito para mí porque –asegurándote del cumplimiento– me visitaste».

Y mientras le alabas por eso, agradécele también que haya prometido permanecer contigo para siempre.

Nunca se irá.

Nunca te abandonará.

JACK HAYFORD

Día 339

Verdadera paz

Juan 14:27
La paz os dejo, mi paz os doy; yo no os la doy como el mundo la da. No se turbe vuestro corazón, ni tenga miedo.

Todo el mundo quiere paz, sin embargo, a pocos les importan las cosas que la produce. La paz de Dios está con el humilde y gentil, y especialmente con el paciente. Si estás dispuesto a escuchar a Dios y a actuar según su voz, disfrutarás de mucha paz.

No pienses que has encontrado verdadera paz solamente porque no sientes dolor o no tienes enemigos. Nunca pienses que la vida es perfecta porque recibes todo lo que quieres. Nunca te consideres el hijo favorito de Dios porque disfrutas de una gran vida de devoción. Ese no es el camino a la verdadera paz y el crecimiento espiritual.

Puedes encontrar la paz al ofrecerle tu corazón entero a Dios. Olvida tu propia voluntad en las cosas grandes y pequeñas, agradeciendo a Dios por lo agradable y lo desagradable por igual. Pesa todo con la misma balanza.

Si eres lo suficientemente fuerte como para padecer cada vez más sin elogiarte a ti mismo, pero siempre alabando el nombre de Dios, entonces estarás en el camino hacia la verdadera paz.

Thomas À. Kempis

Día 340

Ministerio compartido

Marcos 16:15
Y les dijo: Id por todo el mundo y predicad el evangelio a toda criatura.

Todo cristiano tiene vacaciones. Somos llamados a compartir el ministerio de Jesucristo, en y a través del mundo. Compartir el ministerio de Jesucristo implica vivir en el mundo como expresión de la santidad que vemos en Él, una santidad que se expresa a través de su compasión, su interés por la justicia (rectitud) y a través de su presencia sanadora y reconciliadora en el mundo. La relación que Él nos ofrece —cuando la tomamos con seriedad— resulta en aquellas cualidades que vemos en Él, expresadas a través de nosotros y a veces, a pesar de nosotros.

JAMES C. FENHAGEN

DÍA 341

VINO EL ESPÍRITU SANTO

JUAN 14:16
*Y yo rogaré al Padre, y os dará otro Consolador,
para que esté con vosotros para siempre.*

¿Se reconoce la presencia [del Espíritu Santo] como debiera ser? No podemos controlar su obra. Es soberano en todas sus operaciones, pero ¿estamos lo suficientemente ansiosos como para recibir su ayuda o lo suficientemente vigilantes como para no apenarle, de manera que retire su ayuda? Sin Él, nada podemos hacer, pero por su todopoderosa energía pueden producirse los resultados más extraordinarios. Todo depende de si Él revela o esconde su poder ¿Lo buscamos siempre a Él para nuestra vida interior y nuestro servicio exterior, con respetuosa dependencia, como debe ser? ¿No solemos correr ante su llamado y actuar independientes, sin su ayuda? Humillémonos esta noche, por el abandono pasado, y pidamos que el rocío celestial descienda sobre nosotros, que nos unja el óleo sagrado, que la llama celestial arda dentro de nosotros. El Espíritu Santo no es un don temporal: permanece con la iglesia.

Cuando lo buscamos como debemos, lo encontraremos. Es celoso, pero está lleno de compasión. Si se retira con ira, regresa en misericordia. Condescendiente y tierno, no se cansa de nosotros, sino que constantemente exhibe su gracia.

CHARLES HADDON SPURGEON

Día 342

También viviréis

JUAN 14:19
«Porque yo vivo, vosotros también viviréis.»

Es de suma importancia que nos aferremos a esta verdad, de que Él, Jesucristo, en su vida es nuestro presente. Nuestro pasado no es nuestro presente. La gran oscuridad que echa sus sombras sobre el ayer hacia el hoy, no lo es. Tampoco aquello con justa o injustamente sostenemos en contra de nosotros y probablemente también en contra de otros. No lo es el mundo con sus acusaciones, ni nosotros con nuestras contraacusaciones. Ni siquiera la bien merecida ira divina en contra de nosotros, y mucho menos nuestra murmuración en contra de Dios, o nuestro secreto pensamiento de que después de todo quizá Dios no exista. Por eso, no somos nosotros, como somos o pensamos ser, los que hacemos nuestro presente. La vida de Él, Jesucristo, es nuestro presente. Su vida divina es derramada por nosotros, y su vida humana, nuestra vida, entregada en Él. Esto es lo que cuenta. Esto es lo verdadero y válido. Desde aquí podemos continuar nuestro viaje hacia el futuro. Y este es el futuro que surge de este presente: vosotros también viviréis.

KART BARTH

DÍA 343

LIBERADOS POR GRACIA

ROMANOS 6:14
*Porque el pecado no se enseñoreará de vosotros;
pues no estáis bajo la ley, sino bajo la gracia.*

Willa Gather escribió: «Los milagros, creo, no dependen tanto de los rostros, de las voces o del poder de sanación que repentinamente nos llega desde lejos, sino que se afina nuestra percepción de modo que durante un momento nuestros ojos pueden ver y nuestros oídos oír lo que siempre está cerca de nosotros».

Eso es gracia verdadera: Dios que abre nuestros oídos lo suficiente como para oír la música de la vida zumbando a nuestro alrededor, abriendo nuestros ojos a la luz extravagante y siempre presente de su amor. Y no es un espectáculo especial, sino cosa suya de todos los días. Un Dios al que ni siquiera el cielo puede contener no necesita un servicio televisado de milagros para aparecer. Su gracia se da en todas partes, aún en medio de un embotellamiento de tráfico que no te deja nada para hacer más que leer las pegatinas en todos los parachoques que tienes cerca. Recuerda buscar a Dios mientras estás allí.

ROBERTA CROTEAU

DÍA 344

ÉL DARÁ VIDA

ROMANOS 8:11
*Y si el Espíritu de aquel que levantó de los muertos a
Jesús mora en vosotros, el que levantó de los muertos a
Cristo Jesús vivificará también vuestros cuerpos mortales
por su Espíritu que mora en vosotros.*

Al final, el Cristo resucitado nos resucitará con Él. «Y si el Espíritu de aquel que levantó de los muertos a Jesús mora en vosotros, el que levantó de los muertos a Cristo Jesús vivificará también nuestros cuerpos mortales por su Espíritu que mora en vosotros» (Romanos 8:11). «Porque si fuimos plantados juntamente con él en la semejanza de su muerte, así también lo seremos en la de su resurrección» (Romanos 6:5). Así como Jesús recuperó su propia vida de las fauces de la muerte, resucitará de entre los muertos a los que son suyos. Nos da esta promesa a todos los que creemos: «y yo le resucitaré en el día postrero» (Juan 6:40). Así, su resurrección garantiza la de ellos.

La gloria de Cristo en el poder de su resurrección a la vida invencible y la autoridad omnipotente le será reflejada de vuelta en la gozosa adoración de sus santos resucitados y hechos perfectos. ¿Quién disfrutará de este eterno don de la vida? Jesús responde: «Yo soy la resurrección y la vida; el que cree en mí, aunque esté muerto, vivirá. Y todo aquel que vive y cree en mí, no morirá eternamente. ¿Crees esto?» (Juan 11:25-26).

JOHN PIPER

Día 345

Ayuda en los tiempos difíciles

ROMANOS 8:26
El Espíritu mismo intercede por nosotros con gemidos indecibles.

¡Oh, las cargas que amamos llevar y no podemos entender! ¡Oh, los inarticulados esfuerzos de nuestros corazones por cosas que no podemos comprender! Sin embargo, sabemos que son un eco del trono, un susurro del corazón de Dios. A menudo es un gemido más que una canción, una carta más que un ala que se levanta. Pero es una carga bendita, y es un gemido subrayado por alabanza y gozo que no se puede pronunciar. Es un gemido «indecible». No podríamos expresarlo siempre por nuestros propios medios, y a veces no entendemos nada más que Dios está orando en nosotros por algo que necesita su toque y que Él entiende.

Y así podemos derramar de la plenitud de nuestro corazón la carga de nuestro espíritu, la pena que nos aplasta y saber que Él escucha, Él ama, Él entiende, Él recibe. Además, Él separa de nuestra oración todo lo que sea imperfecto, ignorante e incorrecto y presenta el resto, con el incienso del gran Sumo Sacerdote ante el trono de lo alto, y nuestra oración es oída, aceptada y respondida en su nombre.

B. SIMPSON

DÍA 346

NUEVO PODER

2 CORINTIOS 5:17
De modo que si alguno está en Cristo, nueva criatura es; las cosas viejas pasaron; he aquí todas son hechas nuevas.

Cuando las personas exhiben nuevo poder para vencer una vieja debilidad digo que esto es evidencia de que el Dios vivo vive dentro de ellos. Esos cambios se convierten en una poderosa prueba para cuantos evidencian lo que hacen de que lo que uno no puede hacer por sí mismo, ¡es posible con el poder de Dios —su Espíritu Santo— dentro de ellos! En lugar de estar bajo la influencia de las drogas, el alcohol, el dinero o el poder, quien pide a Dios que entre y cambie su vida vivirá el poder sobrenatural del Espíritu Santo de Dios liberado en su vida.

Si la función del Espíritu Santo es la de dar gloria a Dios, una vida transformada es señal visual o confirmación de que alguien poderoso —aunque invisible— ¡se ha convertido en real, una parte de nosotros que habita en nuestro interior!

BECKY TIRABASSI

DÍA 347

UNA NUEVA CREACIÓN

2 CORINTIOS 5:17 NVI
Por lo tanto, si alguno está en Cristo, es una nueva creación.
¡Lo viejo ha pasado, ha llegado ya lo nuevo!

La filosofía de la sanación cristiana siempre mira hacia delante. La diferencia que Jesús hace comienza aquí y ahora, y luego sigue y sigue hacia el infinito misterio del cielo. Medita en cómo Charles Wesley expresa el aspecto externo de la oración de sanación en uno de sus himnos más bellos:

> Termina entonces tu nueva creación;
> puros y sin mancha haznos,
> que veamos tu gran salvación,
> perfectamente restaurados en ti.
> cambiados de gloria en gloria,
> hasta que en cielo tomemos nuestro lugar,
> hasta que echemos ante ti nuestras coronas.
> Perdidos en maravilla, amor y alabanza. Amén.

ROY LAWRENCE

DÍA 348

FUERZA DESDE ADENTRO

2 CORINTIOS 12:10
Por lo cual, por amor a Cristo me gozo en las debilidades,
en afrentas, en necesidades, en persecuciones, en angustias;
porque cuando soy débil, entonces soy fuerte.

El apóstol Pablo encontraba que la fuerza de Dios era tan maravillosa que en 2 Corintios 12:9-10 dijo en verdad que se gloriaba en sus debilidades, sabiendo que cuando era débil, la fuerza de Dios descansaría en él y llenaría sus debilidades. Para decirlo con nuestras palabras de hoy, Pablo estaba expresando que se alegraba cuando era débil porque entonces sentía la fuerza de Dios.

¿Has estado intentando vencer dificultades por tu cuenta? Si es así, cambia ahora mismo. Comienza a obtener fuerzas desde lo profundo de tu ser, donde habita el Espíritu Santo. Y si esa divina fuerza todavía no habita en ti, lo único que tienes que hacer es admitir tus pecados, arrepentirte de ellos y pedirle a Jesús que sea tu Salvador y Señor. Entrégale tu vida, todo lo que eres y lo que no eres. Pídele que te bautice en el Espíritu Santo y te llene con el poder del Espíritu Santo.

JOYCE MEYER

DÍA 349

EL FRUTO DE LA CONVERSIÓN

GÁLATAS 2:20
*Con Cristo estoy juntamente crucificado, y ya no vivo yo,
mas vive Cristo en mí; y lo que ahora vivo en la carne,
lo vivo en la fe del Hijo de Dios, el cual me amó
y se entregó a sí mismo por mí.*

La vida cristiana implica más que crecimiento y desarrollo. Implica conversión y transformación, una entrega total del propio ser al Dios que nos creó y que continúa siendo nuestro sostén. La vida cristiana tiene que ver con una transformación interior de la conciencia que resulta de nuestro encuentro con el Cristo vivo. «Con Cristo estoy juntamente crucificado», proclamó el apóstol Pablo, «y ya no vivo yo, mas vive Cristo en mí» (Gálatas 2:20). «De modo que si alguno está en Cristo nueva criatura es» (2 Corintios 5: 17). La revelación cristiana promete una visión radical de lo que significa ser humano. La vida de Cristo no cambia nuestro aspecto externo, nuestras particularidades o los resultados de nuestro propio quebranto y alejamiento. Lo que sí hace es abrirnos al Espíritu de Dios de maneras que aumentan en nosotros la capacidad de amor. El fruto de la conversión es una vida que Dios puede usar para sanar al mundo.

JAMES C. FENHAGEN

DÍA 350

NOS HIZO LIBRES

GÁLATAS 5:1
En la libertad con que Cristo nos hizo libres.

Esta «libertad» se establece en el acuerdo del cielo: la Biblia. Al llegar a la fe, eres bienvenido a todas las bendiciones de la alianza. No hay una sola promesa en la Palabra que te sea escatimada. En las mayores tribulaciones, permite que esta libertad te consuele. Cuando te sobrecojan las olas de la desesperación, permite que te alegre. Cuando la pena te rodee, permite que sea tu solaz. Esta es la muestra del amor de tu Padre, que eres libre en todo momento. Y también se te da libre acceso al trono de gracia. Es privilegio del creyente tener acceso en todo momento a su Padre celestial. No importa cuáles sean nuestros deseos, dificultades o necesidades, estamos en libertad de presentarlo todo ante Él. No importa cuánto hayamos pecado, podemos pedir y esperar perdón. Ejerce tu derecho, creyente, y disfruta de este privilegio. Has sido hecho libre para todo lo que está atesorado en Cristo: sabiduría, justicia, santificación y redención. No importa cuál sea tu necesidad porque hay abundante provisión en Cristo, y está allí para ti. ¡Qué grande «libertad» te pertenece!

CHARLES HADDON SPURGEON

DÍA 351

SU AMOR EN NOSOTROS

GÁLATAS 5:22 BLS
*En cambio, el Espíritu de Dios nos hace
amar a los demás.*

En su humanidad, Jesús es el Salvador cuyo amor impredecible, asombroso e inesperado sopla como un tornado sobre la vida de los hombres y mujeres pecadores. Su amor no se puede describir ni siquiera con las mejores palabras, los sermones más potentes o los libros más profundos que podamos leer. El mismo amor en el corazón de Jesús mientras estaba agonizando en la cruz habita dentro de nosotros en este momento a través de su Espíritu transformador. Cuando estamos en consciente comunión con Jesús, podemos estar al tanto de lo sagrados que son los demás. Más allá de las etiquetas de la sociedad, la presencia que habita en un hermano o una hermana torna irrelevantes nuestras diferencias. Vamos hacia ellos sin necesitar de su afirmación porque descansamos seguros en el amor ilimitado de Jesucristo.

BRENNAN MANNING

DÍA 352

EL MISMO PODER

EFESIOS 1:19
*Y cuál la supereminente grandeza de su poder
para con nosotros los que creemos.*

Nuestro trágico error hoy es minimizar «la supereminente grandeza de su poder para con nosotros los que creemos» (Efesios 1:19), ¡ese mismo poder que usó para resucitar a Cristo de entre los muertos! Conformarse con la mediocridad, entregarnos a nuestras adicciones, capitular ante el mundo, y resignarnos a una vida rutinaria de recoger repollo y beber cerveza es anular el poder del Jesús crucificado, resucitado, y la total suficiencia de su obra redentora.

El Cristo en nosotros no es solamente nuestra esperanza de gloria futura, sino una presencia transformadora que nos habita y promete: «El que en mí cree, las obras que yo hago, él las hará también; y aun mayores» (Juan 14:12).

BRENNAN MANNING

DÍA 353

EN LOS LUGARES CELESTIALES

EFESIOS 2:5-6
Aun estando nosotros muertos en pecados, nos dio vida juntamente con Cristo (por gracia sois salvos), y juntamente con él nos resucitó, y asimismo nos hizo sentar en los lugares celestiales con Cristo Jesús.

Este es el lugar que nos corresponde, estar sentados «en los lugares celestiales con Cristo Jesús» y «permanecer quietos» allí. ¡Pero qué pocos son los que en realidad viven esto! Qué pocos, en verdad, piensan siquiera que es posible que puedan «permanecer quietos» en estos «lugares celestiales» en la vida cotidiana de un mundo tan turbulento como este.

El espíritu quieto es de inestimable valor para cumplir con actividades externas, por lo que nada impide tanto la obra de las fuerzas espirituales ocultas en las que después de todo, depende en realidad nuestro éxito en todo, como el espíritu de inquietud y ansiedad.

Hay inmenso poder en la quietud. El conocimiento de este hecho cambiaría enormemente nuestras formas de obrar. En lugar de luchar sin descanso, «permaneceríamos quietos» ante el Señor, y permitiríamos que las fuerzas divinas de su Espíritu resolvieran en silencio los fines a los que aspiramos. Quizá no veas o sientas la obra de esta fuerza silenciosa, pero ten la certeza de que siempre está obrando poderosamente y que obrará para ti si tan sólo permites que tú espíritu permanezca lo suficientemente quieto como para dejarse llevar por las corrientes de su poder.

Hannah Whithall Smith

DÍA 354

Estar con Él

Filipenses 2:5 NVI
*La actitud de ustedes debe ser como
la de Cristo Jesús.*

Para ser transformado a imagen de Cristo, no debo comenzar a hacer la voluntad del Padre en el mismo lugar en que Él comenzó: Él se vació. No hay otro lugar donde comenzar para el cristiano sincero. Es cuestión de comenzar hoy a decirle que no a tu propio ser, específicamente algo que has estado insistiendo tener, y específicamente con respecto a algo a lo que te has negado. Este es el primer paso. Andas por el camino «hacia Jerusalén» desde allí, y levantas con gusto la cruz (que es el segundo paso: decirle que sí a Dios) y seguir sabiendo hacia dónde llevó a Jesús es el camino. No terminó con una cruz, ¡nunca olvides esto!

Al tercer día, Jesús resucitó de entre los muertos. Subió a los cielos. Su oración por nosotros es: «Padre, quiero que los que me has dado estén conmigo donde yo estoy» (Juan 17:24 NVI).

Elisabeth Elliot

DÍA 355

CONOCERLE

FILIPENSES 3:10
A fin de conocerle, y [al] poder de su resurrección.

La doctrina de un Salvador resucitado es enormemente preciosa. La resurrección es la piedra fundacional de todo el edificio del cristianismo. Aunque no podemos verlo, como lo vieron los discípulos, te urjo a aspirar a ver a Cristo Jesús con el ojo de la fe. Y aunque no podamos tocarlo como María Magdalena, puedes tener el privilegio de conversar con Él y saber que resucitó, siendo resucitado tú mismo en Él a una nueva vida. Conocer a un Salvador crucificado que crucificó todos mis pecados es un alto grado de conocimiento. Pero conocer a un Salvador resucitado que me justificó y saber que me ha dado nueva vida, haciéndome nueva criatura a través de su propia nueva vida, es una noble experiencia. Sin esto, nadie debiera considerarse satisfecho. Que puedas «conocerlo a Él y el poder de su resurrección». ¿Por qué las almas que recibieron vida con Jesús se vestirían con las mortajas de lo mundano y la incredulidad? Resucita, porque el Señor ha resucitado.

CHARLES HADDON SPURGEON

DÍA 356

HACER EL BIEN

COLOSENSES 3:12
Vestíos, pues, como escogidos de Dios, santos y amados,
de entrañable misericordia, de benignidad, de humildad,
de mansedumbre, de paciencia.

Tenemos gran oportunidad de mostrar compasión a nuestro alrededor. ¡Hay tanta necesidad temporal! Están los pobres y los enfermos, las viudas y los huérfanos, las almas desesperadas y desesperanzadas que lo que más necesitan es la frescura de un corazón compasivo. Viven entre los cristianos y a veces se quejan de que parece que hay hijos del mundo que tienen más compasión por ellos que quienes solamente se preocupan por su propia salvación. Hermanos, oremos sinceramente por un corazón compasivo, siempre buscando la oportunidad de hacer alguna obra de amor, siempre dispuestos a ser instrumentos de la compasión divina. Fue la compasión divina de Jesús la que atrajo a tantos a Él sobre la tierra. Esta misma ternura compasiva seguirá, más que cualquier otra cosa, atrayendo almas hacia ti y tu Señor.

Andrew Murray

Día 357

Desatados y hechos libres

1 Timoteo 2:5-6

Porque hay un solo Dios, y un solo mediador entre Dios y los hombres, Jesucristo hombre, el cual se dio a sí mismo en rescate por todos, de lo cual se dio testimonio a su debido tiempo.

Dicho de manera simple, Jesús fue el pago de rescate de la redención del hombre. Su sangre fue el precio que se pagó para recuperar a la humanidad, la propiedad que se había arrancado de la mano de Dios. Jesús llegó al mercado de la humanidad, encontró esclavos a la venta, y los hizo libres pagando el precio de sí mismo. Y sigue viniendo hoy a las personas esclavizadas, atadas de mil maneras diferentes: atadas por el orgullo en una rutina interminable, buscando aceptación social, éxito y posesiones materiales; atados por la lujuria en busca de las últimas tendencias o las relaciones más fáciles, esperando satisfacer los sensuales anhelos de sus bajos deseos; atados por miedos que intimidan, por mentiras que acechan desde el pasado, por la depresión que aplasta, por el dolor incesante o el odio insaciable.

A este mercado llega Jesús, y es allí que ofrece su sangre como pago del rescate. Y como nuestro «mediador», el que efectúa la transacción, nos trae promesa y esperanza: tú, yo, la humanidad, todos podemos ser desatados y hechos libres por el pago de la sangre de Cristo.

JACK HAYFORD

DÍA 358

TRAÍDOS A LA GLORIA

HEBREOS 2:10

Porque convenía a aquel por cuya causa son todas las cosas, y por quien todas las cosas subsisten, que habiendo de llevar muchos hijos a la gloria, perfeccionase por aflicciones al autor de la salvación de ellos.

La cruz de nuestro Señor es la puerta de entrada en su vida: su resurrección significa que Él tiene ahora poder para darme su vida. Cuando nazco de nuevo desde el cielo, recibo del Señor resucitado su vida misma.

La resurrección de nuestro Señor está destinada a traer «a muchos hijos a la gloria» (Hebreos 2:10). El cumplimiento de su destino le da el derecho a hacernos hijos e hijas de Dios. Nunca estamos en la relación con Dios en que está el Hijo de Dios, pero somos traídos por el Hijo a la relación de paternidad de Dios. Cuando nuestro Señor resucitó de entre los muertos, resucitó a una vida absolutamente nueva, una vida que no vivió antes de ser encarnado. Resucitó a una vida que nunca antes había existido, y su resurrección significa para nosotros que somos resucitados a su vida resucitada, y no nuestra vieja vida. Un día tendremos un cuerpo glorioso como el suyo, pero podemos conocer ahora la eficacia de su resurrección y caminar en nueva vida: « a fin de conocerle, y [al] poder de su resurrección» (Filipenses 3:10).

OSWALD CHAMBERS

Día 359

Sanación suprema

Santiago 5:15

Y la oración de fe salvará al enfermo, y el Señor lo levantará; y si hubiere cometido pecados, le serán perdonados.

No veo razón por la que no debamos tomar esto de manera literal. Muchas iglesias ejercen esta práctica bíblica para gran beneficio de sus miembros. Dios se preocupa por todas tus necesidades, incluyendo las físicas. De hecho, Cristo murió por todas nuestras enfermedades y pecados (Isaías 53:4-5; Mateo 8:16-17). Sin embargo, el hecho de que nuestra sanación suprema está en la propiciación (Apocalipsis 21:4), no es ya garantía de que podamos requerir sanación para toda necesidad ahora, así como no podemos evitar la vejez y la muerte (Romanos 5:12; 8:20-23). Nuestra resurrección está en la propiciación también, pero no podemos reclamarla ahora. De hecho, la «sanación» suprema del cuerpo no vendrá hasta la resurrección, cuando recibiremos la «redención de nuestro cuerpo» (Romanos 8:23). Mientras tanto, Dios de gracia sana a veces según su voluntad, y en respuesta a la «oración de fe» (Santiago 5:15).

Norman Geisler

Día 360

El que nos fortalece

1 Pedro 5:10

Mas el Dios de toda gracia, que nos llamó a su gloria eterna en Jesucristo, después que hayáis padecido un poco de tiempo, él mismo os perfeccione, afirme, fortalezca y establezca.

El Espíritu Santo también ofrece su ayuda para fortalecernos. Imagina tener un manantial de fuerza dentro de ti, una fuente de donde puedes tomar cada vez que lo necesites. Cuando te sientes débil, cansado o desalentado al punto de claudicar, solamente detente durante unos minutos. Cierra los ojos si es posible y pide al Espíritu Santo que te fortalezca. Esperando en su presencia, puedes a menudo sentir en verdad la fuerza de Dios que viene a ti.

Hay tanto a nuestra disposición en el Espíritu Santo, que no vemos porque no se nos enseñó correctamente sobre su maravilloso ministerio del presente. Siempre hablamos de lo que hizo Jesús cuando estaba aquí, pero ¿qué hay de lo que está haciendo hoy a través del poder del Espíritu Santo? No vivamos en el pasado, sino entremos plenamente en todo lo que el presente tiene para nosotros.

JOYCE MEYER

DÍA 361

LIMPIOS DE PECADO

1 JUAN 1:7
La sangre de Jesucristo su Hijo nos limpia de todo pecado.

«Limpia», dice el texto, y no «nos limpiará». Hay multitudes que creen que es esperanza muerta buscar perdón. Oh, ¡cuán infinitamente mejor es estar limpios ahora, que depender de la posibilidad de perdón cuando muera! Hay quienes imaginan que la sensación del perdón es asequible únicamente después de muchos años de experiencia cristiana. Sin embargo, el perdón de los pecados es una realidad presente, un privilegio para este día, el gozo de esta hora misma. En el momento en que un pecador confía en Jesús, es plenamente perdonado. El texto, escrito en verbo presente, también indica continuidad: nos «limpia» ayer, nos «limpia» hoy, nos «limpia» mañana. Esta es la forma en que siempre sucederá contigo, cristiano, hasta que cruces el río, a cada hora puedes recurrir a esta fuente, porque sigue limpiando. Nuestra iniquidad ha desaparecido, de una sola vez y para siempre ¡Bendita plenitud! ¡Qué dulce tema para permanecer en él cuando uno se entrega al sueño!

CHARLES HADDON SPURGEON

DÍA 362

LA GRAN MISERICORDIA DE DIOS

1 JUAN 1:9
*Si confesamos nuestros pecados, él es fiel y justo para
perdonar nuestros pecados, y limpiarnos de toda maldad.*

No hay nadie tan malo que no tenga remedio.
¿Cómo es eso? Entra en tu propio corazón y escudriña sus secretos. Piensa en tu vida ¿Cómo has pasado tus días? Si encuentras fealdad en ti, ¿qué harás? Pedir a Dios que te perdona. Seguramente serás oído y tus pecados serán perdonados. Dios será fiel a su promesa. Envió a su Hijo unigénito a este mundo para salvar a pecadores como tú.

Piensa en el gran amor de Dios Padre. Enmienda tu vida. Evita la tentación. Si haces esto, puedes estar seguro de que aunque hayas cometido todos los pecados que existan no te lastimarán ni condenarán. La misericordia de Dios es más grande que todos los pecados del mundo.

HUGH LATIMER

DÍA 363

SIN MANCHA

JUDAS 24
*Y a aquel que es poderoso para guardaros sin caída,
y presentaros sin mancha delante de su gloria con gran alegría.*

Que tu mente gire alrededor de estas maravillosas palabras «sin mancha». Estamos lejos de esto todavía, pero como nuestro

Señor jamás es imperfecto en su obra de amor, lo alcanzaremos un día. ¿Cómo nos hará sin mancha Jesús? Lavará nuestros pecados en su sangre hasta que estemos tan blancos y bellos como el ángel más puro de Dios, y nos vestiremos de su justicia, esa justicia que hace que el santo que la viste sea sin mancha, sí, perfecto a los ojos de Dios. ¡Oh, que intenso deleite el de esa hora en que se abran las puertas eternas, y nosotros, hechos dignos de la herencia, habitemos con los santos en luz! Sin pecado, con Satanás encerrado, la tentación cosa del pasado para siempre, y nosotros «sin mancha» ante Dios. ¡Eso será el cielo! Seamos gozosos ahora mientras ensayamos el cántico de eterna alabanza que sonará pronto a toda voz de las huestes lavadas por su sangre. Copiemos las exaltaciones de David ante el arca como preludio a nuestro éxtasis ante el trono.

Charles Haddon Spurgeon

Día 364

Sanados

Apocalipsis 7:12
*Diciendo: Amén. La bendición y la gloria y la sabiduría
y la acción de gracias y la honra y el poder y la fortaleza,
sean a nuestro Dios por los siglos de los siglos. Amén.*

Cuando pronuncio el nombre de Jesús, veo en mi mente no sólo a un Hombre humilde de corazón (Mateo 11:29), amable, prudente, casto y misericordioso (Tito 1:8), y conspicuo en toda cualidad honorable y santa, sino también al hombre que es Dios Todopoderoso. Él es quien me sana y restaura mi salud espiritual mediante su carácter, y es Aquel que me ayuda con tanta potencia. Todo esto se me comunica cada vez que se pronuncia su nombre, el nombre de Jesús. Porque es un Hombre, puedo esforzarme para imitarle. Porque es Dios Todopoderoso, puedo apoyarme en Él. Los ejemplos de su vida terrenal los tomo como hierbas medicinales, y a causa de su divinidad puedo mezclarlos. Luego, el resultado es una poción que ningún farmacéutico podría lograr.

Porque ahora tienes un remedio para el corazón y la mano. Porque tienes en el nombre de Jesús el poder de corregir malas acciones, perfeccionar las imperfectas y la protección de tus afectos de la corrupción. En este nombre, serás sanado de nuevo.

BERNARD DE CLAIRVAUX

DÍA 365

EL MILAGRO FINAL

APOCALIPSIS 21:3-4
He aquí el tabernáculo de Dios con los hombres...
ya no habrá muerte, ni habrá más llanto, ni clamor,
ni dolor; porque las primeras cosas pasaron.

Es únicamente el milagro final que realmente importa. No importa mi sanación día a día, sino el milagro final de mi resurrección con Cristo.

¿Participaré de ese milagro final que Dios ha preparado para quienes lo conocen, aman y han confiado en Él? Todas nuestras experiencias de dolor, sufrimiento, miedo, confusión y descontento, todas esas experiencias de las que queríamos librarnos, nos preparan para aceptar la solución suprema de Cristo. Si Él aliviara esas circunstancias por adelantado, lo más probable es que jamás nos entregaríamos plenamente a Él, el acto singular que nos asegura participación en ese milagro final.

Aún así, entiende que Él no nos escatima nada. Al darnos ese milagro final, nos da todos los demás milagros. Cuando sea nuestro ese milagro final, todos los demás también lo serán. No son los milagros individuales los que nos ocupan; podemos sacrificar aquellos para recibir el milagro final: la vida eterna prometida a quienes ponen su confianza en el Hacedor de Milagros.

PAUL SMITH

CONCLUSIÓN

¿Qué diferencia marcaron los milagros de Jesús en la vida cotidiana de aquellos a quienes Él tocó y sanó? ¿Qué diferencia han marcado los milagros de Jesús en tu vida?

Tenemos la tendencia a regocijarnos por el poder de Dios en un momento y olvidar su presencia al siguiente minuto. Podemos tomar la participación de Dios en nuestra vida como cosa natural, darla por sentada, a tal punto que pierde su efecto esperanzador y de sostén. Repentinamente, nos encontramos en peligro o pena y llamamos a Dios como si Él nunca antes se hubiera mostrado fiel o protector. Sin embargo, sabemos que este no era el plan de Dios para nuestras vidas. ¿Cómo podemos vivir la confianza de que el Dios Todopoderoso está con nosotros y que nada puede separarnos de su amor?

Jeremías señaló que la fidelidad de Dios «nueva [es] cada mañana» (Lamentaciones 3:23). Pídele a Dios que te recuerde cada día pensar en la inexhaustible verdad de su fidelidad. Te encontrarás mucho más conciente de la milagrosa presencia de Dios en tu vida. De hecho, tú eres uno de sus milagros.